郭店竹簡《老子》釋析與研究

〈增修版〉

丁原植　著

序言

　　1993 年 10 月，在湖北省荊門市附近挖掘的郭店一號楚墓中，出土了大量的竹簡。經過整理，發現有十數種先秦的思想文獻。這批重要的資料，已編定為《郭店楚墓竹簡》一書，由文物出版社在 1998 年 5 月出版。其中包括全部竹簡的圖片與釋文，並附有簡要的注釋。

　　《郭店楚墓竹簡》一書，整理出的古籍有道家的著作兩種，其餘的多為儒家作品。道家有：可對應今通行本《老子》的資料三種，與整理者擬定為〈太一生水〉篇的佚文。儒家有：〈緇衣〉、〈魯穆公問子思〉、〈窮達以時〉、〈五行〉、〈唐虞之道〉、〈忠信之道〉、〈成之聞之〉、〈尊德義〉、〈性自命出〉、〈六德〉、〈語叢一〉、〈語叢二〉、〈語叢三〉、〈語叢四〉。這些儒家的作品，除〈緇衣〉為《禮記》的一篇，〈五行〉已出現於馬王堆帛書外，其他均為未見於傳世文獻的佚篇，而其篇題則為整理者按簡文內容所擬定的。由於出土的楚墓已多次被盜而遭受破壞，隨葬品已非原貌，竹簡顯然有部份的殘失。《郭店楚墓竹簡》中對應今本《老子》的三種資料，分別被編為《老子‧甲本》、《老子‧乙本》與《老子‧丙本》。

　　今通行本《老子》大多依照王弼本，分為八十一章。1973 年馬王堆出土先秦古文獻中，即有帛書《老子》抄寫本兩種，帛書整理小組分別稱之為《帛書》甲本與乙本。由於帛書《老子》兩本均未分章，而且今本第 38 章至第 81 章資料，抄寫於前。乙本於今本第 81 章，與第 37 章之後，分別記有"德"字與"道"字。這與《韓非子‧解老》中所引《老子》的次序相合，因此，有人認為這是法家傳承的《老子》文本。帛書兩本，文字基本上與今通行本《老子》差異不大。帛書乙本，於篇末各記有字數，"道經"為 2426 字，"德經"為 3041 字，共 5467 字。

　　竹簡《老子》的章序，與帛書本或今通行各本，完全不同。竹簡《老子》，不但並未分章，也無以"道經"、"德經"分篇的情形。簡文《老子》抄寫在三種不同形制的竹簡上。〈甲本〉現存竹簡 39 枚，共寫有 1090 字。竹簡兩端均修削成梯形，簡長 32.3 釐米。編線兩道，編線間距為 13 釐米。〈乙本〉現存竹簡 18 枚，共寫有 389 字。竹節兩端平齊，簡長 30.6 釐米。編線兩道，編線間距 13 釐米。〈丙本〉現存竹簡 14 枚，共寫有 270 字。竹簡兩端平齊，簡長 26.5 釐米。編線兩道，編線間距 10.8 釐米。三種文本，均非足本，就是現存的竹簡，部份也均有殘失。所殘缺部份，據帛書本可補足者，甲本為 16 字，乙本 46 字，丙本有 20 字。因此簡文《老子》所有字數，包含可補足者，共 1831 字，約佔帛書〈乙本〉的 33% 。

竹簡於出土時，已經散亂，整理者按照各竹簡間彼此文字連繫的情形，將三本《老子》各分為若干組。雖然這已不是竹簡原先的樣式，我們仍可發現，簡文《老子》章序，與帛書或今通行各本，有著極大的差異。

甲本《老子》：分為五組，屬於帛書乙本“德經”者有十一章，屬於“道經”者，有九章。但第 46 章之後接今本第 30 章，第 64 章又在第 15 章之後，第 37 章之前，第 9 章在第 40 章之後，可見簡文《老子》並非按通行本分篇。甲本有三種分隔的符號，分別為“﹍”、“■”與“ㄟ”。符號“■”，有時對應王弼本的章序，可視為分章的符號，但使用並不嚴格，有多處是作為句逗。符號“﹍”，似多作為校讀時的標記，其中“其事好”後有此符號，或許是指出脫“還”字，但有幾處也可能作為句逗使用。符號“ㄟ”出現於第四組與第五組最後一枚竹簡的字末。它或許是分篇的記號，也許同樣只是分章的符號。甲本有兩處，抄寫的文句間，留有數字間距的空格。一為對應今本第 32 章“道恆亡名”與第 2 章章末之間，一為第 44 章“名與身”與第 55 章“是謂不道”之間。這種情形不似作為分章的安排。由於這種情形的出現，與存在兩處符號“ㄟ”，使我們考慮到，或許甲本的資料，原先是分篇載錄的。

乙本《老子》：分為三組，共抄寫《老子》九章，其中只有兩章屬於帛書〈乙本〉“道經”，其餘均屬於“德經”。竹簡〈乙本〉文字，全未出現於〈甲本〉，而且其字數僅為〈甲本〉的三分之一。是否〈乙本〉抄寫的內容原屬於〈甲本〉？〈乙本〉抄寫竹簡的形制與〈甲本〉不同，而且〈丙本〉就有一章與〈甲本〉相同，因此，這種可能性似乎不大。〈乙本〉的內容過少，或許其他屬於〈乙本〉的資料業已殘失。但也有可能，〈乙本〉當時抄寫的文本，就是後來編為《老子》的部份資料。

丙本《老子》：分為四組，僅抄寫《老子》五章，內容最少，其中有四處分章的墨點。其對應王弼本的第 64 章，同時出現在甲本中。二者的文字，有相當大的差異。尤其〈丙本〉中"䛊終若訂，則無敗事喜。人之敗也，亙於其叡成也敗之"段，甲本作"臨事之紀，誓冬女㠯，此亡敗事矣。"丙本的"學不學"甲本作"孚不孚"。這證明抄寫《老子》三種不同的竹簡，極可能是各有所本。

假如簡文《老子》三本均抄寫於不同的資料，則今本《老子》當為後來編輯而成，這樣，不但《老子》一書不是成於一人之手，《老子》的資料也當來自多源。因此，有人甚至認為簡文《老子》不能稱之為《老子》，而是後來《老子》編輯時的原始資料。但是仔細檢視簡文的資料，只有"臨事之紀"一句，不見於帛書《老子》，其他的文字，基本上並無太大的差距。雖然簡文的資料保留了較為古拙的語法，與質樸的說明，這對瞭解以《老子》為名的哲學思想結構，有著極大的幫助。甚至簡文中一些更具哲學意義的文字，可能在後來的傳本中，受到不當的更動，而產生了不同方向的解釋，但我們卻不能只因為偶然出土的一種較古的殘缺文本，就否定了在春秋戰國之際，不曾流傳著某種業已初步成型的《老子》文本。

在帛書與竹簡《老子》出土後，我們確實對於《老子》資料的形成，有了不同於過去傳統的看法。雖然，由於竹簡《老子》的殘缺，我們不能見到這個較古文本的全貌，並且，就現存的資料來看，竹簡《老子》似乎並非完善的文本，其中有多處的誤字與脫文。全部 71 枚竹簡中，就有 20 餘簡出現錯字，比例未嘗不大。但其抄寫的型制與內容，卻引發我們更多想像的空間與方向。

本書是對郭店竹簡《老子》的一種初步探析。試圖在其與帛書或通行本的比較中，發現它所可能具有的特殊意義。我們目前得到的看法是：透過竹簡《老子》的研究，我們似乎要將"老子"、老子與《老子》三者不同的意含，加以明確地分辨。"老子"代表一種思潮的發展，它與《老子》資料的產生有關。老子是形成《老子》思想的一個重要關鍵人物，它確有其人。而《老子》卻指對此種思潮資料編輯的思想文獻。因此，我們暫時提出六點不太成熟的意見，以就教於方家：

第一、這種思潮起自於周室東遷之後，由於王權的衰微，諸侯勢力的崛起，地域文化逐漸對士人獨立的思想產生了根本的影響。在這種運動的顛峰時期，於周文化的邊陲地帶的陳國，形成了一種標顯人文導源與始源觀念的新思想建構。

第二、"老子"指這種思潮探索下一種思想的成果，傳說中的老子應當對早期"老子"資料的編輯與撰寫，起著重要的作用。老子可能是李耳或老聃，這與"老子"資料早期形成之事的傳述有關。

第三、"老子"的原始資料，應當接受漢人的說法，產生於春秋末葉。但它卻是以不定型的方式流傳於戰國初期。其中包括生命真實體驗的格言，哲人的雋語或精要的語錄，與思辨觀念探析的解說。其資料的內容似較今日《老子》文本為多。

第四、《老子》一書當為戰國時代所編輯，並明確定為《老子》。其寫定年代，或許在戰國初期之中段。今通行本《老子》與帛書《老子》的抄本關係很大。此種文本至少在紀元前第四世紀，已經流傳甚廣，而且出現不同的抄本。竹簡《老子》似乎與帛書《老子》抄寫的資料同源，但不屬同一編定的文本。

第五、戰國時代對於《老子》一書的認知與後世不同。他們並不是就學派意義的"某家"或強調為"某人"的作品來看待這些資料。而是將它視為一種人文探索與建構的觀念根基。因此，在傳抄或注釋的時候，時常將各種地域思想的闡發與衍生的觀念摻雜其中。

第六、以"老子"所標顯的事情，是我們反思中國古典哲學的重要線索。這就需要首先克服種種加諸《老子》之上的誤導。"老子"之事是哲學的問題，而不僅只是老子其人或《老子》其書。或許本著這種要求，我們更可面對竹簡《老子》對今日哲學探索所顯示的意義。

筆者自知學力淺薄，在極短的時間，倉促寫成此書，只是急於為自身對先秦哲學的探索工作，開啟更大思索的向度。

拙著撰寫期間，郭梨華副教授幫忙校改，並提供許多重要的建議，馬耘、沈清楷、巫建立三位同學協助文稿的整理，內人劉去徐女士犧牲去美探親的假期，料理家事，使我生活得以安頓，一併致以衷心的感謝。陳鼓應教授協助我從事出土思想文獻的研究，並慨贈《郭店楚墓竹簡》一書，使我能夠較早進行分析與寫作，謹致以最大的敬意與謝忱。最後我還要向李零教授表達謝意，他應允可摘錄他在"老子國際哲學研討會"的發言稿。

作者　丁原植

1998 年 7 月　　台灣輔仁大學哲學研究所

此次再版，對於書中的誤字與文義，做了一些必要的訂正，並引用了魏啟鵬與趙建偉兩位先生的部份注釋，謹此致謝。

1999年2月

目　錄

竹簡《老子》乙

竹簡《老子》丙

說 明

　　本書是對《郭店楚墓竹簡》所編《老子》〈甲〉、〈乙〉、〈丙〉三本，加以"文字的釋析"與"資料的研究"。現將有關的進行的方式說明如下：

一、由於竹簡《老子》並未分章，整理者僅對〈甲〉、〈乙〉、〈丙〉三本，分為若干組。我們不襲用通行本分章，而暫稱之為"對應王弼本"，並將全書分為"竹簡《老子》甲"、"竹簡《老子》乙"與"竹簡《老子》丙"三篇。於每篇各章之前，將全篇"對應王弼本"者按簡文序列刊出。以較大字體標示解析的章次，"／"符號標記不同的分組。如" 19 ；66 ； 46 中下； 30 上中； 15 ； 64 下； 37 ； 63 ； 2 ； 32 ；／ 25 ； 5 中；／ 16 上；／ 64 上； 56 ； 57 ；／ 55 ； 44 ； 40 ； 9 "，指所釋析者為"對應王弼本第 15 章"。

二、本書每章附簡文原字形剪貼圖影，並用大號體字標出簡文，然後分別將〈王弼本〉、〈帛書甲本〉、〈帛書乙本〉與〈傅奕本〉相同資料羅列於後。〈王弼本〉為通行文本使用最多者，帛書兩本為秦漢時代的手抄文本，而〈傅奕本〉曾經項羽妾墓出土《老子》校改，均有其校刊的價值。同章中，未見簡文的《老子》文句，以小一號字刊出。

三、本書"文字釋析"部份，將每章分為若干節，解析簡文的字義，並於釋析之後，以"意謂"說明其思想的內容。另外，引用古典文獻中引用該節文字者，也於每段引文之後，略加分析，說明秦漢之前對於《老子》經文的不同理解方向。雖然這些引用的文字，大多與通行本相近，極可能是因後世傳抄與刊行時，受到好事者按傳世《老子》文本改動，僅少數尚保留《老子》古本資料原文，因此對於簡文文字的釐訂，未有太大作用。但從這些古文獻資料引文的相關資料，我們卻可發現不同地域思想對《老子》經義的領會與闡發。

四、本書"資料研究部份"，分析簡文與通行本因用詞、文句或觀念不同，所產生思考與瞭解的可能差異。就每章簡文與各本對照的情況，從先秦思想發展的角度，以哲學問題結構的分析，說明簡文顯發的特殊意義與作用。

五、本書有附錄二種。"附錄一"按王弼本 81 章章序，將簡文分別排入，
　　易於查對。"附錄二"為簡文重排，並加上出現對應王弼本的章次。

*

（對應王弼本章序本書釋析與研究頁碼）

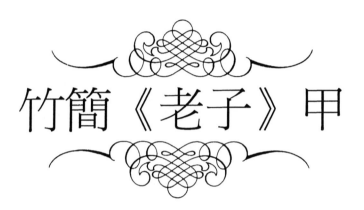

竹簡《老子》甲

　　甲本現存竹簡 39 枚，共寫有 1090 字。竹簡兩端均修削成梯形，簡長 32.3 釐米。編線兩道，編線間距為 13 釐米。就各簡末一字與首字文意的聯繫，整理者分為五組。

　　第一組：有竹簡 20 枚，編號由第 1 至第 20。包含對應王弼本的第 59 章、66 章、46 章中、下兩段、30 章上中兩段、15 章、64 章下、37 章、63 章、2 章與第 32 章。其中 4 處的墨點，似具有分章的作用。

　　第二組：有竹簡 3 枚，編號由第 21 至第 23。包含對應王弼本的第 25 章與第 5 章中段，兩章之間有分章的墨點。

　　第三組：有竹簡 1 枚，編號為第 24，全文即對應王弼本的第 16 章上段。

　　第四組：有竹簡 8 枚，編號由第 25 至第 32。包含對應王弼本的第 64 章上段、56 章與 57 章。其中有一處分章的墨點。

　　第五組：有竹簡 7 枚，編號由第 33 至第 39。包含對應今本《老子》的第 55 章、44 章、40 章與第 9 章。有三處分章的墨點。

☆

19：66；46中下；30上中；15；64下；37；63；2；32；／25；5中；／16上；／64上；56；57；／55；44；40；9

亡智弃卞，民利百伓；

亡攷弃利，覜惻亡又；

亡爲弃慮，民复季子。

三言以（三）爲貞不足，或命之或䖒豆。

視索保僕，少厶須欲。

亾（絕）智弃卞（辯），民利百伓（倍）①；亾（絕）攷（巧）
弃利，覘（盜）惻（賊）亡又（有）②。亾（絕）憍（偽）弃慮，
民复（復）季〈孝〉子（慈）③。三言以爲貞（辨）不足④，或
命（令）之或虖（呼）豆（屬）⑤。視索（素）保僕（樸），少
厶（私）須〈寡〉欲⑥。

絕聖棄智，民利百倍；絕仁棄義，民復孝慈；絕巧棄利，盜賊無有。
此三者，以為文不足，故令有所屬。見素抱樸，少私寡欲。（王弼本）

絕聲（聖）棄知（智），民利百負（倍）；絕仁棄義，民復畜（孝）
茲（慈）；絕巧棄利，盜賊无有。此三言也，以爲文未足，故令之有所屬。見
素抱□，□□□□□。（帛書甲本）

絕耶（聖）棄知（智），而民利百倍；絕仁棄義，而民復孝茲（慈）；絕
巧棄利，盜賊无有。此三言也，以爲文未足，故令之有所屬。見素
抱樸，少私而寡欲。（帛書乙本）

絕聖棄智，民利百倍；絕仁棄義，民復孝慈；絕巧棄利，盜賊無有。
此三者，以爲文而未足也，故令有所屬。見素裛朴，少私寡欲。（傅
奕本）

【文字釋析】

① "亾智弃卞，民利百伓"：

"亾智"，帛書甲本作"絕聲"，乙本作"絕耶"，均與簡文不同。

《郭店楚墓竹簡・老子釋文》注（後引作"原注"，不舉書名。）曰："'亾'，
讀作'絕'。此字也寫作'𢇍'，是楚簡文字的特殊寫法。"此處"亾"

字，意指"禁絕"。

"智"，意指"機智"或"謀略"，並非一般意義的"知識"，而是治理人民的機智與謀略。《孫子・作戰》："故智將務食於敵。"

"弃"，同"棄"。《說文・華部》："弃，古文棄。"

"𠬝"，原注釋中裘錫圭先生加按語（後引作"裘先生曰"）曰："'弃'下一字當是'鞭'的古文。'鞭'和'辯'音近，故可通用。"

"辯"，不是"論辯"的意思，而是指"治理"，此處引申爲"治理人民的規範與約制"。《說文・辡部》："辯，治也。"段玉裁注："治者，理也。"《左傳・昭公元年》："主齊盟者，誰能辯焉。"杜預注："辯，治也。""辯"也有"辨正"或"糾正"之義。《禮記・曾子問》："康子拜稽顙於位，有司弗辯也。"孔穎達疏："有司，謂當時執事之有司，畏季子之威，不敢辨正。"

"民利"，指人民素樸生活的安居。此事原爲古代聖明統治者的首要事務，先秦思想文獻中屢有提及者，如："故曰：神農教耕生穀，以致民利；禹身決瀆，斬高橋下，以致民利；湯武征伐無道，誅殺暴亂，以致民利。故明王之動作雖異，其利民同也。"（《管子・形勢解》）"有虞之王，燒曾藪，斬群害，以爲民利……殷人之王，立皁牢，服牛馬，以爲民利，而天下化之。"（《管子・輕重戊》）《神農之教》曰："士有當年而不耕者，則天下或受其饑矣；女有當年而不績者，則天下或受其寒矣。"（《呂氏春秋・愛類》）《老子》所言的"民利"，當指此類關繫人民日常生活的安居，而未涉及人文制度的規劃。《墨子》書中提到的"民利"，仍保留相近的意含。"是故古者聖王，制爲節用之法曰：……諸加費不加于民利者，聖王弗爲。……古者聖王制爲衣服之法曰：……諸加費不加於民利者，聖王弗爲。……爲宮室之法……諸加費不加民利者，聖王弗爲。"（《墨子・節用中》）但在戰國之後的思想中，所謂"民利"就成爲某種規劃中人民的利益，尤其是透過"富國強兵"的法治效力。如："興國，行罰，民利且畏；行賞，民利且愛。"（《商君書・去彊》）"賞莫如厚，使民利之；譽莫如美，使民榮之；誅莫如重，使民畏之；毀莫如惡，使民恥之。"（《韓非子・八經》）這種認爲執行賞罰乃能"民利"，是強用"智"、"辯"的手段，就與《老子》此處所言的"民利"完全不同。

“伓”，通“背”。《馬王堆漢墓帛書・經法・四度》：“伓約則均窘
（窘）。”此處“伓”字，借爲“倍”，音近通假。

此兩句意謂：拋棄並禁絕了使用智謀與糾正的治術，人民才能獲得日常
生活上百倍的益處。

見於古典文獻者：

> 昔者黃帝始以仁義攖人之心，堯舜於是乎股無胈，脛無毛，以養天下
> 之形，愁其五藏以爲仁義，矜其血氣以規法度。然猶有不勝也，堯於
> 是放讙兜於崇山，投三苗於三峗，流共工於幽都，此不勝天下也。夫
> 施及三王而天下大駭矣。下有桀跖，上有曾史，而儒墨畢起。於是乎
> 喜怒相疑，愚知相欺，善否相非，誕信相譏，而天下衰矣；大德不同，
> 而性命爛漫矣；天下好知，而百姓求竭矣。於是乎釿鋸制焉，繩墨殺
> 焉，椎鑿決焉。天下脊脊大亂，罪在攖人心。故賢者伏處大山嵁巖之
> 下，而萬乘之君憂慄乎廟堂之上。今世殊死者相枕也，桁楊者相推也，
> 刑戮者相望也，而儒墨乃始離跂攘臂乎桎梏之間。噫，甚矣哉！其無
> 愧而不知恥也甚矣！吾未知聖知之不爲桁楊接槢也，仁義之不爲桎梏
> 鑿枘也，焉知曾史之不爲桀跖嚆矢也，故曰：“絕聖棄知而天下大治。”
>
> （《莊子・在宥》）

上段《莊子・在宥》篇資料，反對人文價值的規劃，認爲“聖知”是“爲
桁楊接槢”，“仁義”是“爲桎梏鑿枘”，均是天下大亂的根源。因此，
強調唯有“絕聖棄知”，天下乃能大治。這與簡文“	智弃卞，民利百伓”，
思想上雖然相近，均強調古樸之世與無爲之治，但由於“聖、智”與“智、
辯”的意含，二者使用的意義不同，簡文並無“絕聖”一詞，“絕聖棄智”
句應當經過了戰國學者的更動。（見下文分析）〈在宥〉篇以“故曰”所引文
句，與《老子》也不盡相同，或許取自此派所傳《老子》資料的文本。

＊

> 故跖之徒問於跖曰：“盜亦有道乎？”跖曰：“何適而無有道邪！夫
> 妄意室中之藏，聖也；入先，勇也；出後，義也；知可否，知也；分
> 均，仁也。五者不備而能成大盜者，天下未之有也。”由是觀之，善
> 人不得聖人之道不立，跖不得聖人之道不行；天下之善人少而不善人

多，則聖人之利天下也少而害天下也多。故曰：“脣竭則齒寒，魯酒薄而邯鄲圍，聖人生而大盜起。”掊擊聖人，縱舍盜賊，而天下始治矣。……彼聖人者，天下之利器也，非所以明天下也。故：“絕聖棄知，大盜乃止；擿玉毀珠，小盜不起；焚符破璽，而民朴鄙；掊斗折衡，而民不爭。”（《莊子‧胠篋》）

上段《莊子‧胠篋》資料，“絕聖棄知，大盜乃止”句，或許摘錄並改寫了簡文抄寫《老子》文本前四句中前後兩句。“擿玉毀珠”等六句，體例與《老子》經文相同，也有可能是引自類似《老子》的資料。《莊子》書中，〈在宥〉與〈胠篋〉兩篇撰寫時代相近，思想也有相通之處。蘇輿云“〈駢拇〉下四篇（案：包含〈馬蹄〉、〈胠篋〉與〈在宥〉三篇。後引用稱“〈駢拇〉等四篇”）多釋《老子》，……四篇於申、韓外，別無精義，蓋學《莊》者衍老爲之。”當然，“別無精義”是不妥的批評，可是其中提到與《老子》、《申子》、《韓非子》的關係，卻相當明顯。這四篇中對“仁義”的作用，多所批駁。簡文《老子》的出土顯示出這種極端反人文的思想，並未出現《老子》原始的資料中。它應當是戰國時代對於《老子》思想一種向度的發揮。

*

跖之徒問跖曰：“盜亦有道乎？”跖曰：“奚適其無道也！夫意而中藏者，聖也；入先者，勇也；出後者，義也；分均者，仁也；知可否者，智也。五者不備，而能成大盜者，天下無之。”由此觀之，盜賊之心必託聖人之道而後可行。故老子曰：“絕聖棄智，民利百倍。”（《淮南子‧道應訓》）

上段《淮南子‧道應訓》資料，關於“盜跖”的文字，見於《莊子‧胠篋》與《呂氏春秋‧仲春紀‧當務》兩篇。《淮南子‧道應訓》引用〈胠篋〉篇資料來解喻《老子》的思想。《淮南子‧道應訓》共分爲五十六章，除三章外，全用寓言、傳說或故事的體例，來解喻《老子》思想，除三章外（各引用《慎子》、《管子》、《莊子》語一條。），章尾都引用《老子》的文句。此種撰述的方式，與《韓非子》〈喻老〉篇極爲相近，其中有兩章即引自〈喻老〉。我們認爲〈道應訓〉不僅是《淮南子》書中的一篇，它在思想的聯繫上，應與《老子》解經的傳統有關。《老子》思想，雖然普遍影響了戰國哲學，但其中流傳著一種類似嫡系的學說發展。《文子》書中也保留類似註解《老子》經文的資料。《文子》、《莊子》與《韓非子》三書，其中部份的資料，分別保存了對於《老子》不同學派的註解與闡釋。《淮南子》的〈道應訓〉，原先應當是這種資料漢初時的結集與彙編。〈道應訓〉的文句，與帛書本相同，應承繼著帛書所抄寫《老子》文本的傳統。

＊

> 夫事生者應變而動，變生於時，知時者無常之行。故"道可道，非常道；名可名，非常名。"書者言之所生也，言出於智，智者不知，非常道也。名可名，非藏書者也。"多聞數窮，不如守中。""絕學無憂"，"絕聖棄智，民利百倍。"（《文子·道原》）

上段《文子》資料也見於《淮南子·道應訓》。〈道應訓〉並無"絕學"句之後文字。《文子》此處義理不可通，顯然是《淮南子》殘文竄入（參閱拙著《文子新論》）。但《文子》一書與《老子》關係極爲密切，此處原先似有解釋《老子》經文資料的殘句。所存《老子》文句，均與帛書相同。

② "㠱攷弃利，䙷惻亡又"：

> 此句，帛書甲本作"絕巧棄利，盜賊無有"，在"民復畜茲"句後。簡文句序，與帛書或今通行各本均不相同。

> "攷"，溪母幽部，"巧"，溪母幽部，二字同音通假。裘先生曰："《說文·五上·丂部》：丂，……古文以爲亏（于）字，又以爲巧字。《尚書·舜典》'三載考績'，《尚書大傳》'考'作'攷'。《尚書·金縢》'予仁若考'，《史記·魯周公世家》'考'作'巧'。"

> "巧，指特殊的技能，《說文·工部》："巧，技也。"此處意指"治理政務的機巧"。《莊子·天地》有類似的說法，"有機械者必有機事，有機事者必有機心。機心存於胸中，則純白不備；純白不備，則神生不定，神生不定者，道之所不載也。"

> "利"，指標榜而追逐的利益，與上文"民利"之"利"，意含有別。

> 裘先生曰："'䙷'，借爲'盜'"。

"惻"，初母職部，"賊"，從母職部，二字音近通假。

"亡"，《老子》中"無"字，簡文多作"亡"。簡文對應王弼本第57章中分別用"無事"與"亡為"，"亡"、"無"二字並用。

"又"，通行各本《老子》"有"字，簡文均作"又"。

竹簡《老子》甲本對應王弼本第64章曰："聖人谷（欲）不谷（欲），不貴難得之貨。"王弼本第3章："不貴難得之貨，使民不為盜。"第12章："難得之貨令人行妨。""難得之貨"與重視"巧利"的施政影響有關。

又，《荀子·君道》曰："故天子諸侯無靡費之用，士大夫無流淫之行，百吏官人無怠慢之事，眾庶百姓無姦怪之俗，無盜賊之罪，其能以稱義遍矣。"此與"絕巧棄利，盜賊無有"的義理相近。

此兩句意謂：拋棄並禁絕了機巧求利的心態，盜賊的亂事就不會發生。

③ "𢤶憍弃慮，民复季子"：

帛書甲、乙本與王弼本均作"絕仁棄義，民復孝慈。"簡文並無"絕仁棄義"這種激烈反對人文價值的思想，就《老子》哲學的發展來說，竹簡《老子》似屬較古文本。

裘先生曰："簡文此句似當釋為'絕惡（偽）弃慮（詐）'。'慮'從'且'聲，與'詐'音近"。

"惡（偽）慮（詐）"，指人倫關係的矯飾約束。

"复"字，借為"復"。

"季"字，為"孝"字之誤。

"子"與"慈"，音近假借。

"孝慈"，指發自人性之中，自然而生的孝敬、慈愛的情感。

竹簡《老子》丙本對應王弼本第18章曰"古（故）大道殁（廢），安有愿（仁）義？六新（親）不和，安有孝孿（慈）？邦豪（家）緍（昏）□安又（有）正臣？""安"可解作疑問詞的"哪裡？"（參閱該章分析）竹簡《老子》

對於"孝慈"的價值,似乎並無批判的態度。

此兩句意謂:拋棄並禁絕雕琢人性的詐僞,人民才能復返於孝慈的本性。

④ "三言以爲貞不足":

"三言",帛書甲、乙本同,而王弼本作"三者"。"言"指"措施","三言"指上述三種處理人世事務的措施。

高明先生在《帛書老子校注》中說:"雖說'三言'、'三者'誼同,但從文義資料研究,當從帛書甲、乙本作'三言'更爲準確。"(頁 313)簡文正作"三言"。

"貞(辨)",帛書甲、乙本與王弼本均作"文"。"文"指"文飾",有"錯綜"的意思。"貞"若讀作"辨",則有"判別"之義。原注稱:"'貞',李家浩釋作'弁'。在句中'貞'讀作'辨'。《說文》:'判也'。《小爾雅‧廣言》:'辨,別也'。"

李零先生云:"'貞',寫法同簡 35,讀爲'使'的'貞',並非借讀爲'辨'的'弁',案即'史'字,這裡可能也讀爲'使'。馬王堆甲、乙本和王弼本,作'文',乃'史'之誤。"(〈讀郭店楚簡《老子》〉,發表於"郭店老子國際研討會",下引不註明出處。)

"貞"字,魏啓鵬先生解釋云:"整理本從李家浩先生說,釋作'弁'在此句中讀作辨,其義判也。似於義未安。經籍中常以'卞'爲'弁'。卞:法,法度。《尚書‧顧命》'臨君周邦,率循大卞。'孔傳:'率群臣循大法。'孔穎達疏:明所循者,法也。故以大卞爲大法。王肅亦同也。朱駿聲認爲,此乃弁(卞)假爲憲。帛書本此句作'此三言也,以爲文未足','文'亦有法度之義。《國語‧周語上》:'先王之於民也,懋正其德而厚其性,以文修之。'韋注:'文,禮法也。'一說,同墓竹簡中'貞'字數見,皆釋爲'使',本'使'字古文(參看黃錫全《漢簡古文注釋》卷一)。此句中亦當釋作'使',謂使民之事,《逸周書‧諡法》:'治民克盡曰使。'"(《郭店楚簡老子柬釋》,下引不註明出處。)

同時,"辯"字有"使"之義。《小爾雅‧廣言》:"辯,使也。"《書‧

周官》："王俾榮伯作賄肅慎之命。"孔傳："俾，馬本作辯。"此字似與"施政的措施"有關。因此，"叟（辨）"字不論作"辨"或"使"，均指："針對施政方向所採取的處置措施"。

此句意謂：用上述三種禁制措施來導正，是不夠的。

⑤ "或命之或啚豆"：

帛書甲、乙本均作"故令之有所屬"，王弼本作"故另有所屬"，無"之"字。

裘先生曰："'或啚'，帛書本作'所屬'。'豆'、'屬'上古音相近。'啚'從'口''虎'聲，'虎'、'乎'音近，簡文多讀爲'乎'，但在此似當讀爲'呼'。疑'或命之'、'或啚（呼）豆（屬）'當分爲兩句讀，'命'不必讀爲'令'"。

李零先生云："疑讀'或命之有乎屬'，下點冒號。意思是說如果憑上面的三句話還不能窮盡其義，則當命之有所依賴，一條是'視素抱樸'，一條是'少私寡欲'。"

"命"，告也。《爾雅·釋詁》："命，告也。"《書·大誥》："即命曰：有大艱于西土。"《國語·吳語》："吾問於王孫包胥，既命孤矣。"韋昭注"命，告之。""命"不同於"令"的強制性。

"屬"，意指"歸屬"。

此句疑讀爲"或命之有乎屬"，意謂：〔用否定強制性的禁止是不夠的，〕所以，要告知它們有所歸屬："視素保樸，少私寡欲。"

⑥ "視索保僕，少厶須欲"：

此句帛書乙本作"見素抱樸，少私而寡欲。"

原注曰："'視'字下部爲立'人'，與簡文'見'字作'𥃦'者有別。"

《廣雅·釋詁三》："視，效也。"《書·太甲中》："王懋乃德，視所厥祖。"《孔傳》："言當勉修其德，法視其祖而行之。"

"視"，也有"觀察"之義。《釋名·釋姿容》："視，是也，察其是非也。"《論語·為政》:"視其所以,觀其所由。""視"字,今通行各本均作"見","視"字意含似較深切。

"保",帛書甲、乙本與今本均作"抱"。"保"、"抱",義誼可通。《釋名·釋姿容》:"抱,保也,相親保也。"但一般多將"抱"字解釋為"奉持",如《廣韻·皓韻》所說:"抱,持也"。而"保"字,《說文·人部》則解為"養也",《廣韻·皓韻》:"安也。"《字彙·人部》:"全之也"。此處,"保"似更表現出歸屬於素樸的意含。"抱"、"保"二字,雖可通假,但均應從歸屬性意含來了解。

據原注稱:"保"下一字,其下部從"臣",與《說文》"僕"字古從"臣"者合,故釋為"僕"。"僕"字,借為"樸"。

"少私寡欲":原注稱:"'須'為 $寡$ (寡)字之誤。

"素樸"是《老子》哲學的重要觀念,在道家後續的發展中,形成了所謂"道"的五種性徵之一。《文子·道原》即曰:"故道者,虛無、平易,清靜、柔弱、純粹素樸,此五者,道之形象也。"《莊子》外篇也表現了對這個觀念的重視,如"同乎無知,其德不離;同乎無欲,是謂素樸;素樸而民性得矣。"(〈馬蹄〉篇)

此兩句意謂:要察知並持養素樸的始源本質,減少並損弱個別意向的外求。

此章思想與通行本《老子》第三章思想接近。"不上賢,使民不爭。不貴難得之貨,使民不為盜。不見可欲,使民不亂。是以聖人之治也,虛其心,實其腹,弱其志,強其骨。恆使民無知無欲也,使夫知不敢,弗為而已,則無不治矣。"(帛書《老子》乙本第三章)

【資料研究】

簡文此章寫於竹簡編號第 1 簡至第 2 簡上段。全文對應王弼本第 19 章。簡文資料,有三處值得注意。

第一、關於"辨"或"辯"：

簡文有"卞"、"𡃻"（或"使"）兩字。在今通行各本中，"辯"字僅見於"善者不辯，辯者不善"（第81章）與"大辯若訥"（第45章）。但簡文資料卻顯示出，作爲"論辯"之"辯"的思想，可能不存在於《老子》的原始資料中。出現"辯"字的今通行各本第81與第45兩章，似乎都經過了後人的改動。

通行本《老子》第81章，雖然在"小邦寡民"章之後，也就是緊接第80章，但帛書甲、乙本的"小邦寡民"章，卻在"江海所以能爲百谷王"章後，也就是在王弼本第66章之後。帛書這兩章，若對應王弼本，就成爲第67與第68章。因此，通行各本的章次是後人所編輯整理的，變動較大。並且，第81章的字句也極可能有誤。高明先生曰：

> 按今本誤在"善者不辯，辯者不善"一句。從經義資料研究，原講三層意義：一爲"信言不美"，二爲"知者不博"，三爲"善者不多"。今本文次顛倒，經義重疊。前言"信言不美，美言不信"，後又言"善言不辯"或"善者不辯"，前後經義重複，其中必有訛誤。甲、乙本同作"善者不多，多者不善"，正與下文"聖人無積，既以爲人，己愈有；既以予人矣，己愈多"文義聯署，足證今本有誤。（《帛書老子校注》頁156）

高明先生的說法是可以成立的。通行本《老子》第81章原本無"善者不辯"與"辯者不善"（傅奕、范應元、焦竑諸本，'善者'、'辯者'作'善言'、'辯言'。）的資料。兩"辯"字，當均作"多"字。

通行本《老子》第45章的"大辯若訥"，帛書甲本作"大贏如炳"，乙本殘，僅剩一"絀"字。高明先生對此也作過詳細的解析。他認爲：

> "炳"字假借爲"朏"，"贏"指盈餘，"朏"謂虧損或不足。"贏朏"本來就是一個複音詞，也謂"盈不足"，是我國古代計算盈虧問題的一種算術方法。……"大贏若朏"猶謂最大的盈餘如若虧損。……帛書"大贏如朏"當是《老子》原文，今本"大辯若訥"乃爲後人竄改。竄改的跡象也很清楚，因爲它們都是從"內"得音的字收尾。"朏"

與"炳"又音同通假，帛書甲本則假"炳"為"胕"，這就是後人將"大赢如胕"誤改作"大辯若訥"的主要原因。（《帛書老子校注》頁 43-44 ）

根據高明先生的說法，《老子》的原文當為"大赢如胕"。此章的資料，見於竹簡《老子》丙本，其中並無"大赢如胕"或"大辯若訥"句，而作"大成如絀"。王弼本"大辯若訥"句，確實不屬於《老子》的原始資料。

因此，《老子》原始的資料中，並無"辯"字。雖然，我們認為《老子》哲學探索的基礎，是建立在"思辨"的方法之上。也就是不同於周禮之宗法道德觀的人義規劃，而提出古典思辨觀念建構的可能。但從竹簡《老子》三本的資料中，我們看不出它直接涉及"論辯"的問題，或至少並無王弼本所記載的"大辯"、"辯者"、"辯言"等觀念。"思辨"與"論辯"不同。"思辨"是古典哲學重新面對"天、地與人"三指向性問題的一種思索方式。而"論辯"則是立基在"思辨"的探索之上，在不同觀點的取向中，辨析性地建立起系統化的理論結構。簡文《老子》未見"論辯"的資料，似乎透露出一些先秦哲學思想發展的消息。第一，"大辯若訥"，是說"極致的辨析如同詞窮難言一般"。這是對"辯"的方式所作的推演性反顧，它關繫著"論議的辯解"與"名理的解析"雙重作用。第二，將"善者不多，多者不善"中的"多"，改動為"辯"，這更顯示出對於"辯"問題的重視。可見王弼本的此類文字，極可能是由重視論辯問題的先秦學派，加以更動而輾轉流傳下來的文本。

簡文此處有"卞"與"叏"或"使"二字。前者，裘先生釋讀為"鞭"的古文，假為"辯"或"辨"。後者，原注引李家浩先生說，認為在句中當讀作"辨"。而李零先生則釋讀為"使"。

首先，我們注意到，在"絕智棄辯"、"絕巧棄利"、"絕偽棄詐"（ '詐'字按裘先生對 '慮' 字的解釋。）中，"智辯"、"巧利"、"偽詐"應當屬於同類事務的範疇，它們都是用來說明處理政務的三種措施。"辯"，不是思辨性的論辯，"智"，也不是認知與領會的問題。"智辯"是指"智謀與正民的治術"。簡文此一"辨"或"辯"字，並未成為一種表達論辯的哲學觀念。它保留較為樸素的意含。這就與王弼本"大辯若訥"之論辯性的"辯"，在作用上是不同的。

其次，在"三言以為叏"句中，"言"字的使用與下文"或命之或乎屬"

有關。"言"與"命"、"屬"的方式是不同的。"言"具有規範制約的作用，而"命"、"屬"卻表現為宣示與歸屬的意思。前者是藉禁制的方式來導正，而後者卻是以箴言式的規勸來指引人復歸。因此，簡文此一"貞"的作用為"判定"或"措施"，而不是"論辯"，更不是概念性"名理"的哲學觀念。

簡文中雖有"卞"、"貞"二字，但不具有"論辯"的意義，而在帛書中，也未出現"辯"字。那麼，今通行各本，不但有"辯"字，而且將此處的"貞"字，改作"文"，《荀子·儒效》曰："取是而文之"。"文"指"文飾"。《說文》"文，錯畫也，象交文"。這就顯示出今通行各本《老子》，應當是摻雜了道家後起的一些觀念資料。

第二、關於"絕聖"、"絕仁棄義"的問題：

帛書甲、乙本與王弼本"絕聖"與"絕仁棄義"的文句，在簡文中並未出現。這種思想可能不屬於《老子》的原始資料。

"聖"字在《老子》中出現過 31 次，分屬 27 章。但只有"絕聖"一詞，"聖"字不與"人"聯稱為"聖人"。"絕聖"一詞出現於《老子》一書，曾引發相當的困擾，因為"聖人"在《老子》思想中都表現著積極性的價值，為何單獨此處曰："絕聖"。陳鼓應先生曾對此解釋說：

> '聖'字在《老子》書中有兩種用法：一為聖人之'聖'，乃是指最高的修養境界；一是指自作聰明的意思。這裡的'聖'即屬於後者。"
> （《老子註譯及評介》頁 136）

簡文此處並無 "絕聖"二字，帛書或通行的文本，當為後人所改竄。而在《莊子》書中即已有"絕聖棄知，而天下大治。"（〈在宥〉篇）"故絕聖棄智，大盜乃止。"（〈胠篋〉篇）似乎"絕聖棄知"句的改動，最遲在戰國後期，就已經發生了。

"絕仁棄義"簡文作"圣憍弃慮"，在字義上，二者不可能有關連。可見出現前句的《老子》文本，確實與簡文的抄本不同。對於"仁義"觀念所採取的態度，常可作為先秦學術派別劃分的一個重要準據（見蒙文通著：〈周秦學術流派試探〉，收於《中國哲學思想探原》書中，頁305）。我們試看《老子》書中，關於"仁"或

"義"的觀念,是如何呈現的:

> 天地不仁,以萬物為芻狗。聖人不仁,以百姓為芻狗。(《老子‧5 章》;
> 帛書甲、乙本同。)

> 上善若水。……居善地,心善淵,與善仁,言善信,正善治,事善能,
> 動善時。(《老子‧8 章》;帛書甲本作"予善信",乙本作"予善天"。)

> 大道廢,有仁義。(《老子‧18 章》;簡文《老子》丙本作:"古(故)大道癹(廢),
> 安有患(仁)義。簡文帛書甲、乙本均作"故大道廢,案有仁義。"

> 上德不德…上仁為之而無以為。上義為之而有以為。……故失道而後
> 德,失德而後仁,失仁而後義,失義而後禮。(《老子‧38 章》;帛書甲、
> 乙本相近)

這些資料可分三組來說明:

第一、"與善仁",不見於帛書,高明先生考證曰:"'心善淵,與善仁,
言善信','淵'、'天'、'信'皆真部字,諧韻。今本作'與善仁'者,
'仁'乃'天'字之誤,或為後人所改。"(《帛書老子校注》頁 257)因此,《老子》
古本似無"與善仁"一句,或當依帛書作"與善天"。

第二、"大道廢,有仁義"與通行各本第 38 章的"失德而後仁""失仁而
後義"均說明:在人文建構發展中,由始源根基所發生的遞減衰落程序。因此,
它們並非如道家後學一些學派中對"仁義"的激烈批判。

第三、"天地不仁"與"聖人不仁"中,"仁"的觀念是說明"人的因素"
或"人所建立起來的本質性要求"。它並未與"義"觀念結合,形成所謂"人
文建構中的價值準據"。因此,"天地不仁"意指:"天地,或自然的運作,
並不涉及到人所標顯的價值"。"聖人"法天,所以"不仁",也就是說,"聖
人"之為人,是要復返於人文創造之始源的自然運作之中,以映照"天地"之
自然。這種觀念與激烈摒棄人文發展的"絕仁棄義",是不相同的。

就以上資料來看,帛書兩本與今通行各本的《老子》所出現的"絕仁棄義"
句,應當不屬於《老子》的原始資料。

在《莊子‧駢拇》中,有一段資料說:

> 枝於仁者，擢德塞性以收名聲，使天下簧鼓以奉不及之法非乎？而
> 曾、史是已。駢於辯者，累瓦結繩竄句棰辭，遊心於堅白同異之閒，
> 而敝跬譽無用之言非乎？而楊、墨是已。（《莊子・駢拇》）

〈駢拇〉篇此處對於"仁"、"辯"的批駁，應當是與《老子》文本出現
"絕仁棄義"、"大辯若訥"等的觀念的發展有關。〈駢拇〉等四篇的撰寫年
代可能為戰國晚期，因此，對於《老子》一書，不但在思想領會上由於時代的
不同而有差異，甚至在文本的抄寫上，也會有所更動而增添。

就目前出土的簡文或帛書《老子》的資料，我們很難認定到底是否有一種
原始《老子》的標準文本。至於帛書《老子》與簡文《老子》是否為直接承繼
的關係，也不可確知。二者所抄寫原本的資料，到底孰先孰後，或是同時流傳
著，也是一個尚需進一步探討的問題。但，由於簡文的文本與帛書或通行諸本
有著較多的差異，這提供我們思考道家哲學發展一些可能的線索。就此來說，
"絕仁棄義"觀念出現在《老子》中，似乎表明它經過某個道家後來學派思想
的改造。

第三、各本"絕學無憂"句的歸屬問題：

簡文"少厶須欲"句後，帛書乙本與通行各本均有"絕學無憂"四字，竹
簡本無。竹簡《老子》乙本有"絕學無憂"四字，在"唯與可"前。乙本此段
資料，屬於對應王弼本《老子》第 20 章。對於"絕學無憂"句的歸屬問題，高
亨曾加以曾說明，曰：

> 按此句應屬本章（指第 19 章）。請列三證。'絕學無憂'與'見素抱樸，
> 少私寡欲'句法相同，若置於下章，為一孤立無依之句，其證一也。
> 足、屬、樸、玉、憂為韻，若置在下章，於韻不諧，其證二也。見素
> 抱樸，絕學無憂，文意一貫。若置在下章，則文意遠不相關，其證三
> 也。《老子》分章多有戾踳，決非原書之舊。（《老子正詁》頁 44 － 45）

簡文此章屬於王弼本《老子》第 19 章。王弼本《老子》第 20 章見於竹簡
《老子》乙本。"絕學無憂"句，不在竹簡《老子》甲本此章之末，而在乙本。
其出現的情形為：

　　■學者日益為道者日員＿之或員以至亡為也＿亡為而亡不為＿亾學
亡惪唯與可相去幾可岂與亞相去可若人之所禔，亦不可以不禔＿

　　上段引文中出現兩種符號，＂■＂當為分章用的，但＂＿＂的使用並不
一致。＂不禔＿＂之後，簡文是對應通行本第13章的＂人寵辱若纓＂。因此，
該處的＂＿＂可以作為分章的符號，但也可能不是。＂亡為也＿＂與＂亡為＂
之間並不可分章，該處的＂＿＂應當是斷句。＂亡不為＿＂與＂亾學亡惪＂之
間，到底是分章還是斷句就不容易判定。

　　＂絕學無憂＂的義理與＂學者＂章相近，它應當屬於該章。可是＂絕學無
憂＂看起來又像似一個孤立的句子，與該章文意不太連貫，似乎其間應有闕文。
但也可能此句是用來總結此章，以回應章首的＂學者日益＂。不論事實的情況
如何，＂絕學無憂＂應與簡文＂視索保僕，少厶須欲＂的關係不大。今通行本，
＂絕學無憂＂屬第20章首句，雖然或許保留了《老子》原始資料的安排，但卻
與＂學者日益＂章相分離。由於簡文此處並未出現＂絕學無憂＂句，因此，將
通行本中此句歸屬於此章的說法，應不能成立。詳細的分析參閱下文竹簡《老
子》乙本對應王弼本第48章的資料研究。

☆

19；**66**；46中下；30上中；15；64下；37；63；2；32；／25；5中；／16上；／64上；56；57；／55；44；40；9

江海所以爲百浴王，以其（二）能爲百浴下，

是以能爲百浴王。聖人之才民前也，

以身後之；其才民上也，以（三）言下之。

其才民上也，民弗厚也；其才民前也，

民弗害也。天下樂進而弗詀（四），

以其不靜也，古天下莫能與之靜。

江海（海）所以為百浴（谷）王，以其能為百浴（谷）下，是以能為百浴（谷）王①。聖人之才（在）民前也，以身後之；其才（在）民上也，以言下之②。其才（在）民上也，民弗厚也；其才（在）民前也，民弗害也③。天下樂進而弗詁（厭）④，以其不靜（爭）也，古（故）天下莫能與之靜（爭）⑤。

江海之所以能為百谷王者，以其善下之，故能為百谷王。是以欲上民，必以言下之；欲先民，必以身後之。是以聖人處上而民不重，處前而民不害。是以天下樂推而不厭，以其不爭，故天下莫能與之爭。（王弼本）

□海之所以能為百浴（谷）王者，以其善下之，是以能為百浴（谷）王。是以聖人之欲上民也，必以其言下之；其欲先□□，必以其身後之。故居前而民弗害也，居上而民弗重也。天下樂隼（推）而弗猒（厭）也。非以其无靜（爭）與，□□□□□□靜（爭）。（帛書甲本）

江海所以能為百浴（谷）□□，□其□下之也，是以能為百浴（谷）王。是以耶（聖）人之欲上民也，必以其言下之；其欲先民也，必以其身後之。故居上而民弗重也，居前而民弗害。天下皆樂誰（推）而弗猒（厭）也。不以其无爭與，故□下莫能與爭。（帛書乙本）

江海所以能為百谷王者，以其善下之也，故能為百谷王。是以聖人欲上民，必以其言下之；欲先民，必以其身後之。是以聖人處之上而民弗重，處之前而民不害也。是以天下樂推而不猒，不以其不爭，故天下莫能與之爭。（傅奕本）

23

【文字釋析】

① "江海所以爲百浴王，以其能爲百浴下，是以能爲百浴王"：

"洖"字，爲"海"字的異體。

"浴"字，借爲"谷"。帛書甲、乙本"浴"字，今本皆作"谷"。《說文·谷部》："泉出通川爲谷。从水半見，出於口。"《爾雅·釋水》："水注川曰谿，注谿曰谷。"因此，"百谷"似指"各種小的溪流"。所有小溪均流向於大海，這是《老子》所以取譬的原因。

"王"，有"歸往"之義。《說文》曰："王，天下所歸往也。"《文子·道德》："王者，天下之往也。"（"□者，天往也。"竹簡《文子》編號0990竹簡）

"以其能爲百浴下"，帛書甲本，王弼本均作"以其善下之"《淮南子·說山訓》引《老子》作："江、河所以能長百谷者，能下之也。夫惟能下之，是以能上之。

竹簡《老子》甲本對應王弼本第 32 章，曰："卑（譬）道之才（在）天下也，猷（猶）少（小）浴（谷）之與江洖（海）。"與此處思想相近。

此段意謂：江海所以能成爲百川的歸趨，是因爲它居於百川的下處，所以能爲百川的歸趨。

見於古典文獻者：：

江河所以能長百谷者，能下之也。夫惟能下之，是以能上之。（《淮南子·說山訓》）

《淮南子·說山訓》是古時諺語、格言或雋語的集萃。這種編輯資料的體例，見於先秦的典集中，如《文子》的〈符言〉篇、〈上德〉篇、《韓非子》的〈說林〉篇與〈儲說〉等六篇、馬王堆帛書的〈稱〉篇，另《逸周書》也收錄大量史官的箴言。〈說山訓〉所引資料，或許採自《老子》，但也有可能《老子》即已引用了當時流傳的諺語。《後漢書·南匈奴傳》引傳文，曰："江海所以能長百川者，以其下之也。"其中文字即與簡文不同。

② "聖人之才民前也，以身後之；其才民上也，以言下之"：

簡文"以身後之"、"以言下之"，與其他三本句序相反。

"在民前"，意指"領引人民"。

"在民上"，意指"統治人民"。

《金人銘》曰："君子知天下之不可止也，故下之；知眾人之不可先也，故後之。"這是從反向來說明與《老子》相同的義理，可能與此段的資料有關。

此段意謂：聖人引導人民時，自己卻如同身跟隨在他們的後面；統治人民時，施行的政令卻謙遜而退讓。

③ "其才民上也，民弗厚也；其才民前也，民弗害也"：

"才"字，假爲"在"。

原注曰："簡文'害'字從'丯'從'目'，'丯'聲。裘案：此字疑即'𥅆'字，讀爲'害'。《說文》無'𥅆'，謂'憲'字從'害'省聲。"

"厚"，其他各本作"重"。"厚"有"重"義。《尙書·泰誓下》："功多有厚賞。"此處"厚"字，引申爲"壓迫"。

"害"，妨礙。《左傳·桓公六年》："謂其三時不害而民和年豐也。"

此段意謂：聖人統治人民時，人民的生活不覺得受到壓迫；引導人民時，人民的生活不覺得受到妨礙。

《老子》此處的思想，另與通行各本的第 39 章、42 章相近。"故貴以賤爲本，高以下爲基。是以侯王自謂孤、寡、不穀。此非以賤爲本邪？非乎！故致數輿無輿。不欲琭琭如玉，落落如石。"（第 39 章）"人之所惡，唯孤、寡不穀，而王公以爲稱，故物或損之而益，或益之而損。人之所教，我亦教之。強梁者，不得其死，吾將以爲教父。"（第 42 章）

④ "天下樂進而弗詀"：

"進"，帛書甲本作"隹"，乙本作"誰"，王弼本作"推"。"推"，有"推戴"之義，此句一般瞭解爲"人民推戴聖人"。但簡文〈丙本〉對應王弼本第 17 章，曰："太上，下智（知）又（有）之。其即（次），新（親）譽之。"若作"推"，即不合於"太上"之德，而成爲"其次"的"親譽之"。疑各本此字，均爲"進"字之誤。

"進"，有"靠近"之義。《禮記・檀弓上》："喪服，兄長之子猶子也，蓋引而進之也。嫂叔之無服也，蓋推而遠之。"因此，此處"進"字當指人民"心服而歸順"。

《郭店楚墓竹簡》釋文（後引作"原釋文"，不舉書名。）於"詀"字之後，以括號寫入"厭"字，但未作說明。"詀"，帛書甲、乙本均作"猒"，王弼本作"厭"。"厭"字一般解釋爲"厭棄"或"厭倦"，於義恐有不妥。"詀"字，疑假借爲"詹"。《說文・八部》："詹，多言也。"《玉篇・言部》："詀，多言"。《莊子・齊物論》："大言炎炎，小言詹詹。"成玄英疏："詹詹，詞費也。"此處"詀"字，引申有"議論紛紛"之義。人民心樂而誠服，則不會對於聖人的作爲有所議論。

此句意謂：天下百姓均樂於默然歸服於他，而不會嘮叨議論。

⑤ "以其不靜也，古天下莫能與之靜"：

"古"字，假爲"故"。

簡文"靜"字，多假爲"爭"。此處"爭"不應解爲"爭奪"，而指處於高位，也就是"特意顯出比人民優越"。

"不爭"是《老子》思想的重要觀念，書中有多處說明，如通行本《老子》第 22 章，曰："是以聖人抱一爲天下式。不自見故明；不自是故彰；不自伐故有功；不自矜故長；夫唯不爭，故天下莫能與之爭。"與此處思想相近。其書第 8 章，則以"水"比喻不爭之"道"，曰："上善若水。水善利萬物而不爭，處眾人之所惡，故幾於道。"

此兩句意謂：這是由於聖人不顯出他高過人民，所以天下沒有誰能超越了他的成就。

見於古典文獻者：

> 江海以此道為百谷王，故能久長功。（定州竹簡《文子》編號0916殘文）

定州竹簡《文子》出土，不但證實了今本《文子》保留部份文子的原始資料，同時也顯示出文子與《老子》思想間密切關連。漢人認為文子為老子弟子，其說當有所據。只是連老子都可能僅是傳說中人物，文子與老子的關係，應該只在思想的傳承上。此句竹簡《文子》的文字，不見於今本，也未出現於《淮南子》，屬於古本《文子》的資料。此句的思想與《老子》極為近似，可能直接傳自《老子》。

＊

> 文子問曰：「王者得其歡心，為之奈何？」老子曰：「若江海即是也，淡兮無味，用之不既，先小而後大。夫欲上人者，必以其言下之，欲先人者，必以其身後之。天下必效其歡愛，進其仁義，而無苛氣。居上而民不重，居前而眾不害，天下樂推而不厭。雖絕國殊俗，蜎飛蠕動，莫不親愛，無之而不通，無往而不遂，故為天下貴。」（《文子·道德》）

上段《文子》資料不見於《淮南子》，雖屬於古本《文子》，但文句並不完整。其中所載老子與文子間對談，是對《老子》此處思想的引述與闡發，或許為文子後人所記。

＊

> 天下公侯以天下一國為家，以萬物為畜，懷天下之大，有萬物之多，即氣實而志驕，大者用兵侵小，小者倨傲凌下，用心奢廣，譬猶飄風暴雨，不可長久。是以聖人以道鎮之，執一無為，而不損沖氣，見小守柔，退而勿有，法於江海。江海不為，故功名自化；弗強，故能成其王；為天下牝，故能神不死；自愛，故能成其貴。萬乘之勢，以萬物為功名，權任至重，不可自輕，自輕則功名不成。（《文子·九守》）

上段《文子》資料，不見於《淮南子》，為文子學派所保留的文子重要思想記錄。其中不但沿襲著《老子》的思想，並直接引用多處《老子》的觀念性用語，如："飄風暴雨，不可長久"、"沖氣"、"見小守柔"、"法於江海"、"為天下牝"、"能神不死"、"自愛，故能成其貴"、"不可自輕"等。我們認為文子學派應是《老子》思想的嫡傳。

*

> 人之情，心服於德，不服於力；德在與，不在來。是以聖人之欲貴於人者，先貴人，欲尊於人者，先尊人，欲勝人者，先自勝，欲卑人者，先自卑；故貴賤尊卑，道以制之。夫古之聖王以其言下人，以其身後人，即天下樂推而不厭，戴而不重。此德有餘而氣順也。故知與之為取，後之為先，即幾之道矣。（《文子‧符言》）

上段《文子》資料，也不見於《淮南子》。它直接闡發著《老子》的思想。《老子》書中多用"聖人"一詞，出現於全書有 27 章，但並不曾使用"聖王"。定州竹簡《文子》卻有："是以聖王執一者，見小也；無為者"（編號 0593）"古聖王以身先之，命曰教"（編號 0694）"曰："主哉乎？是故聖王務脩道德"（編號 2211）。《文子》似將《老子》"聖人"的觀念轉換為"聖王"，顯示出他對於新人文建構的要求。另外，用"德有餘而氣順"來解釋簡文此處的經文，也是一種新的闡釋。"氣順"來自於《老子》的"沖氣以為和"（第 42 章）。其對於"氣"觀念的強調，可能影響後來精氣觀念的形成。"是以聖人之欲貴於人者……欲卑人者，先自卑"，與"故：貴賤尊卑，道以制之"兩段，也像似引用前人文句，或許是老子學派傳承中業已失傳的資料。

*

> 故聖人不以事滑天，不以欲亂情；不謀而當，不言而信，不慮而得，不為而成。是以"處上而民不重，居前而人不害，"天下歸之，姦邪畏之。"以其無爭於萬物也，故莫敢與之爭。"（《文子‧道原》篇）

上段《文子》資料，同時見於《淮南子‧原道訓》，但很難判斷二者間資料的歸屬。今本《文子‧道原》大部分內容，不但見於《淮南子》，而且具有濃厚《莊子》思想的特點。此段所言，審慎"人"、"天"的分辨，重視人存在的真情，與強調不謀、不言、不慮的作用，這種"聖人"的操持，直接發揮著《老子》此處的義理。此段資料可能產生於受到《老子》

思想影響的楚國東方一帶的發展，曾爲淮南王劉安的門客所整理，而編入《淮南子》。至於它與古本《文子》資料的關係，涉及文子學派的發展與今本《文子》的編輯過程，問題則相當複雜。

【資料研究】

此章寫於竹簡編號第 2 簡下段至第 5 簡上段，全文對應王弼本第 66 章。簡文資料，有兩點値得注意。

第一、此章句型結構與各本的差異：

簡文此章文字的鋪陳與表達的句法，與各本均不同，首先我們比較見於各本的全章結構：

江海……是以能……聖人之才民前……其才民上……天下樂進……古天下……（簡文本）

□海……是以能……是以聖人之欲上民……故居前……天下樂隼……□天下……（帛書甲本）

江海……是以能……是以耴人之欲上民……故居上……天下皆樂誰……故□下……（帛書乙本）

江海……故能……是以欲上民……是以聖人處上……是以天下樂推……故天下……（王弼本）

《老子》此章是藉“江海”與“百谷”間自然歸屬的比喻，來說明“聖人”與“百姓”間無爲而歸順的和諧關係。全章說明“聖人”對“天下事務”處置的態度。因此，以不同的句式使用“聖人”一詞，就說明著行文時有著不同的考慮。簡文“江�海”與“聖人”對稱並舉，並未使用“是以”的聯繫詞。“江海……是以能爲百浴王”與“聖人……故天下莫能與之爭”，兩段表達相互呼應。而王弼本使用了一次“故”字，三次“是以”，語氣相當曲折。就此四者比較，似乎簡文的結構較爲素樸，而王弼本顯得最爲複雜。

就個別段落來說，簡文的說明也最爲簡要。如：

江海所以爲百浴王，以其能爲百浴下，是以能爲百浴王。（簡文本）

29

海之所以能為百浴王者，以其善下之，是以能為百浴王。（帛書甲本）

江海所以能為百浴□□，□其□下之也，是以能為百浴王。（帛書乙本）

江海之所以能為百谷王者，以其善下之，故能為百谷王。（王弼本）

四者比較，簡文“所以爲……以其能爲……是以能爲”的結構較爲古樸。其他三本均總結爲“江海……者”來論述，並對“以其能爲百浴王”句，簡要地改爲“以其善下之”。

聖人之才民前也，以身後之；其才民上也，以言下之。（簡文本）

是以聖人之欲上民也，必以其言下之；其欲先□□，必以其身後之。（帛書甲本）

是以耵人之欲上民也，必以其言下之；其欲先民也，必以其身後之。（帛書乙本）

是以欲上民，必以言下之；欲先民，必以身後之。（王弼本）

簡文用“才民前”、“才民上”，其他三本均用“欲上民”、“欲先民”。“上民”、“先民”是哲學性的觀念，而“在民前”、“在民後”卻保持素樸的描述。其他三本並用“欲……必以……”的句式，顯現出對說理的強調。這極可能是對《老子》原始資料，要求一種理論性架構的說明。

其才民上也，民弗厚也；其才民前也，民弗害也。（簡文本）

故居前而民弗害也，居上而民弗重也。（帛書甲本）

故居上而民弗重也，居前而民弗害。（帛書乙本）

是以聖人處上而民不重，處前而民不害。（王弼本）

簡文“其才民上也，民弗害也”、“其才民前，民弗害也”，帛書甲本作“居前而民弗害”、“居上而民弗重也”，乙本“居前”段、“居後”段，與甲本前後倒置。王弼本“處上而民不重，處前而民不害”，句序與乙本同。

從上述分析，我們可以得知，愈是較古的文本，《老子》資料的句法愈是古拙。我們認爲，語法的表達常能呈現出思想運作的方式，而哲學的原創性思考，常能更清晰地指出哲學考慮的方向。簡文《老子》雖然不是最好的文本，其中有許多的誤字與脫文，而且現存的竹簡也非完整，但它所保留未經後人更動的原始資料，時常可引發我們更爲深刻地從哲學問題本身上來思索。因爲，素樸的文字與古拙的句法，是比業已成形而雕琢的思辨觀念與系統結構，具有更大哲學探討的方向性意義與作用。

第二、"樂進而弗詀"的哲學性設想：

通行各本均作"樂推而弗厭"，因此，一般均將帛書的"隼"、"誰"釐訂爲"推"。而帛書的"猒"字，又是"厭"的假借，"厭"有"厭惡"之義，也可解爲"飽、足"。所以，此句就解釋爲：

> 天下人民樂於推戴而不厭棄。（《老子註釋及評介》頁 317）
>
> 天下的人都喜歡推戴他；並不以爲過分。（《老子達解》頁 354）
>
> 天下的人民都樂意推戴而不厭煩。（《老子説解》頁 400）

可是，《老子》思想中，聖人並不是要達成"人民樂於推戴而不厭煩"的成效。簡文〈丙本〉對應王弼本第 17 章，就提到："太上，下智（知）又（有）之。其即（次），新（親）譽之。"若是被人民所推戴，就不合於"太上"之德，而成爲"其次"的"親譽之"。一般對簡文此句的瞭解，與《老子》"太上"段所說的義理是相違逆的。因此，簡文的"進"字，不見得一定要釐訂爲"推戴"之"推"，它可引申爲"歸服"之義。而"詀"字，僅從文字學上來看，也很難將它釋讀爲"厭"，二者間不太可能有通假的關係。"詀"，也許是誤字，或許以後的研究可以提出更爲清楚的解說。我們將"詀"字讀爲"詹"，這在文字學上似乎不能得到完全的確認。可是將"詹"字解爲"多言"，以配合著"進"字的"歸服"之義，卻使我們可以指向另一種不發生上述衝突的解釋方向。

我們仔細思索全章的內容："聖人"之所以能使"天下樂進而弗詀"，正因爲聖人能如"江海所以爲百谷王"般，表現爲"不爭"。因爲聖人"不爭"，所以"天下莫能與之爭"。此章解說的重點，應當在聖人"不爭"之德上。"不爭"是《老子》一個重要的哲學觀念，出現有五章之多。但"不爭"的意義爲何？我們試分析《老子》是如何使用此一語詞的。除此章外，其他出現"不爭"

的四次爲：

> 不尚賢，使民不爭。（第4章）
>
> 水善利萬物而不爭，處衆人之所惡，故幾於道。（第8章）
>
> 天之道利而不害，聖人之道為而不爭。（第81章）
>
> 善為士者不武，善戰者不怒，善勝敵者弗與，善用人者為之下。是謂不爭之德，是謂用人，是謂配天，古之極。（帛書乙本，對應王弼本第68章）

從上引資料來看，"不爭"是用來說明天道運作的本然。天道自然而不刻意地標顯任何價值的取向，聖人法天道，"不尚賢"，所以"不爭"。"不爭"不是一種消極的作爲，而是如"水"般，雖處"衆人之所惡"，但能"善利萬物"。"天之道"是使萬物各得其所得而無阻礙，"聖人之道"是在它的隱藏的作爲中，體現著涵容一切的運作。所以"不爭之德"，實際上是使萬民的能力各得其用，這與天道相配應，是始源作用的極致表現。

"不爭"的反面是"有爭"。"有爭"就產生相互間的對立。天下之中，若在上位者與人民發生"對立"的情勢，不但在上位者不能涵容人民，使他們默然歸服，人民也會批評在上位者的作爲。這是"不靜"，也就是"詀"或"詹"所指的"多言"。《說文》解釋"詹"的結構爲"从言，从八，从厃。"徐鉉注曰："八，分也。多故可分也。"因此，"多言"指的是"各自有說，議論紛紜。"

人民若是議論紛紛，就不能誠服於上，因而也就不能"進而弗詀"。《尙書》中屢言人民"不靜"之事。如"有大艱于西土，西土人亦不靜，越茲蠢。""艱大，民不靜，亦惟在王宮、邦君室。"（〈大誥〉）"今惟民不靜，未戾厥心，迪屢未同。"（〈康誥〉）人民的"靜"與"不靜"，是治天下是否得當的驗證。只是周人強調"保民"、"愛民"，以求天下能"靜"。《老子》認爲只有回應天道的"不爭"，才能使人民信服而"弗詀"。因此，我們推想，簡文此章所表達的思想或許意謂：聖人匹配天道的運作，統治人民時，人民的生活不覺得受到壓迫；引導人民時，人民的生活也不覺得受到妨礙。這種"不爭之德"，能使人民自動地歸服，而不會產生任何的議論與紛爭。

☆

19；66；**46 中下**；30 上中；15；64 下；37；63；2；32；
／25；5 中；／16 上；／64 上；56；57；／55；44；40；9

辠莫厚虖甚欲，咎莫僉虖谷得，（五）

化莫大虖不智足。

智足之爲足，此互足矣。

辠（罪）莫厚虖（乎）甚欲①，咎莫僉（憯）虖（乎）谷（欲）
得②，化（禍）莫大虖（乎）不智（知）足③。智（知）足之爲
足，此亙（恆）足矣④。

〔天下有道，卻走馬以糞。天下無道，戎馬生於郊。〕禍莫大於不知足，咎
莫大於欲得，故知足之足，常足矣。（王弼本）

〔天下有□，□走馬以糞。天下无道，戎馬生於郊。〕罪莫大於可欲，騢（禍）
莫大於不知足，咎莫僭於欲得。□□□□□，恆足矣。（帛書甲本）

〔□□□道，卻走馬□糞。无道，戎馬生於郊。〕罪莫大於可欲，禍□□□
□□□，□□□□□□。□□□□□，□足矣。（帛書乙本）

〔天下有道，卻走馬以播天下。天下無道，戎馬生於郊。〕罪莫大於可欲，
禍莫大於不知足，咎莫僭於欲得，故知足之足，常足矣。（傅奕本）

【文字釋析】

①"辠莫厚虖甚欲"：

帛書甲本作"罪莫大於可欲"，乙本無"於"字，王弼本無此句。此句
之前，帛書甲、乙本與王弼本均有"天下有道……戎馬生於郊。"《韓
詩外傳》引《老子》作："罪莫大於多欲。"

"辠"：爲"罪"字的古字形。《說文》："秦以罪爲辠字。"《文字
音義》云："始皇以辠字似皇，乃改爲罪，按經典多出於秦後，共皆作
罪。罪之本義少見於竹帛。"

"厚"有"重"、"大"之義。

"甚"，帛書本作"可"。原注稱："'甚'字與36號簡'甚愛必大
費'句'甚'字同形，在此或應讀爲'淫'。""甚欲"，李零先生認

為"疑讀為'貪欲'。"

魏啓鵬云："甚，讀為侵"，並以"甚欲"作"侵欲"解。

《說文‧甘部》："甚，尤安樂也。"段玉裁注："人情所尤安樂者，必在所溺愛也。"《老子‧29 章》："是以聖人，去甚，去奢，去泰。"

此句意謂：過失莫大於沈溺於人的意欲之中。

見於古典文獻者：

> 人有欲則計會亂，計會亂而有欲甚，有欲甚則邪心勝，邪心勝則事經絕，事經絕則禍難生。由是觀之，禍難生於邪心，邪心誘於可欲。可欲之類，進則教良民為姦，退則令善人有禍。姦起則上侵弱君，禍至則民人多傷。然則可欲之類，上侵弱君而下傷人民。夫上侵弱君而下傷人民者，大罪也。故曰："禍莫大於可欲。"（《韓非子‧解老》）

> 翟人有獻豐狐、玄豹之皮於晉文公，文公受客皮而歎曰："此以皮之美自為罪。"夫治國者以名號為罪，徐偃王是也。以城與地為罪，虞、虢是也。故曰："罪莫大於可欲。"（《韓非子‧解老》）

我們認為《韓非子》〈解老〉、〈喻老〉兩篇，不但與《老子》解經的傳統有關，而且具有相當顯著的晉學特徵。或者說，它是《老子》思想在三晉地區所產生的一種闡釋。與《莊子》書中發展於南方地域的《老子》解釋不同。《老子》的原始資料應當在春秋戰國之際，即已由原為陳國地區的楚境開始流傳。其中向三晉發展所形成的資料，似乎保留在《韓非子》書中。〈解老〉、〈喻老〉兩篇，是否為韓非子手撰，並不是我們思考這個問題的關鍵。我們注意的是，它將《老子》的思想導向人文的規劃與實踐發展的方向，這與反對人文價值的南方解釋，迥然不同。

② "咎莫僉虐谷得"：

"僉"，帛書甲本、《韓非子》〈解老〉與〈喻老〉兩篇引文，均作"憯"，王弼本作"大"，敦煌己、遂州、顧歡三本作"甚"。劉師培曰："'憯'與'痛'同，猶言'禍莫痛於欲得'也。老子古本亦必作'憯'。朱謙之云："'大'作'憯'，是也。'憯'與'甚'通。"馬敘倫曰："'甚'

借爲‘憯’，聲同侵類。”《方言》卷十二：“憸，劇也。憸，夥也。”
《廣雅‧釋詁三》：“憸，多也。”因此，簡文作“憸”與帛書似不同
傳本，而與作“大”或“甚”者較近。“憯”字義近於“利”，即“影
響程度的深重”。《淮南子‧主術訓》：“兵莫憯於志，而莫邪爲下。”
高誘注：“憯，猶利也。”以“憯”解爲“痛”，恐與古本《老子》字
義較遠。

“谷”借爲“欲”。“欲”而有“得”，即“欲”被“得”所牽引。

此句意謂：病害莫大於被有得的趨向所牽繫。

見於古典文獻者：

故欲利甚於憂，憂則疾生，疾生而智慧衰，智慧衰則失度量，失度量
則妄舉動，妄舉動則禍害至，禍害至而疾嬰內，疾嬰內則痛禍薄外，
痛禍薄外則苦痛雜於腸胃之間，苦痛雜於腸胃之間則傷人也憯，憯則
退而自咎，退而自咎也生於欲利，故曰：“咎莫憯於欲利。”（《韓非
子‧解老》）

虞君欲屈產之乘，與垂棘之璧，不聽宮之奇，故邦亡身死，故曰：“咎
莫憯於欲得。”（《韓非子‧喻老》）

上引資料，〈解老〉篇引《老子》作“咎莫憯於欲利”，〈喻老〉作“咎
莫憯於欲得”，均與簡文不同。但二者將“欲利”或“欲得”作爲導致於
“咎”的肇端，表現前後因果的關係，仍近於簡文的意旨。

③ “化莫大虖不智足”：

“化”、“禍”均屬“歌”部，此處似可通假。

《荀子‧正論》曰：“凡人之盜也，必以有爲，不以備不足，足則以重
有餘也。而聖王之生民也，皆使當（王念孫說疑作“富”）厚優猶（此字後原有
“不”字，依楊倞說刪）知足，而不得以有餘過度。”此文似可與《老子》
資料相參考。

此句意謂：災難莫大於競逐於趨馳而不能安止。

見於古典文獻者：

> 是以聖人不引五色，不淫於聲樂，明君賤玩好而去淫麗。人無毛羽，
> 不衣則不犯寒。上不屬天，而下不著地，以腸胃為根本，不食則不能
> 活。是以不免於欲利之心，欲利之心不除，其身之憂也。故聖人衣足
> 以犯寒，食足以充虛，則不憂矣。眾人則不然，大為諸侯，小餘千金
> 之資，其欲得之憂不除也，胥靡有免，死罪時活，今不知足者之憂，
> 終身不解，故曰：「禍莫大於不知足。」（《韓非子·解老》）

上引〈解老〉篇資料，說明欲得之心為人之常情，必要"知足"，才能終
身無憂。"聖人"、"明君"之所以與常人有別者，即在於此。這是將《老
子》經文看作箴言，並舉以事例來解證。

＊

> 智伯兼范、中行而攻趙不已，韓、魏反之，軍敗晉陽，身死高梁之東，
> 遂卒被分，漆其首以為溲器，故曰：「禍莫大於不知足。」（《韓非子·
> 喻老》）

上引〈喻老〉篇資料，以"智伯"不知足而終致殺身之禍，來解喻《老子》
經文。這仍是將《老子》文句，作為處事的訓誡來解釋。

④ "智足之為足，此亙足矣"：

"智"字，假為"知"。"知足之為足"，帛書兩本均殘，王弼本作"知
足之足常足矣"，簡文多"為"字，，意思較清楚。

竹簡《老子》甲本對應王弼本第 44 章，曰：「古（故）智（知）足不辱，
智（知）止不怠（殆），可以長舊（久）。」

《莊子·讓王》篇：「知足者，不以利自累也。」

原注曰："'亙'，簡文與《說文》古文'恆'字同。"

此兩句意謂：知道以止息為滿足，則能得到恆常的安止。

見於古典文獻者：

> 邦以存為常，霸王其可也。身以生為常，富貴其可也。不〔以〕（據

陶鴻慶說補）欲自害，則邦不亡，身不死，故曰：“知足之為足矣。”（《韓非子‧喻老》）

上段〈喻老〉篇引文，“可”字，《淮南子‧詮言訓》作“寄”。“邦以存爲常”，“身以生爲常”，其他如“霸王”與“富貴”等，均爲寄寓的餘事。〈喻老〉篇用此事理，來解證《老子》的經文。簡文此章見於《韓非子》者，均從道德規勸的角度來解釋。這體現著晉學重實踐的特徵。

【資料研究】

此章寫於竹簡編號第 5 簡中段至第 6 簡中段。全文對應王弼本第 46 章後段，章末有墨點。簡文中顯示出兩點值得注意之處。

第一，簡文並無“天下有道”段：

帛書甲、乙本與王弼本，此章之前有：

天下有道，卻走馬以冀。天下無道，戎馬生於郊。

不見於簡文的此段文字，極似古時的諺語或格言。意謂：天下有道，戰事不興，卻還走馬於民間，使服耕載之勞。天下無道，各種馬匹均徵發入陣，連駒犢都會生於戰地之郊。此段內容，雖可勉強聯繫下文強調“知足”的義理，但在表達的連貫性上，似乎有所隔閡。簡文此章接對應王弼本的第 66 章的上章簡文，二者間並無分隔符號。第 66 章內容主要說明“不爭”，與此章的“知足”，義理遠較上段更爲密切。

第二、“甚欲”、“谷得”與“不智足”的特殊表達：

此章前段與王弼本有相當出入，與帛書文字或句序也有不同。它們分別爲：

辠莫厚虖甚欲，咎莫憯虖谷得，化莫大虖不智足。（簡文本）
罪莫大於可欲，禍莫大於不知足，咎莫憯於欲得。（帛書甲本）
禍莫大於不知足，咎莫大於欲得。（王弼本）

王弼本無“辠莫厚虖甚欲”句。帛書乙本殘，僅餘“罪莫大於可欲，禍”。

39

甲本第二、三句,句序與簡文顛倒。

簡文指出"罪"、"咎"、"禍"三類中的最大者,分別爲"甚欲"、"欲得"與"不知足"。帛書甲本因與簡文句序不同,而分別作"可欲"、"不知足"與"欲得"。簡文"甚欲"、"欲得"與"不知足"的排列,似乎說明一種程度上的連貫性。簡文《老子》此章的說明爲:

甚欲 → 欲得 → 不知足

罪　　　咎　　　禍

原釋文將"甚欲",讀爲"淫欲"。"淫"有"蔓延、漸進"之義。《管子‧內業》:"正形攝德,天仁地義,則淫然而自至。"尹知章注:"淫,進貌。""甚"字可解爲"溺愛",即"沈溺於"。因此,"甚欲"當指沈溺於"欲"中。此處的"欲"字,指涉何事?

在《老子》思想中,"欲"字的使用可分爲四類:

第一,"欲"的普通用法,是指一般意義的"想要"、"將要",也就是指一種意向,或一種狀態的變化。如:"保此道者不欲盈"(第 15 章)"將欲取天下而爲之。"(第 29 章)"將欲歙之"(第 36 章)"不欲琭琭如玉"(第 39 章)"化而欲作"(第 37 章)"大國不過欲兼畜人"(第 61 章)"欲上民……欲先民"(第 66章)"其不欲見賢"(第 77 章)。

第二,"欲"說明一種操作的方向,並不具負面的意義,這種用法表現出哲學思考的指向性。如"恆無欲也,以觀其眇;恆有欲也,以觀其嗷。"(帛書甲本第一章)"欲不欲,不貴難得之貨。"(第 67 章)"我欲不欲而民自僕。"(第57 章;"欲不欲",簡文本與帛書本同,王弼本作'無欲',誤。)"恆有欲"與"恆無欲","欲"是指"觀"的"指向"。"欲不欲",是以"不欲"爲"欲",其中的"欲"字並無貶義。

第三,"欲"指外在的企劃,也就是人文建構的要求。而"無欲"是指回歸始源的自然。如:"聖人云:我無爲而民自化,我好靜而民自正,我無事而民自富,我無欲而民自樸。"(第 57 章)"吾將鎮之以無名之樸,夫亦將無欲。不欲以靜,天下將自定。"(第 37 章)"常無欲可名於小。萬物歸焉,而不爲主,可名爲大。"(第 34 章)。

第四，"欲"指受到"得"的牽繫，而落入個別的"私"中。如："見素抱樸，少私寡欲。"（第 19 章）"不見可欲，使民心不亂……。是以聖人之治，虛其心，實其腹，弱其志，強其骨；常使民無知、無欲，使夫智者不敢爲也。"（第 3 章）"咎莫大於欲得"（第 46 章）。

簡文此章所強調的"知足"是相對"欲"來說。而其中的"欲"就是上述第四種的意義。由"甚欲"到"欲得"，然後落入"不知足"，這清楚地解釋著"欲"的墮失過程。

我們先從"罪"、"咎"與"禍"三者所顯現程度上差異來看。"罪"有"過失"之義。《孟子·公孫丑下》："王曰：'此寡人之罪也。'"簡文"辠（罪）"字並非指"作惡"或"犯法"之罪。它僅指一種生存上的過失。"咎"，《爾雅·釋詁上》："咎，病也。"《說文，人部》："咎，災也。""咎"與作爲過失意義的"罪"，已經有了程度上的不同，它已經是"災"，一種"病端"。但"咎"仍未成爲"禍"。"禍"，指災難，或禍害。《說文·示部》："禍，害也。神不福也。""禍"是一種危難，即《老子》常提到的"殆"。由"罪"到"禍"，表現出程度上惡化的過程。

與"罪"、"咎"、"禍"三者相對應，"甚欲"之"甚"當指"沈溺"，也就是不能處置"欲"，而沈溺於其中。"欲"，可作爲一般"性向"的指示詞，如此意含的"欲"，是人生存的樣式之一。就此性向之"欲"本身而言，無所謂正面或負面的的價值問題。但"沈溺"於"欲"中，則是生存上的過失，因此，是"罪"。沈溺於"欲"的原因，就在於"欲得"。

"得"字在《老子》書中也有不同的用法："不得已"語詞之"得"，如："吾見其不得已"（第 29 章）"果而不得已"（第 30 章）"不得已而用之"（第 31 章）"得"指一般意義的"及"、"到"、"能夠"，如："搏之不得名曰微"（第 14 章）"故不可得而親，不可得而疏，不可得而利，不可得而害，不可得而貴，不可得而賤"（第 56 章）"吾得執而殺之"（第 73 章）"強梁者，不得其死。"（第 42 章）"得"指"取得"："不貴難得之貨"（第 3 章／第 64 章）"少則得"（第 22 章）"同於道者，道亦樂得之；同於德者，德亦樂得之；同於失者，失亦樂得之。"（第 23 章）夫樂殺人者，則不可得志於天下矣。（第 31 章）"古之所以貴此道者何？不曰：求以得，有罪以免邪！故爲天下貴。"（第 62 章）"夫兩者各得其所欲。"（第 61 章）"得"指本質性的"得"："昔之得一者，天得一以淸，地得一以寧，神得一以靈，谷得一以盈，萬物得一以生。侯王得一以爲天下貞。"（第39章）"得與亡孰病？"（第44章）"既得其母，以知其子。"（第52章）

簡文此章"欲得"的"得"，雖有"取得"之義，但其哲學作用與上述"得"的用法均不太相同。它指"得之若驚，失之若驚"（第13章）中的"得"。"得之"與"失之"，是相對成立的。有"得"必有"失"，因此"欲得"之"得"不是本質的"得"，但也不完全是外在的"得"，而是"得失"的"得"。"欲得"是被外在的"得"所牽引，而失去自己存身的本然。

"甚欲"，是沈溺於"欲"中，也就是人自身沈陷於"欲"的外向追求之中。所以，"甚欲"之爲"罪"，在於"甚"，即"沈溺"。但"欲得"就不但指沈溺於"欲"中，而且已經被"得"所控制。作爲欲得的外在事物，反過來控制著人的"欲"。"欲得"之爲"咎"，就在於前綴於"得"字前的"欲"上，指"爲'得'所控制的繫累"。"甚欲"與"欲得"是對稱的，二詞中居前的"甚"與"欲"，標示出居後之"欲"與"得"的墮失原因。因此，前一"欲"字的作用不同於後一"欲"字。"欲得"，而後有"禍"。"禍"不只是"過失"或"病害"，它已成爲"災難"。

"禍"與"福"是《老子》哲學關注的重要問題之一。"禍"是處身的災難，這在古典哲學重視人存意義的要求下，是極爲嚴重的事情。"禍"的最大原因，在於"不知足"。何謂"不知足"？

"足"有"滿足"的意思。因此，一般將"不知足"解釋爲"不知滿足"。但"滿足"當指何事？《說文通訓定聲》："足即止也，故義又爲止。"《漢書·五行傳》：'足者，止也。'"《老子·第28章》曰："爲天下谷，常德乃足。"河上公注："足，止也。人能爲天下谷，則德乃常止於己也。"因此，"足"之爲"滿足"，在於能止。"不知足"，是由於不知所止，因而不能滿足。"止"，有"停止"、"安止"之義。"欲得"爲"得"所牽繫，故不得止，不能停止，則不能知其所足，於是爲"得"所趨而不止，終成災禍。

此章的主旨爲："知足之爲足"。"足"字與"甚欲"相呼應。"甚"指沈溺，"足"就是停止。但"足"也有"滿足"的意含。所以，"知足之爲足"，是說：知道以"停止"爲"滿足"，則有"恆足"。"恆足"是恆常的安止。這是對存在性徵之一的"欲"，完成一種妥當的處置。"欲"之所以有失，乃在於"甚"。"甚"，當以"知止之足"而復歸本然的恆常。

　　透過簡文的文字，我們似乎更能設想一種哲學思索的程序與安排。"甚欲"，帛書本作"可欲"，"可"同樣指出"欲"的一種定向的發展。這仍然保持著簡文的原始意含，與竹簡《老子》是相近的。但帛書本的句序與簡文不同，因此，仍不能表現出上面所解釋的那種程度上的墮失變化。

☆

19；66；46中下；30 上中；15；64下；37；63；2；32；

／25；5中；／16上；／64上；56；57；／55；44；40；9

以佁差人宝者，不谷以兵強（六）於天下。

善者果而已，不以取強。

果而弗發，果而弗喬，果而弗矜。

果而已，不得已。

是胃果而不強。其（七）事好。

白㫃𠂤𠂤𠂤今𠂤𠂤𠂤於天下

善者果而已㫃得

果而弗發果而弗容果而弗矜

是胃果而不肰兀𦥑𩠐

以衍（道）差（佐）人宔（主）者，不谷（欲）以兵強於天下 ①。善者果而已，不以取強②。果而弗癹（伐），果而弗喬（驕），果而弗矜（矜）③。是胃（謂）果而不強。其事好④。

以道佐人主者，不以兵強天下。其事好還。師之所處，荊棘生焉。大軍之後，必有凶年。善有果而已，不敢以取強。果而勿矜，果而勿伐，果而勿驕，果而不得已，果而勿強。物壯則老，是謂不道，不道早已。（王弼本）

以道佐人主，不以兵□□天下。□□□□。□□所居，楚朸（棘）生之。善者果而已矣，毋以取強焉。果而毋驕（驕），果而勿矜，果而□□，果而毋得已居。是胃（謂）□而不強。物壯而老，是胃（謂）之不道，不道蚤（早）已。（帛書甲本）

以道佐人主，不以兵強於天下。其□□□。□□□□，□棘生之。善者果而已矣，毋以取強焉。果而毋驕，果而勿矜，果□□伐，果而毋得已居。是胃（謂）果而不強。物壯而老，胃（謂）之不道，不道蚤（早）已。（帛書乙本）

以道佐人主者，不以兵彊天下。其事好還。師之所處，荊棘生焉。大軍之後，必有凶年。故善者，果而已矣，不敢以取彊焉。果而勿矜，果而勿伐，果而勿驕，果而不得已，是果而勿彊。物壯則老，是謂非道，非道早已。（傅奕本）

【文字釋析】

① "以衍差人宝者，不谷以兵強於天下"：

原注曰："'衍'，'道'字。《汗簡》'道'字與簡文同。"

《石鼓文》："酋車載衍，如徒如章，原濕陰陽。"據郭沫若考釋："'衍'，為行。"

"差"字，帛書與王弼本均作"佐"。原注稱："'差'，《集韻》：'倉何切'，與'左'音近通假。"

"宝"字，帛書與王弼本均作"主"。《說文·宀》："宝，宗廟宝祏。"段玉裁《注》："經典作主，小篆作宝。主者古文也。"王筠《說文句讀》："主者，古文之假借字也。宝則後起之分別字也。"

"強"，意指"逞強"。

"谷"字，假為"欲"。

此兩句意謂：以道術輔佐人君的人，不欲以軍力來威嚇逞強於天下。

② "善者果而已，不以取強：

此句之前，帛書甲本有："□□□□□□所居，楚朸生之。"乙本有："其□□□□□□□□棘生之。"，王弼本有："其事好還。師之所處，荊棘生焉。大軍之後，必有凶年。"帛書甲、乙本闕文，似可據王弼本補。此兩句僅"其事好"三字見於簡文此章下文，其他全無。帛書等三本恐有注文串入。

"善者"，指"扶佐人主而善於用兵者"。

"果"，王弼注云："'果'猶'濟'也，言善用師者，趣以濟難而已矣，不以兵力取強於天下也。"高亨云："《爾雅·釋詁》：'果，勝也。''果而已'猶勝而止。"（《老子正詁》卷上頁71）

此兩句意謂：善於處理用兵之事的人，能完成了用兵的目的就好了，不以用兵來威嚇逞強。

③ "果而弗癹，果而弗喬，果而弗矜"：

"癹"字，帛書與王弼本均作"伐"。原注稱："'癹'於簡文中借爲'伐'。""伐"，誇耀。《玉篇·人部》："伐，自矜曰伐。"

"喬"字，假爲"驕"。

"矜"，帛書甲、乙本，王弼本均作"矜"。"矜"字，假爲"矜"。"矜"有自負之義。《尙書·大禹謨》："汝惟不矜，天下莫能與汝爭能；汝惟不伐，天下莫能與汝爭功。"孔傳："自賢曰矜，自功曰伐。"

"癹"、"喬"、"矜"三字，均表示戰勝後的態度。三字前加上"弗"，表示對使用武力的矜持態度。

帛書甲、乙本與王弼本，除此句外，尙有"果而毋得已居"。

通行本《老子》第 22 章，曰："不自伐故有功；不自矜故長。"第 24 章，曰："自伐者無功，自矜者不長。"

此段意謂：只求達到用兵的目地，所以不會誇耀，不會驕傲，不會自負。

④ "是胃果而不強，其事好"：

據原注稱："其事好"下當脫一"還"字。

李零先生云："其事好長，應於'長'下斷句。尹灣漢簡《博局占》六博術語'長'，《西京雜記》作'玄'，'玄'是深遠之義。疑王弼本'還'，或可讀爲'遠'。"

"是謂果而不強"句後，王弼本有"物壯則老，是謂不道，不道早已。"帛書甲本與乙本，亦有此段，文字稍異。

此兩句意謂：這就稱爲：達到了用兵的目地而不威嚇逞強。因爲用兵之事的影響是非常深遠的。

【資料研究】

此章寫於竹簡編號第 6 簡至第 8 簡上段。全文對應王弼本第 30 章。全章句序，與帛書或王弼本，差異較大。文字詳略亦有不同。分三點說明：

第一、簡文"其事好"，在"是謂果而不強"句後，語意不清。簡文的下一字為"長"，原釋文將其與下章連讀作"長古之善為士者"。但帛書乙本與今通行各本，均無"長"字。似乎簡文"好"字之後，當緊接著"長"，而作"其事好長"。"長"有"滋長"之義。《詩‧小雅‧巧言》："君子屢盟，簡亂是用長。"可是，簡文在"好"與"長"之間有一"▬"符號。此一符號不論是用來分章或是斷句，都像是將"好"與"長"分開。因此，或許正如原注所言："好"下脫"還"字。裘先生認為此一"類似句逗的符號，也許是校讀者所加，表示此處抄脫一字。"（《郭店楚墓竹簡》頁119，注釋七）但由於簡文中此類符號的使用並不嚴謹，也有可能是簡文誤記了"▬"符號。

第二、"不以兵強於天下"與"善者果而已"兩句之間，帛書甲、乙本與王弼本均有不見於簡文的文句。它們分別為：

　　□□□□。□□所居，楚朸生之。
　　其□□□。□□□□，□棘生之。
　　其事好還。師之所處，荊棘生焉。大軍之後，必有凶年。

雖然帛書有殘缺，三者前兩句文字應當相近，唯有"大軍"句不見於帛書。勞健曰："'大軍之後，必有凶年'，景龍、敦煌與《道藏》龍興碑本無此二句，他本皆有之。"（《老子古本考》卷上頁38）馬叙倫說：

> 諗弼注曰："言師凶害之物也。無有所濟，必有所傷，殘害人民，殘荒田畝，故荊棘生焉。"是王亦無此兩句。成與此兩句無疏，則成亦無。蓋古注文所以釋上兩句者也。（《老子校詁》卷二頁99）

但是，《呂氏春秋‧應同》曰："師之所處，畢生荊楚。"《漢書‧嚴助傳》引淮南王劉安書云："老子所謂：'師之所處，荊棘生之者也。……臣聞軍旅之後，必有凶年。"又云："此《老子》所謂'師之所處荊棘生之'者也。"劉安所見的《老子》文本有此句。又《文子‧微明》第19章有言曰："起師十萬，日費千金，師旅之後，必有凶年。故'兵者不祥之器也，非君子之寶也。'"〈微明〉篇此句並未見於《淮南子》，而且《文子》書中所使用"老子曰"的體例，並非完全後人編輯時所妄加。劉安所見者是否出自《文子》中所保留的《老子》經文？

　　與此句相近的資料，也見於先秦的兵書，如《孫子·用間》："凡興師十萬，出征千里，百姓之費，公家之奉，日費千金。"《尉繚子·將理》："《兵法》云：'十萬之師，日費千金。'"銀雀山漢墓竹簡《尉繚子》："故《兵策》曰：'十萬之師出，費日千金。'"而《鹽鐵論·未通》也有："大軍之後，累世不復。"

　　簡文此處，不但不見"大軍之後"句，連"師之所處"句也未出現。而且這些資料都是關於"用兵"之事，是否在《老子》傳寫的過程中，曾經混入了這些文句。此事也顯示出，《老子》古時當有多種的傳本。

　　第三、此章資料的編排，除第一段文句外，各本均不相同。帛書兩本、王弼本與傅奕本，"其事好還……必有凶年"爲一段完整的陳述，而簡文無。"善者"句後各本述說的層次不同。我們試將它們的結構排例如下：

　　　以衍差人宔者，不谷以兵強於天下。
　　　善者果而已，不以取強。果而弗癹，果而弗喬，果而弗矜。是胃：果而不強，其事好長。（簡文本）

　　　以道佐人主者，不以兵強天下。
　　　其事好還，師之所處，荊棘生焉。大軍之後，必有凶年。
　　　善有果而已，不敢以取強。果而勿矜，果而勿伐，果而勿驕，果而不得已，果而勿強。
　　　物壯則老，是謂不道，不道早已。（王弼本）

　　　以道佐人主，不以兵〔兵強〕天下。
　　　□□□，□□所居，楚朸生之。
　　　善者果而已矣，毋以取強焉。果而毋驕，果而勿矜，果而〔勿伐〕，果而毋得已居。是胃：〔果〕而不強。
　　　物壯而老，是胃之不道，不道蚤已。（帛書甲本，闕文據乙本補）

　　　以道佐人主，不以兵強於天下。
　　　其□□□，□□〔所居〕，〔荊〕棘生之。
　　　善者果而已矣，毋以取強焉。果而毋驕，果而勿矜，果〔而勿〕伐，果而毋得已居。是胃：果而不強。

物壯而老，胃之不道，不道蚤已。（帛書乙本，缺文句甲本補）

以道佐人主者，不以兵疆天下。

其事好還。師之所處，荊棘生焉。大軍之後，必有凶年。

故善者，果而已，不敢以取疆焉。果而勿矜，果而勿伐，果而勿驕，

果而不得已，是果而勿疆。

物壯則老，是謂非道，非道早已。（傅奕本）

　　簡文、帛書兩本與傅奕本，"是謂果而不強"句均回應"善者果而已，不以取強"。除簡文外，"物壯"句之後的資料，可能是《老子》不同傳本所記。而王弼本"果而勿強"之前無"是謂"，因此它與"果而勿伐"等三句對稱，並不回應前文"善者果而不已"段。傅奕本"善者"前有"故"字。

　　簡文"其事好"句，在"是謂果而不強"句之後。"其事好"句，李零先生云"其事好長，應於'長'下斷句。"並認為"長"有"深遠"之義。按照此說，則章末就成為全章的結語："是胃果而不強，其事好長。"這就與其他各本資料的編排，有著很大的差距。

☆

19；66；46中下；30上中；15；64下；37；63；2；32；／25；5中；／16上；／64上；56；57；／55；44；40；9

長古之善為士者，必非溺玄達，

深不可志。是以為之頌：夜虗奴冬涉川；

猷虗其（八）奴懷四叟；敢虗其奴客；

親虗其奴懌；屯虗其奴樸；坉虗其奴濁；

竺能濁以束（九）者，牉舍清。竺能仄以迬者，

牉舍生。保此衍者不谷耑呈。

長古之善爲士者，必非（微）溺玄達，深不可志（識），是以爲之頌（容）①：夜（豫）虖（乎）奴（若）冬涉川②；猷（猶）虖（乎）其奴（若）悓（畏）四㑈（鄰）③；敢（嚴）虖（乎）其奴（若）客④；觀（渙）虖（乎）其奴（若）懌（釋）⑤；屯虖（乎）其奴（若）樸⑥，坉虖（乎）其奴（若）濁⑦。竺（孰）能濁以束（靜）者，牺（將）舍（徐）清⑧。竺（孰）能庀以迬者，牺（將）舍（徐）生⑨。保此術（道）者不谷（欲）湍（尚）呈（盈）⑩。

古之善為士者，微妙玄通，深不可識。夫唯不可識，故強為之容。豫焉若冬涉川；猶兮若畏四鄰；儼兮其若容；渙兮若冰之將釋；敦兮其若樸；曠兮其若谷；混兮其若濁。孰能濁以靜之徐清？孰能安以動之徐生？保此道者不欲盈。〔夫唯不盈，故能蔽不新成。〕（王弼本）

□□□□□□，□□□□，深不可志（識）。夫唯不可志（識），故強爲之容。曰：與（豫）呵其若冬□□。□□□□畏四□。□□其若客。渙呵其若淩（凌）澤（釋）；玗呵其若楃（樸）；湷（混）□□□□；□□□若浴（谷）。濁而情（靜）之余（徐）清，女（安）以重（動）之余（徐）生。葆（保）此道不欲盈。〔夫唯不欲□，□□□□□□成。〕（帛書甲本）

古之善爲道者，微眇（妙）玄達，深不可志。夫唯不可志（識），故強爲之容。曰：與（豫）呵其若冬涉水。猶呵其若畏四㑈（鄰）。嚴呵其若客。渙呵其若淩（凌）澤（釋）；沌呵其若樸；湷（混）呵其若濁；澒（曠）呵其若浴（谷）。濁而靜之徐清，女（安）以重（動）之徐生。葆（保）此道□欲盈。是以能獒（敝）而不成。（帛書乙本）

古之善爲道者，微妙玄通，深不可識。夫惟不可識，故彊爲之容曰：

豫兮若多涉川；猶兮若畏四鄰；儼若客；渙若冰將釋；敦兮其若樸；
曠兮其若谷；混兮其若濁。孰能濁以澄靖之而徐清？孰能安以久動
之而徐生？保此道者不欲盈。〔夫唯不盈，是以能敝而不成。〕（傅奕本）

【文字釋析】

① "長古之善爲士者，必非溺玄達，深不可志，是以爲之頌"：

原注曰："長，帛書本及今本均無。《說文》：'長，久遠也'。'長
古'，即上古。"但"長"字，似屬上章之末。

"士"，帛書乙本，與傅奕、樓古二本作"道"，王弼本作"士"。《文
子·上仁》引此句作"古之善爲天下者"。竹簡《老子》乙本對應王弼
本第 48 章，曰："爲道者日員（損）。"另通行本《老子》第 65 章，曰：
"古之善爲道者，非以明民，將以愚之。"或作"爲道者"，或作"爲
士者"，此種情形可能源自《老子》不同傳本。

"非"、"微"，音近通假。

原注曰："溺，簡文從'弓'從'勿'從'水'，此處似借爲'妙'。"

"溺"字，帛書乙本作"眇"，王弼本作"妙"。此處疑借爲"汩"。
帛書《老子》甲本第 16 章有"汩身不怠"。帛書乙本與王弼本"汩"
均作"沒"。"汩"有"潛藏隱沒"之義。《史記·屈原賈生列傳》：
"襲九淵之神龍兮，汩深潛以自珍。"裴駰《集解》引徐廣曰："汩，
潛藏也。"司馬貞《索隱》："張晏曰'汩，音密，又音勿也。'""非
溺"，疑爲"微汩"之假，意謂隱微而潛藏。

"達"，與帛書乙本同，但王弼本作"通"。"達"、"通"二字義理
相同。《文子·九守》："聖人誠使耳目精明玄達，無所誘募。"

"志"字，借爲"識"。《說文·言部》："識，知也。"

"深不可識"，《文子》多表達爲"深不可測"，如〈道原〉篇："夫
道者，高不可及，深不可測，苞裹天地，稟受無形。""水之爲道也，

廣不可極,深不可測,長極無窮,遠淪無涯。"〈自然〉篇:"天道默默,無容無則,大不可極,深不可測,常與人化,智不能得。"

蔣錫昌曰:"《史記·老子列傳》:'老子曰:……良賈深藏若虛,君子盛德,容貌若愚。'皆此文'微妙玄通,深不可識'之誼也。"(《老子校詁》頁 87)

《說文》:"頌,兒也"段玉裁注:"兒下曰:'頌,儀也'。古作頌兒,今作容兒。古今字之異也。"

"頌"字後,帛書甲、乙本、傅奕本均有"曰"字,王弼本無,與簡文同。

《文選·魏都賦》注引《老子》曰:"古之士微妙元通,深不可識。夫為不可識,故強為之頌。"(《文選》卷 6,頁 297,中華書局版)

此段意謂:古時能充分表現著"士"的風格的人,必定隱微潛藏,深厚到無法知測,所以只能勉強來形容他的儀態。

② "夜虖奴冬涉川":

"夜"字,假為"豫",帛書兩本作"與",王弼本作"豫"。

原注曰:"依下文例,本句'奴'字前脫'其'字。裘按:'奴'似應讀為'如'。"

此句意謂:他小心遲疑,像似冬天涉水過河。

③ "猷虖其奴愄四叕":

"猷"字,假借為"猶"。

"愄",帛書與王弼本均作"畏"。原注稱:"'愄',從'心'從'畏'省,簡文多如此。讀作'畏'。"

"叕",帛書乙本同,王弼本作"鄰"。原注稱:"'叕',通行本作'鄰',二字音近相通。""鄰",當指四境之外的諸侯國。"當魏之方明立辟、從憲令行之時,有功者必賞,有罪者必誅,強匡天下,威行四鄰;及法慢,妄予,而國日削矣。"(《韓非子·飾邪》)

《禮記・曲禮上》曰："使民決嫌疑，定猶豫。"《正義》云："《說文》：'猶，玃屬。''豫，象屬。'此二獸皆進退多疑，人多疑惑者似之，故謂之'猶豫'"《楚辭・離騷》："心猶豫而狐疑兮，欲自適而不可。"

上句"夜虖"，與此句"猷虖"，皆指審慎、遲疑之貌。

此句意謂：他謹慎戒懼，像似有來自四境的威脅。

④ "敢虖其奴客"：

"敢"字，為"嚴"字之省。帛書乙本作"嚴"，王弼本作"儼"。"儼"，端莊嚴謹貌。

"客"，帛書乙本同，通行諸本多作"容"，"容"字係因形近而誤。

此句意謂：他端莊嚴謹，像似為人的賓客。

⑤ "觀虖其奴懌"：

"觀"，帛書兩本，與今王弼本均作"渙"。據原注稱："'觀'從'遠'聲，讀作'渙'。""渙"字，張舜徽《說文解字約注》曰："謂水流分散四去也。"

"懌"，帛書甲、乙本均作"澤"，王弼本作"釋"。《文子・上仁》作"液"。"懌"字，原注稱："讀作'釋'。""懌"字前，帛書甲、乙本均有"凌"字。王弼本作"冰之"。簡文"懌"前是否有脫字，不能確定。簡文"其奴客"、"其奴懌"、"其奴樸"、"其奴濁"，四者文例一致。

李零云："渙乎其如釋，與上句句式相同，未必脫'冰'字。"

"懌"或許為"液"之同音假借。"液"，有滲漏之義。《尉繚子・治本》："木器液，金器腥。聖人飲於土，食於土，埏埴以為器。""液"有滲浸、潛沒之義。後人可能將之衍釋為"冰之釋"。

《文子・上仁》引《老子》作"渙兮其若冰之液"，除保留"液"的古字外，已經加上"冰"字。因此，〈上仁〉篇解曰"渙兮其若冰之液者，不敢積藏也。""不敢積藏"即不敢留置,則"液"字已假爲"釋",而與"懌"的意含有了差距。

《莊子‧庚桑楚》曰:"老子曰:'衛生之經,能抱一乎?……'南榮趎曰:'然則是至人之德已乎?'曰:'非也。是乃所謂冰解凍釋者,能乎?'"此段資料明顯受到《老子》思想的影響,但其中已有"冰解凍釋"的解釋了。

此句意謂:他渙然散釋,像似潛沒而身解。

⑥ "屯虖其奴樸":

"屯",帛書乙本作"沌",王弼本作"敦"。"屯"、"忳",同音通假。"沌"通"忳",《韻‧混韻》"忳,愚兒。"通行本《老子》第二十章:"我愚人之心也哉!沌沌兮,俗人昭昭,我獨昏昏。"王弼注:"無所別析,不可爲名。"陸德明《釋文》:"沌,本又作忳。"

"沌",可作"愚"解,較"敦"義爲佳。

"樸",原注曰:"簡文上部从古文'僕'字。"

此句意謂:他憨愚而無知,像似原木的質樸。

⑦ "坉虖其奴濁":

《玉篇‧土部》:"坉,坉水不通,不可別流。"《集韻‧混韻》:"坉,塞也。"李零先生云:"坉,與'沌'相對,或讀爲'混',但讀'淳'亦通。"

"濁",《釋名‧釋言語》:"濁,瀆也。汁滓演瀆也。"原注云:"簡文右部从'蜀'省。楚簡中的'蜀'字多作此形。

簡文"濁"字後,帛書甲、乙本有"湷呵其若浴",王弼本作"曠兮其若谷",但在"濁"句之前。

此句意謂:他滯留不進,像似渾濁的積水。

以上數句對於"善爲士"者的形容,《莊子》書中也有類似的描述,"嚴乎若國之有君,其無私德;繇繇乎若祭之有社,其無私福;泛泛乎其若

四方之無窮，其無所畛域。"（《莊子·秋水》）

⑧ "竺能濁以束者，牭舍清"：

"竺"字，王弼本均作"孰"。"竺"字，借爲"孰"。帛書甲、乙本并無"孰能"二字。

"束"字，帛書甲本作"情"，乙本與王弼本均作"靜"。"束"音"刺"，與"靜"字，似音近通假。

"舍"，帛書甲本作"余"，乙本與通行諸本均作"徐"。原注稱："'舍' '徐'音近通假。"

疑"舍"，或當爲本字。"舍"有止息之義。《莊子·山木》："夫子出於山，舍於故人之家。"成玄英《疏》："舍，息也。"《管子·心術上》："德者，道之舍。"《文子·道原》："虛無者，道之舍。""舍"是道家重要的哲學觀念。"舍清"與下文之"舍生"，謂留止於"清"或"生"。

此兩句意謂：誰能在渾濁中沈靜下來的，將安止在清明的映照之中。

⑨ "竺能厇以迬者，牭舍生"：

"厇"，帛書甲、乙本作"女"，通行諸本均作"安"。"女"字假借爲"安"。原注稱："'厇'，疑爲'安'字誤寫。"

裘先生曰："'迬'帛書本作'重'，今本作'動'。'主'與'重'上古音聲母相近，韻部陰陽對轉。"

"生"，與簡文《老子》乙本"長生舊視之道"，與《老子·39章》"萬物得一以生"之"生"，意義相同。

此兩句意謂：誰能在安息中興起發生了的，將安止在生機的脈動之中。

⑩ "保此衍者不谷蝺呈"：

"不谷蝺呈"，帛書甲本與王弼本，均作"不欲盈"。

"蝺"字，假爲"尙"，《字彙·小部》："尙，崇也，又尊也。"《禮

記・表記》："是故君子不自大其事,不自尙其功。"此處,"端"有
"看重"之義,引申爲"強調"。

"呈"字,假爲"盈,但"呈"字本義,也可解爲"顯露"。《廣韻・
清韻》："呈,示也;見也。"《列子・天瑞》曰:"味之所味者嘗矣,
而味味者未嘗呈。"

此句之後,帛書甲本有"夫唯不欲□,□□□□□□成。"乙本作"是
以能斃而不成。"王弼本爲"夫唯不盈,故能蔽不新成。"三者文字均
有異,當爲不同傳本所致。

此句意謂:保持著此種道術的人,不會強調著外向的顯露。

見於古典文獻者:

> 吳將伐齊,越子率其眾以朝焉,王及列士皆有饋賂。吳人皆喜,唯子
> 胥懼,曰:"是豢吳也夫!"諫曰:"越在我,心腹之疾也,壤地同,
> 而有欲於我。夫其柔服,求濟其欲也,不如早從事焉。得志於齊,猶
> 獲石田也,無所用之。越不為沼,吳其泯矣。使醫除疾,而曰'必遺
> 類焉'者,未之有也。〈盤庚〉之誥曰:'其有顛越不共,則劓殄無
> 遺育,無俾易種于茲邑',是商所以興也。今君易之,將以求大,不
> 亦難乎?"弗聽。使於齊,屬其子於鮑氏,為王孫氏。反役,王聞之,
> 使賜之屬鏤以死。將死,曰:"樹吾墓檟,檟可材也。吳其亡乎!三
> 年,其始弱矣。盈必毀,天之道也。"(《左傳・哀公十一年》)

《老子》的"道"觀念來自於"天道"或"天之道"。"天道"作爲與"人
道"或"王道"相對的觀念,發生在西周晚期周室衰微之後。周文首重"王
道",《書經・洪範》曰:"無偏無陂,遵王之義;無有作好,遵王之道;
無有作惡,遵王之路。無偏無黨,王道蕩蕩;無黨無偏,王道平平;無反
無側,王道正直。會其有極,歸其有極。""王道"的本質在於承繼"文
王之德","王道"的使命在於保有承受的"天命"。因此,爲周人所敬
畏者是宗教性的"天命",而非天道環周的自然。"盈必毀,天之道也",
是萬物自然運作的本然,這與"王道"的絕對性價值不同。《左傳》中保
存許多這種思想的資料。《老子》此處"不欲尙盈"的觀念,與此種重視
"天道"思想的發展有關。這也可以說,《老子》"道"的思辨觀念得以

提出與確立，是強調"天道"這種新思潮發展的一種結果。

＊

故三皇五帝有戒之器，命曰侑卮，其中即正，其滿即覆。夫物盛則衰，
日中則移，月滿則虧，樂終而悲。是故聰有廣智守以愚，多聞博辯守
以儉，武力勇毅守以畏，富貴廣大守以狹，德施天下守以讓。此五者，
先王所以守天下也。"服此道者不欲盈，夫唯不盈，是以弊不新成。"
（《文子‧九守》）

孔子觀桓公之廟，有器焉，謂之宥卮。孔子曰："善哉乎！得見此器。"
顧曰："弟子取水！"水至，灌之，其中則正，其盈則覆。孔子造然
革容曰："善哉，持盈者乎！"子貢在側曰："請問持盈。"曰："揖
而損之。"曰："何謂揖而損之？"曰："夫物盛而衰，樂極則悲，
日中而移，月盈而虧。是故聰明叡知，守之以愚；多聞博辯，守之以
儉；武力毅勇，守之以畏；富貴廣大，守之以儉；德施天下，守之以
讓。此五者，先王所以守天下而弗失也。反此五者，未嘗不危也。"
故老子曰："服此道者不欲盈。夫唯不盈，是以能弊而不新成。"（《淮
南子‧道應訓》）

上引《文子‧九守》與《淮南子‧道應訓》，二者文字相近，所引《老子》
經文相同，難以判定資料的歸屬。"孔子觀桓公之廟"的事例，另見於《荀
子‧宥作》、《孔子家語》與《韓詩外傳》。它可能為當時流行的傳說，
〈道應訓〉引用以解喻《老子》經文。但"夫唯不盈，是以弊而不成"句，
不見於簡文，而見於帛書。這或許是加於《老子》原始資料的增添部份。

【資料研究】

此章寫於竹簡編號第 8 簡至第 10 簡上段。全文對應王弼本第 15 章。簡文
資料與帛書或今通行各本文字，有較大的差異。

第一、"善為士"句顯示出《老子》傳本的演變：

王弼本與簡文同，帛書乙本作"善為道"。簡文作"士"，《文子‧上仁》

引《老子》作"善為天下"。此可能來自《老子》不同的傳本。《老子》書中除此章外,另有兩次提到"士":

1. 善為士者不武,善戰者不怒,《老子‧68 章》

2. 上士聞道勤而行之,中士聞道若存若亡,下士聞道大笑之。(簡文為:
上士昏道,堇能行於其中。中士昏道,若昏若亡。下士昏道,大芙之。)《老子‧41 章》

引文 1:"善為士"中的"士",當指"武士",可引申為帶兵的"主帥",王弼注云:"士,卒之帥也。""不武"即"不尚先而欺凌於人"。

引文 2:"上士、中士、下士"等的區分,原先指古時社會階層的名稱。《禮記‧王制》:"諸侯之上大夫卿、下大夫、上士、中士、下士,凡五等。"《老子》用"士"這種階層的劃分,來說明對於"聞道"的三種不同反應。

從《老子》這兩章"士"字的用法,我們可看出"士"字由現實指稱的意義到哲學語言的過渡。在"善為士"中,"士"成為一種表達人義的重要哲學觀念。"聖人"、"士"與"大丈夫",共同說明《老子》哲學結構中"人"在於"天"、"地"之間的意義。

對於此章的"士"字,近人多有考釋:

河上公注曰:"為得道之君也",則"善為士者",當作"善為上者",故以"得道之君"釋之,"上"與"士"形似而誤耳。(俞樾:《諸子平議》卷八頁 86)

《文子‧上仁》引此章云,"古之善為天下者",是指君而言。疑"士"字或系"天下"二字之誤。(易順鼎:《讀老札記補遺》頁 3)

《後漢書‧黨錮傳》注引作"道",依河上注,蓋河上亦作"道"字。……驗文,"道"字為是。(馬叙倫:《老子校詁》頁 58)

《說文》:"士,事也。"段注:"引申之,凡能事其事者稱士。"則士本為任事者之稱。凡國君、士官、士大夫、卿士等皆可用之。(蔣錫昌:《老子校詁》頁 86)

依河上公注,'善為士者'當作'善為道者'。傅奕本'士'作'道',即可證。(朱謙之:《老子校釋》頁 36)

郭店竹簡《老子》出土後，使我們對《老子》文本的流傳情況，有了更大的設想。《老子》的傳本當時應當是多元的。"善爲士"、"善爲道"與"善爲天下"，三者文字之所以不同，可能只是抄寫的《老子》文本有異。因此，我們不能爲求確立一種《老子》的定本，而對文字妄加釐訂。以帛書作"道"，就肯定其原本爲"道"字，這是相當冒險的，因爲簡文正作"士"。今後仍有可能出土《老子》其他的抄本，也許會有早於簡文者。其文字撰寫的情形如何，我們仍不得而知。

雖然如此，"士"、"道"與"爲天下"，三者在義理上仍有其連貫性。"善爲士"應指"善於處置天下之事"者。《老子》此章並非直接討論"治天下"的問題，而是對"士"存身樣態的描述。整章以詩體的形式，述說著一種精神獨立自存之人，深沈隱微，渾樸無分，而與天地協同地運作。就哲學觀念發展來說，簡文此處的"士"字，顯示出一種較爲根源的特質。因此，若只就語詞的哲學性意含來說，作"士"字的文本可能較早。

帛書作"善爲道"與"善爲天下"，可能是一種推演性的闡發。它或者強調著"道"，或者關切了"天下"之事的處置，這與道家後續思想的發展是相關連的。因爲，對於"道"的強調，是將《老子》哲學引向思辨觀念的探討，而對於"天下"之事的關注，是"黃老"之學推展人文重建的重要根源因素之一。

因此，我們從哲學考慮，提出一種設想：《老子》原本似乎是說"善爲士者"。它雖然可以發展成後來思辨要求的"善爲道者"，或是人文建構方向的"善爲天下者"，但就它實質的意含而言，這種"士"的樣態，卻是人存始源情狀的極致表現。

第二、此章資料的出現與《老子》解經釋義的傳承：

《老子》此章的資料見於《文子》書中兩處，分別爲：

> 故一之理，施於四海；一之嘏，察於天地。其全也，敦兮其若樸；其散也，渾兮其若濁。濁而徐清，沖而徐盈。澹然若大海，氾兮若浮雲，若無而有，若亡而存。（《文子·道原》）

*

古之善為天下者，無為而無不為也，故為天下有容。能得其容，無為而有功，不得其容，動作必凶。

為天下有容者：

豫兮其若冬涉川，猶兮其若畏四鄰，儼兮其若容，渙兮其若冰之液，敦兮其若樸，混兮其若濁，廣兮其若谷。此為天下容也。

豫兮其若冬涉大川者，不敢行也。猶兮其若畏四鄰者，恐自傷也。儼兮其若容也，謙恭敬也。渙兮其若冰之液者，不敢積藏也。敦兮其若樸者，不敢廉成也。混兮其若濁者，不敢明清也。廣兮其若谷者，不敢盛盈也。

進不敢行者，退不敢先也。恐自傷者，守柔弱不敢矜也。謙恭敬者，自卑下尊敬人也。不敢積藏者，自損弊不敢堅也。不敢廉成者，自虧缺不敢全也。不敢清明者，處濁辱而不敢新鮮也。不敢盛盈者，見不足而不敢自賢也。

夫道，退故能先，守柔弱故能矜，自卑下故能高人，自損弊故實堅，自虧缺故盛全，處濁辱故新鮮，見不足故能賢，道無為而無不為也。

（《文子·上仁》）

《文子·道原》的引文，另見於《淮南子·原道訓》，而〈上仁〉篇文字，全不見於《淮南子》。"澹然若大海，氾兮若浮雲，若無而有，若亡而存。"四句與《老子》文體近似，有可能是取自老子學派的資料，至於是否為《老子》的佚文，待考。而《文子·上仁》更顯示出先秦時代，似乎有一個解說《老子》經文的傳承存在。文子為老子弟子的傳說，或許即與此事有關。〈上仁〉篇此處闡釋並發揮《老子》第 15 章的思想，而其中使用的說明體例，極像是解經的形式。

"古之善為天下者，無為而無不為也"段，是以"無為之治"的觀點，解釋"古之善為士"者。接著引用並注解《老子》此章的文句。我們將這種解說整理為一個圖表，如下（括弧中為簡文）：

豫兮其若冬涉川 → 不敢行也 → 退不敢先也 → 故能先

（夜虖奴冬涉川）

猶兮其若畏四鄰　→　恐自傷也　→　守柔弱不敢矜也　→　故能矜

（猷虖其奴愄四哭）

儼兮其若容　→　謙恭敬也　→　自卑下尊敬人也　→　故能高人

（敢虖其奴客）

渙兮其若冰之液　→　不敢積藏也　→　自損弊不敢堅也　→　故實堅

（覿虖其奴懌）

敦兮其若樸　→　不敢廉成也　→　自虧缺不敢全也　→　故盛全

（屯虖其奴樸）

混兮其若濁　→　不敢明清也　→　處濁辱而不敢新鮮也　→　故新鮮

（坉虖其奴濁）

廣兮其若谷　→　不敢盛盈也　→　見不足而不敢自賢也　→　故能賢

（簡文無此句）

　　這種解經的方式是：先引用經文，然後再加以層層闡釋，與後世"注"與"疏"的體例相類似。就先秦思想的發展來看，這種解經的傳承應當與學派的嫡系有關。《管子》書中就載錄了這種盛行於稷下學宮的文獻資料。《文子》此章顯示出，《老子》之後也應有這樣的學派存在。班固的《漢書·藝文志》就列出《老子鄰氏經傳》四篇，《老子傅氏經說》三十七篇，與《老子徐氏經說》六篇，可惜這些資料業已失傳，我們無法看到這種《老子》解經傳承的實際情形。因此，《文子》書中所保留的這段資料，就尤其顯得珍貴。

　　簡文《老子》的出現，證明此章資料形成於紀元前第四世紀之前。而《文子》書中又保留著解釋此章的文字，因此《文子》中應有部分資料可遠溯至戰國初期，並極可能與老子直接傳授的後人有關連。

　　從簡文與《文子·上仁》引文的比較，我們發現在《老子》流傳的過程中，文字經常會有更動，而且義理也持續會有發揮。

　　簡文第一句"古之善為士者，必非溺玄達，深不可志，是以為之頌"，帛書與王弼本在"是以"之前加上"夫唯不可識"，而以"故"連下文。這種整齊的語法表達方式，當為後人所改。

第三、關於"盈"字意義的問題：

簡文末句爲"保此衍者不谷蚺呈"，而無"夫唯不欲"句。帛書甲、乙本與王弼本則分別作：

> 葆此道不欲盈。夫唯不欲□，□□□□□成。
> 葆此道□欲盈。是以能斃而不成。
> 保此道者不欲盈。夫唯不盈，故能蔽不新成。

帛書等三種文本並無太大的差異，王弼本中"不"字恐爲"而"字之誤。但簡文只有前句，後句的來源到底如何？《文子‧上仁》引《老子》此章，亦不見此句，因此，簡文不太可能是脫漏。那麼，簡文與後三種文本的差異，就有可能顯示出《老子》哲學觀念的推衍與發揮的情況。

簡文的"呈"字，帛書等三文本均作"盈"。"呈"與"盈"，雖可互爲通假，但"呈"字也有"顯露"之義。徐灝《段注》箋："呈即古程字。"《廣雅‧釋詁四》："程，示也。"《列子‧天瑞》曰：

> 生之所生者死矣，而生生者未嘗終；形之所形者實矣，而形形者未嘗有；聲之所聲者聞矣，而聲聲者未嘗發；色之所色者彰矣，而色色者未嘗顯。味之所味者嘗矣，而味味者未嘗呈。"

在《列子》的上段文字中，"味味未嘗呈"與"形形者未嘗有"、"聲聲未嘗發"、"色色者未嘗顯"是相對稱的，其中的"呈"、"有"、"發"、"顯"的意含相近，均指某種"展現的呈示"。

簡文中多次出現"呈"或"涅"字，如"高下之相涅"、"枭而涅之"、"大涅若中"。這幾處帛書與通行本均作"盈"。但實際上，"涅"似乎並不全是"盈"字的假借。

"高下之相涅"，帛書《老子》甲本作"高下之相盈也"。帛書整理組云："'盈'假借爲'呈'或'逞'，呈現。"簡文此字正作"涅"。"枭而涅之"中的"涅"，解爲"逞"，意指"滿足、快意"。"大涅若中"，它與"大玎（巧）若伵（拙）"，"大成若詘"，"大植（直）若屈"，並列出現，"涅"與"中"二字，分別假爲"盈"與"盅"。

67

在以上三例中，“淫”字的假借各有不同。我們認爲簡文“保此術者不谷端呈”中的“呈”，是指“呈現”，也就是自我的展露、彰顯或呈示。

“不欲尙呈”，是《老子》此章的一個重要觀點，也是全章說明的主旨。“善爲士者”的“若冬涉川”、“若畏四鄰”、“若客”、“若懌”、“若樸”與“若濁”等的描述，都統含在“不呈”的要求之中。“不呈”就是隱微的涵藏。

因此，把“呈”解釋爲“盈”，就必然要接著說“夫唯不盈，故能蔽而不成”。“蔽”與“不成”的意義，其實就包含在“不呈”的觀念中。簡文說明的是“善爲士者”的存在實情，而帛書等的解釋，卻強調著本源的復歸。這似乎就顯示帛書等文本，是一種哲學觀念發展的後續闡釋。簡文資料當保留了《老子》原始資料的思想。

☆

19；66；46 中下；30 上中；15；64 下；37；63；2；32；／
25；5 中；／16 上；／64 上；56；57；／55；44；40；9；

為之者敗之，執之者遠（十）之。

是以聖人亡為古亡敗；亡執古無遊。

臨事之紀，誓冬女忄，此亡敗事矣。

聖人谷（十一）不谷，不貴難得之貨，

孝不孝，復眾之所二咎，

是古聖人能專萬勿之自肰，而弗（十二）能為。

爲之者敗之，執之者遠之①。是以聖人亡爲古（故）亡敗；亡執古（故）亡遊（失）②。臨事之紀，誓（慎）冬（終）女（如）忖（始），此亡敗事矣③。聖人谷（欲）不谷（欲），不貴難得之貨，孝（教）不孝（教），復衆之所﹦ 徃（過）④，是古（故）聖人能尃（輔）萬勿（物）之自肰（然），而弗能爲⑤。

〔其安易持，其未兆易謀，其脆易泮，其微易散。爲之於未有，治之於未亂。合抱之木，生於毫末，九層之臺，起於累土，千里之行，始於足下。〕爲者敗之，執者失之。是以聖人無爲，故無敗；無執，故無失。民之從事，常於幾成而敗之。慎終如始，則無敗事。是以聖人欲不欲，不貴難得之貨。學不學，復衆人之所過。以輔萬物之自然而不敢爲。（王弼本）

〔其安也，易持也。□□□□，□□□。□□□，□□□。□□□，□□□。□□□□□□□，□□□□□□□。□□□□，□□毫末。九成（層）之臺，作於羸（藥）土。百仁（仞）之高，台（始）於足□。□□□□□，□□□□□。□□□□□□□也，〕□无敗□；无執也，故无失也。民之從事也，恆於其（幾）成事而敗之。故慎終若始，則□□□□。□□□□欲不欲，而不貴難得之臘（貨）；學不學，而復衆人之所過。能輔萬物之自□，□弗敢爲。（帛書甲本）

〔□□□，□□□。□□□□，□□□。□□□，□□□。□□□，□□□。□□□□□□□，□□□□□□□。□□□木，生於毫末。九成（層）之臺，作於藥土。百千（仞）之高，始於足下。〕爲之者敗之，執之者失之。是以耵（聖）人无爲□，□□□□；□□□，□□□□。民之從事也，恆於其（幾）成而敗之。故曰：慎冬（終）若始，則无敗事矣。是以耵（聖）人欲不欲，而不貴難得之貨；學不學，復衆人之所過。能輔萬物之

自然，而弗敢爲。（帛書乙本）

〔其安易持，其未兆易謀，其脆易泮，其微易散。爲之乎其未有，治之乎其未亂。合裹之木，生於豪末，九成之臺，起於累土，千里之行，始於足下。〕爲者敗之，執者失之。是以聖人無爲，故無敗；無執，故無失。民之從事，常於其幾成而敗之。慎終如始，則無敗事矣。是以聖人欲不欲，不貴難得之貨。學不學，以復眾人之所過。以輔萬物之自然而不敢爲。（傳奕本）

【文字釋析】

① "爲之者敗之，執之者遠之"：

此句，甲本殘損，與帛書乙本同。王弼本無"之"字，簡文與帛書乙本有"之"字，表達意含較爲清楚。"之"字當有所指，似與"天下"之事有關。

"遠之"，帛書乙本與王弼本均作"失之"。簡文下句有"亡執故無遊"，此處"遠"字，疑爲"遊"字之誤。

另通行本《老子》第 29 章，與此處義理相近。"天下神器，不可爲也，爲者敗之，執者失之。"帛書甲本作"□□□□器，非可爲者也。爲者敗之，執者失之。"乙本作"□□□□器也，非可爲者也。爲之者敗之，執之者失之。"帛書乙本"爲"、"執"二字之後也有"之"字。

此兩句意謂：有意作爲地處理〔天下之事〕的人，將會遭受失敗；有意掌握地操持〔天下之理〕的人，將會有所喪失。

見於古典文獻者：

天之道，爲者敗之，執者失之。夫欲名之大而求之爭也，吾見其不得已，而雖執而得之，不留也。（《文子·上仁》）

上段《文子·上仁》文字，不見於《淮南子》，屬於古本《文子》。〈上仁〉篇此段爲論述"古之爲君者"能"修道德即正天下"的部份資料。"爲者敗之"的思想來自對於天道自然運作的領會，《老子》引用此理以解釋君道的無爲，《文子》因襲《老子》的思想。

＊

> 德之盛，山無徑迹，澤無橋梁，不相往來，舟車不通。何者？其民猶赤子也。有知者不以相欺役也，有力者不以相臣主也。是以鳥鵲之巢，可俯而窺也；麋鹿群居，可從而系也。至世之衰，父子相圖，兄弟相疑。何者？其化薄而出於相以有爲也。故："爲者敗之，治者亂之。"
>
> （《鶡冠子‧備知》）

上段《鶡冠子‧備知》文字，多處出現《老子》書中的觀念與用語，其思想與《莊子》、《淮南子》相近，應是南方道家對於《老子》思想的發揮。

② "是以聖人亡爲古亡敗；亡執古無遊"：

> 原注曰："'遊'，它本均作'失'。此字楚文字中屢見，皆讀爲'失'，字型結構待考。"

> 趙建偉先生解釋"遊"字云："疑爲'逸'之或體，'逸'、'失'古通用。

> "古"字，假爲"故"。

> 此兩句意謂：所以聖人無意於作爲，因而不會失敗；無意於操持，因而不會喪失。

見於古典文獻者：

> 夫好事者未嘗不中，利者未嘗不窮；善游者溺，善騎者墜，各以所好，反自爲禍。得在時，不在爭，治者道，不在聖。士處下，不爭高，故高而不危；水流下，不爭疾，故去而不遲。"是以聖人無執故無失，無爲故無敗。"（《文子‧符言》）

上段《文子‧符言》資料，見於《淮南子‧原道訓》，但未引《老子》經文。〈符言〉篇是以"不爭"之德來說明《老子》"無爲"、"無執"的觀念，是對於《老子》思想直接的闡釋。

③ "臨事之紀：誓冬女忖。此亡敗事矣"：

"臨事之紀"，不見於帛書與今本，竹簡《老子》丙本重出部份，亦無此句。

原注曰："臨，視、治。《國語‧晉語》'臨長晉國者'賈注：'治也'。紀，《禮記‧樂記》'中和之紀'注：'總要之名也'。"《論語‧述而》："必也臨事而懼，好謀而成者也。"《呂氏春秋‧孝行》曰："夫孝，三皇五帝之本務，而萬事之紀也。"

"臨事之紀"，意指"面對事務處理時的準則或要領"。

"誓"，帛書本與王弼本均作"慎"。原注稱："'誓'借爲'慎'。"但裘先生曰："所謂'誓'當與……'斳'爲一字，是否可以釋爲'誓'待考。"

"冬"字，假借爲"終"。"女"爲"如"字之假。

'忖'，帛書本與王弼本均作"始"。裘先生曰："'忖'之聲旁亦可釐訂爲'囟'。下文從此聲旁之字同。"

"慎"，不僅指"謹慎"，也含有"憂慮"、"恐懼"之義。《廣雅‧釋詁一》："慎，憂也。"又《釋詁‧四》："慎，恐也。"

此三句意謂：處理事物時的準則：對事物發展的開始與終結，都要戒慎戒懼地處置。這樣才不會失敗。

見於古典文獻者：

學敗於官茂，孝衰於妻子，患生於憂解，病甚於且瘉。故"慎終如始，則無敗事也。"（《文子‧符言》）

上段《文子‧符言》資料不見於《淮南子》。"學敗"等四句，出現於《韓詩外傳》，可能是古時流傳的諺語。《文子》以此四例來解說《老子》文句中"始"的關鍵作用。

④ "聖人谷不谷，不貴難得之貨，孝不孝，復眾之所＝化"：

"谷不谷"，各本均作"欲不欲"。"谷"字，假借爲"欲"。

通行本《老子》第 3 章曰："不貴難得之貨，使民不爲盜。"第 12 章："難得之貨令人行妨。"

"孝不孝"，各本均作"學不學"。

原注稱："'孝'，《古文四聲韻》引《古老子》釋作'學'。《汗簡》、《古文四聲韻》引《字指》'教'字與簡文同。《說文》古文'教'有〔字形〕、〔字形〕《汗簡》有〔字形〕，均从'孝'，或从'孝'省。據此可知簡文當釋作'教'。簡文'行不言之教'之'教'字亦作此形。簡文另有'學'字作〔字形〕。'教'、'學'兩字音形俱近，故可混用。"

原注曰："簡文'所'字下衍一重文號。"

此段意謂：聖人的意向是無所意向，不特意強調難得的財貨；聖人的教導是無所定執，恢復眾人離逸的失誤。

見於古典文獻者：

宋之鄙人得璞玉而獻之子罕，子罕不受，鄙人曰："此寶也，宜爲君子器，不宜爲細人用。"子罕曰："爾以玉爲寶，我以不受子玉爲寶。"是鄙人欲玉，而子罕不欲玉。故曰："欲不欲，而不貴難得之貨。

王壽負書而行，見徐馮於周塗，馮曰："事者，爲也。爲生於時，知者無常事。書者，言也。言生於知，知者不藏書。今子何獨負之而行？"於是王壽因焚其書而舞之。故知者不以言談教，而慧者不以藏書篋。此世之所過也，而王壽復之，是學不學也。故曰："學不學，復歸眾人之所過也。"

夫物有常容，因乘以導之，因隨物之容。故靜則建乎德，動則順乎道。宋人有爲其君以象爲楮葉者，三年而成。豐殺莖柯，毫芒繁澤，亂之楮葉之中而不可別也。此人遂以功食祿於宋邦。列子聞之曰："使天地三年而成一葉，則物之有葉者寡矣。"故不乘天地之資，而載一人之身；不隨道理之數，而學一人之智；此皆一葉之行也。故冬耕之稼，后稷不能羨也；豐年大禾，臧獲不能惡也。以一人力，則后稷不足；隨自然，則臧獲有餘。故曰："恃萬物之自然而不敢爲也。"（《韓非子·喻老》）

75

上引三段《韓非子‧喻老》的解釋，與《老子》引文的原義，似乎有些出入。〈喻老〉篇主要是用《老子》的經文，來解喻其所說明的事項。這不是嚴格解《經》的體例，而是一種引證。

⑤ "是古聖人能專萬勿之自肰，而弗能爲"：

　　"專"，帛書本與今王弼本均作"輔"。"專"可借爲"輔"。《廣雅‧釋詁二》："輔，助也。"《書‧湯誓》："爾尚輔予一人。"但此處之"專"字或許爲本字，作"敷布"解，參見本章資料研究之三。

　　《說文》："肰，犬肉也，从肰，肉。讀若然。""肰"同"然"。《玉篇‧肉部》："肰，然字同此。"

　　此段意謂：所以聖人能敷布展示萬物的自然運作，而不敢有意去作爲。

【資料研究】

　　簡文此章寫於竹簡編號第 10 簡下段至第 13 簡上端。全文對應王弼本第 64 章後段，此章簡文另見於丙本，而第 64 章前段另見於竹簡甲本後文。簡文資料較爲複雜，分三點來說明：

第一、不見於簡文章首資料的問題：

　　簡文此章之前，帛書兩本與王弼本均有一段文字。這段文字，雖不見於簡文此處，但出現於簡文《老子》甲本第四組竹簡中。帛書甲、乙本均殘缺嚴重，簡文與王弼本比較如下：

　　其安也，易杲也；其未菲也，易悔也；其霝也，易畔；其幾也，易後也。爲之於其亡又也，絅之於其未亂。合□□□□□□困，九成之臺甲□□□□□□□足下。（簡文《老子》甲本，在王弼本 56 章之前。）

　　其安，易持；其未兆，易謀；其脆，易泮；其微，易散。爲之於未有，治之於未亂。合抱之木，生於毫末，九層之臺，起於累土，千里之行，始於足下。（王弼本）

首先，這段資料極似由諺語或格言所構成。"其安也"八句與"合抱之木"六句，可能爲不同的兩組，各有其原來的意含。《文子・上德》即收錄大量此類資料，其中有與此處意思相近者，如："矢之疾，不過二里，跬步不休，跛鱉千里。""矢之疾，不過二里，跬步不休，跛鱉千里，累趨不止，丘山從成。"

其次，《老子》此章的說理並不整齊，因而許多學者認爲經文的資料有錯亂。奚侗說："四句（指"爲者失之"四句）與上下文誼不相屬，此二十九章中文，彼章脫下二句，誤竄於此。"（《老子集解》下卷頁22）馬叙倫說："'爲者'二句爲二十九章文，此重出。'是以'兩句乃二十九章錯簡。"（《老子校詁》頁173）因而，陳鼓應先生認爲："爲者敗之"四句，是別章的文字，"爲者敗之，執者失之"二句屬於29章，而"是以聖人無爲故無敗，無執故無失"二句，是引申前面兩句。並說："這一章從'其安易持'到'慎終如始，則無敗事。'意義已完足。'是以聖人欲不欲'以下三十三個字，與上文文義無關，顯是他章錯入。"（《老子註譯及評介》頁310。）

《老子》此章文字的錯雜情形確實相當明顯，而在竹簡《老子》甲本中，又以前後段分離的型式分別出現。其後段資料在簡文《老子》丙本中重出，但文句有所不同。或許此章的原始文句，當以"爲者敗之"四句爲主，而章前"其安易持"段，恐如竹簡《老子》的安排，爲他處資料，後人編輯時連綴在一起。因爲帛書甲、乙本的編排即已如此，此事發生似當在戰國晚期。

第二、"臨事之記"句義理的推衍：

簡文此處，與其他各文本比較，文字顯得相當簡略。它們彼此之間的關係排列如下：

臨事之紀：誓冬女忓。此亡敗事矣。（簡文《老子》甲本）

𣃈終若訂，則無敗事喜。人之敗也，互於其叡成也敗之。（簡文《老子》丙本）

□□□□□□□也，□无敗□；无執也，故无失也。民之從事也，恆於其成事而敗之。故慎終若始，則无敗事矣。（帛書甲本）

是以耶人无爲□□□□□□□□□□□□□□。民之從事也，恆於其成事而敗之。故曰：慎冬若始，則无敗事矣。（帛書乙本）

是以聖人無為，故無敗；無執，故無失。民之從事，常於幾成而敗
之。慎終如始，則無敗事。（王弼本）

帛書兩本與王弼本，文句相近，"臨事之紀"，不見於簡文〈丙本〉，而
〈丙本〉"人之敗也"句，不見於簡文〈甲本〉。"臨事之紀"四字，是竹簡
《老子》三本中，唯獨不見於帛書或通行各本的文字。"慎終如始"的觀念原
先可能為古訓。《尚書》即有"慎厥終，惟其始"（〈仲虺之誥〉）、"慎終于始"
（〈太甲下〉）等語。《左傳・襄公二十五年》引逸《書經》曰："君子久行，思
其終也，思其復也。書曰：'慎始而敬終，終以不困。'""紀"，有"綱領"
之義。此處簡文的語式當為："臨事之紀：'誓多女忖'。此亡敗事矣。"這
極可能是引述"誓多女忖"，來作為"臨事"的綱領。簡文〈丙本〉作"訢終若
訂，則無敗事喜。""訢終若訂"在後者的語句結構中，與簡文〈甲本〉是有著
明顯差異的。帛書甲、乙本與今通行各本均與簡文〈丙本〉相近，都失去了簡
文〈甲本〉此處所顯示出原始而素樸的樣式。

因此，簡文〈丙本〉之後的字句，也就出現不同的表達方式。簡文〈甲本〉
的句型為："為之者敗之……聖人欲不欲……"，丙本作"為之者敗之……是
以聖人欲不欲……"，而帛書乙本則為"為之者敗之……是以聖人無為……故
曰：'慎終若始……。'"就這些表達使用的句型來看，簡文〈甲本〉的資料，
最為古樸，寫就的時代可能較早。簡文〈丙本〉所抄寫的文本，是就簡文〈甲
本〉的傳本，加以語法上的改動。而帛書乙本以"故曰"來引述"慎終若始，
則无敗事"，應當是引用並推衍了《老子》原始文本的思想。

第三、"教不教"與"學不學"的差異：

帛書兩本與今通行各本，"教不教"均作"學不學"。原釋文注認為"'教'、
'學'兩字音形俱近，故可混用。"但各本此處作"學"，疑為誤字。

簡文"欲不欲，不貴難得之貨"，與"教不教，復眾之所過"，兩段是對
稱的。"欲不欲"，指聖人所顯發的意向是無定向的，所以，不標顯難以取得
的財貨為貴；"教不教"，指聖人所表現的教導是非領引的，所以，能恢復眾
人離逸其本然的過失。這應當就是簡文〈甲本〉對應王弼本第2章所說的："是
以聖人居亡為之事，行不言之孝"，均與"天下眾人"之事有關。若作"學不

學”，則指“聖人”自己的“學習”。“自己的學習”，就與“復衆之所過”
的關連性不大。《老子》原文當爲“教不教”，這是對“衆人”的“教”，而
不是聖人的“學”。《老子》屢言“不言之教”（另見第 43 章），可作爲“教不教”
的明證。

　　簡文此章的資料另見於竹簡《老子》丙本。該處，“教不教”，作“學不
學”。由於《甲本》與《丙本》抄寫自不同的《老子》文本，可能作“學”字
傳本，由來已久。

第四，“専”與“輔”意含的辨析：

　　簡文的末句爲“是古聖人能専萬勿之自肰，而弗能爲”。此句與帛書甲、
乙本、今通行各本，文字相同或極爲相近。此句要表達的是：聖人面對萬物自
然情狀時，所保持的一種不能或不敢作爲的態度。一般均將“輔”解釋爲“輔
助”。河上公即注曰：“教人反本實者，欲以輔助萬物，自然之性也。”因此，
此句的翻譯就成爲：“以輔助萬物的自然發展而不加以干預。”（《老子註釋及評介》
頁 310）

　　但簡文的“専”是否一定要釋讀作“輔”？聖人要是“輔萬物之自然”，
這就顯示出被輔助的萬物需要有所“輔助”。若是如此，則何以能稱作“萬物
之自然”？而同時作爲“輔者”的聖人，也就因爲表現了有所“輔助”的積極
性，“輔”也就成爲一種“有爲”，後文又如何可說是“聖人……弗能爲”？
簡文“専”字的出現，使我們反省到，或許通行各本中的“輔”字，隱藏著一
種表達上的矛盾。

　　以“専”假借爲“輔”，是合理的說法，古書多有此例。但“専”字是否
另有其他的意義，可作爲哲學探索上的說明？

　　《說文》：“専，布也。从寸，甫聲。”《正字通・寸部》：“専，敷本
字。”“敷”有“展布”、“遍布”之義。《詩經・周頌・賚》：“敷時繹思，
我徂維求定。”鄭玄箋：“敷，猶遍也。”孔穎達疏：“敷訓爲布，是廣及之
義。”《史記・司馬相如列傳》：“旁魄四塞，雲専霧散。”所謂“展布”或
“遍布”，不是積極性的“輔助”，而是將萬物的自然展示開來，將自然的本
然意義宣導出來。這樣，“萬物的自然”是居首位的，聖人只是去展顯它，不

是“輔助”的有爲。

“尃”是否即爲“敷”的本字，而解爲“敷”？簡文〈丙本〉重出的文句中，有“能栖壇勿之自狀。”如果，“栖”與“尃”二字均爲“輔”的借字，我們此處所提出的問題就不存在。但“尃”若是本字，而“栖”或“輔”是假借，那就必須慎重來加以仔細思考了。

今通行各本《老子》，全文只有此章出現“輔”字。“輔”當然可解釋爲一種“協助”，或“從旁的佐助”，即便如此，它仍然帶有使力的性質。也就是說，它涉及著有所“作爲”的主體要求。這實際上違逆了《老子》此處所言的義理。但若將“尃”解釋爲“散布”，“展示”，對已成而且既有的質素，因順地加以展開。這就不是一種“作爲者”自我意向的作爲，而僅在展衍萬物既存的自然事實，並未凸出地表現自己的施爲。所以《老子》要說“弗能爲”。就此種思考來看，簡文“尃”字的原始義理，恐更近於《老子》本旨。

順著此種想法，或許“栖”字是“尃”的假借，而“輔”因與“栖”的字形相近，而改動爲“輔”。其實，《韓非子·喻老》引用此句來申論時，也不是作“輔”解，它說：

夫物有常容，因乘以導之，因隨物之容。故靜則建乎德，動則順乎道。……故不乘天地之資，而載一人之身；不隨道理之數，而學一人之智；此皆一葉之行也。

“物有常容”，指“萬物之自然”，“因乘以導之，因隨物之容”，這均不能說是“輔”。因此，舉以反面的例證來說明，不隨自然者均爲“一葉之行”“一人之力”，均費時而功寡。焦竑的《老子考異》就說：“以恃萬物之自然而不敢爲，‘恃’舊作‘輔’非。”“恃”，有“因順、依賴而依行”之義。是否《韓非子·喻老》所引的文句，以意理上可以相通的“恃”字，取代了具有“展布”之義的“尃”字？

也許這在文字學上是不能加以證實的。但是哲學觀念的發展應有其自屬的脈絡與方式。文字的記錄，時常會發生變動，或錯誤。哲學觀念的產生，卻必定由其發生的始源，經過觀念推衍性的展開，而最終在多向的作用下完成個別意義的確立。“尃”，作爲聖人面對萬物之自然時，在無所自爲的態度中，揭示著、展延著萬物的本然，這當與此觀念的始源性發生有關。我們不是因爲簡文出現了"尃"字，而故立異說。而是藉此字的出現，逼使自己重新思索，是否《老子》哲學中，"自然"與"無爲"兩觀念，有其更爲深刻的始源意義與作用。就此種要求來說，"尃"字，確實更能表達了此種思想。即便是竹簡《老子》確實是以"尃"字爲"輔"之假借，我們也需要從非使力性的方向，來瞭解"輔"的意含，不能再解釋作人爲的"助"義。

☆

19；66；46中下；30上中；15；64下；37；63；2；32；／25；
5中；／16上；／64上；56；57；／55；44；40；9

衍互亡為也，侯王能守之，而萬勿牖自憍。

憍而雒复，牖貞之以亡名之歜。

夫（十三）亦牖智足，智以束，萬勿牖自定。

衍（道）亙（恆）亡爲也①，侯王能守之，而萬勿（物）牂（將）自憍（化）②。憍（化）而雒（欲）𢼸（作），牂（將）貞（鎮）之以亡名之歔（樸）③。夫亦牂（將）智（知）足④，智（知）以束（靜），萬勿（物）牂（將）自定⑤。

道常無為，而無不為。侯王若能守之，萬物將自化。化而欲作，吾將鎮之以無名之樸。無名之樸，夫亦將無欲。不欲以靜，天下將自定。（王弼本）

道恆无名，侯王若守之，萬物將自愿（化）。愿化而欲□，□□□□□□名之㭨（樸）。□□□无名之㭨（樸），夫將不辱（欲）。不辱（欲）以情（靜），天地將自正。（帛書甲本）

道恆无名，侯王若能守之，萬物將自化。化而欲作，吾將闐（鎮）之以无名之樸。闐（鎮）之以无名之樸，夫將不辱（欲）。不辱（欲）以靜，天地將自正。（帛書乙本）

道常無爲，而無不爲。王侯若能守，萬物將自化。化而欲作，吾將鎮之以無名之樸。無名之樸，夫亦將不欲。不欲以靖，天下將自正。（傅奕本）

【文字釋析】

① "衍亙亡爲"：

此句，帛書甲、乙本均作"道恆無名"，王弼本與世傳各本均作"道常無爲而無不爲"。簡文，帛書與王弼本，三者恐源自不同傳本。《文子·上仁》也引作"道無爲而無不爲也。"

此句意謂：道恆常地運作著，不特意地表現著作爲。

② "侯王能守之，而萬勿牆自憍"：

"憍"帛書甲本作"愙"，王弼本作"化"。高明先生在其《帛書老子校注》一書中，解釋帛書"愙"字，曰："'愙'字從心爲聲，'爲'字屬匣紐歌部，'化'字在曉紐歌部，'爲'、'化'二字古音同通用。"（頁421）

簡文《老子》對應王弼本第32章，曰："道互（恆）亡名，僕（樸）唯（雖）妻（微），天陞（地）弗敢臣，侯王女（如）能獸（守）之，萬勿（物）牆（將）自賓（賓）。""自賓"與"自化"，均指萬物的自然。

此兩句意謂：侯王若能遵循並守護著"道"的無爲，萬物將自然地保持著它們各自生成變易的運作。

③ "憍而雒乍，牆貞之以亡名之歜"：

"雒"字，假爲"欲"。

"乍"，帛書乙本爲"作"。"作"指：有意凸顯的作爲。

"貞"通"楨"，"貞幹"即"楨幹"。《易‧乾》："貞者，事之幹也。"又"貞"字可解爲"正"，《廣雅‧釋詁一》："貞，正也。"《書‧太甲下》："一人元良，萬邦以正。"《孔傳》："貞，正也。"

"貞"字，帛書乙本作"闐"。"闐"通"塡"。《史記‧汲黯鄭當時列傳》："始翟公爲廷尉，賓客闐門。"《班固‧西都賦》："闐城溢郭，旁流百廛。"李善注引鄭玄《禮記注》："塡，滿也；塡與闐同。"

"貞"、"闐"雖均可假爲"鎭"，但"鎭"字的意含恐非指約束性的"壓制"。《廣雅‧釋詁一》："鎭，安也。"又《釋言》："鎭，撫也。""鎭"似應參照"貞"、"闐"的意含，解釋爲"安"。"安"作用不是強制性的，而是使萬物得以"復歸"。

"歜"，帛書甲本作"楃"，乙本與今通行各本均作"樸"。

此段意謂：萬物〔在其自然運化中，若〕顯露出特意強求的表現時，將以隱蔽無名的質樸，來安定撫平它。

見於古典文獻者：

> 武王問太公曰：“寡人伐紂天下，是臣殺其主而下伐其上也。吾恐後世之用兵不休，鬥爭無已，為之奈何？”太公曰：“甚善，王之問也！夫未得獸者，惟恐其創之小也；已得之，唯恐傷肉之多也。王若欲久持之，則塞民於兌，道令為無用之事，煩擾之教。彼皆樂其業，供其情，昭昭而道冥冥，於是乃去其瞽而載之術，解其劍而帶之笏。為三年之喪，令類不蕃。高辭卑讓，使民不爭。酒肉以通之，竽瑟以娛之，鬼神以畏之。繁文滋禮，以弇其質。厚葬久喪，以亶其家。含珠、鱗施、綸組，以貧其財。深鑿高壟，以盡其力。家貧族少，慮患者寡。以此移風，可以持天下弗失。”故老子曰：“化而欲作，吾將鎮之以無名之樸也。”（《淮南子‧道應訓》）

《淮南子‧道應訓》承襲著《韓非子‧喻老》的體例，引用《老子》的文句來解喻所表達的義理。文中太公之所言與《老子》引文的意旨不盡一致。尤其提到用繁文縟節的措施，來牽制人民，更是不合於《老子》的思想。這種把《老子》“無為”觀念，改變成役使人民的權術，具有晉法家思想的特徵。

④“夫亦牂智足”：

此句帛書甲、乙本與王弼本，分別為：“□□□无名之楃，夫將不辱。”“闐之以无名之樸，夫將不辱。”“無名之樸，夫亦將無欲。”

簡文僅有“夫亦牂智足”。此種資料的差異，或許是簡文脫“貞之以亡名之𣀷”的重文符號，但也有可能是其他三本所據的文本，將前句視為重文，而加以增添。

“智（知）足”二字，與其他三本不同，帛書兩本均作“不辱”，王弼本作“無欲”。高明先生在其《帛書老子校注》一書中認為：“‘辱’，字當假為‘欲’。‘辱’、‘欲’二字古為雙聲疊韻，音同互假。”（頁427）“知足”與“不欲”，意含相近，只是說明的方向不同，“知足”是指向於內來說，“不欲”是指向於外來說。

此句意謂：這樣，萬物也就將知道止息於其本然的自得。

⑤ "智以束，萬勿牺自定"：

原注稱："簡文'足'下脫重文號，當據上句補'足'字。""知足以靜"，帛書兩本與王弼本作"不辱（欲）以靜"，因前文"知足"與"不欲"的差異而有別。

"束"，假爲"靜"。

"定"，帛書本作"正"。"定"定母，耕部；"正"，章母，耕部。"定"、"正"准旁紐雙聲，耕部疊韻，屬音近通假。

此兩句意謂：知道各自息止的居所，萬物將復歸於安定。

見於古典文獻者：

> 天地雖大，其化均也；萬物雖多，其治一也；人卒雖眾，其主君也。君原於德而成於天，故曰："玄古之君天下，無為也，天德而已矣。"以道觀言，而天下之名正；以道觀分，而君臣之義明；以道觀能，而天下之官治；以道汎觀，而萬物之應備。故通於天者，道也；順於地者，德也；行於萬物者，義也；上治人者，事也；能有所藝者，技也。技兼於事，事兼於義，義兼於德，德兼於道，道兼於天，故曰："古之畜天下者，無欲而天下足，無為而萬物化，淵靜而百姓定。"記曰："通於一而萬事畢。無心得而鬼神服。"（《莊子·天地》）

上引《莊子·天地》資料的思想，應當源自《老子》此章。其中所引"古之畜天下者"段，與簡文論述者相近，不知是否爲類似《老子》資料的佚文。文中列出"道"、"德"、"義"、"事"、"技"五種新人文制度的規劃，與文子學派的思想的相近，也具有黃老道家思想的特徵。"通於一"段的觀念，也出現在《文子·道原》與《淮南子·原道訓》。〈道原〉篇、〈天地〉篇與〈原道訓〉三者，在思想的傳承上或許有些關連。

【資料研究】

此章寫於竹簡編號第 13 簡至第 14 簡中段，全文對應王弼本第 37 章，簡文資料與今本有些差異，分三點說明如下：

第一，"衍互亡爲"的問題：

簡文《老子》中，"道"字或寫爲"衍"，或寫爲"趨"。

作"衍"者，除此章外，有"以衍差人宝者"（對應王弼本第 30 章）"保此衍者不谷媋呈"（對應王弼本第 64 章）。

作"趨"者，如"卑道之才天下也"（對應王弼本第 32 章）"未智其名，坴之曰道。"（對應王弼本第 25 章）"天道員員，各復其堇。"（對應王弼本第 64 章）"勿䮾則老，是胃不道。"（對應王弼本第 55 章）"返也者，道僮也。"（對應王弼本第 40 章）"攻迷身退，天之道也。"（對應王弼本第 9 章）"長生售視之道也"（對應王弼本第 59 章）"爲道者日員"（對應王弼本第 48 章）"上士昏道，……中士昏道……下士昏道……。"（對應王弼本第 52 章）"古大道發，安有悥義。"（對應王弼本第 18 章）。

有人認爲這兩種寫法可能表現不同的意義，前者似指"人所施行的道術、方法"，而後者似爲哲學用語。就簡文《老子》甲、乙、丙三本使用的情況來看，好像並非如此。二者只是寫法的不同。

由於對此章原寫竹簡首二字的歸屬不同，崔仁義先生釋讀作"能爲衍，互亡爲也"。簡文《老子》甲本，據《文物》版釋文，共分爲五組。此章之前的 64 章末句爲"是故聖人能專萬勿之自然，而弗能爲"，"能爲"二字屬上讀，與王弼本同。但崔仁義先生在其〈荊門楚墓出土的竹簡《老子》初探〉（見《荊門社會科學》1997 年第 5 期）一文所公佈的釋文，卻將甲本分爲六組，此章"能爲道恆無爲"句之後，別爲另一組。如此，則 64 章末句即成爲殘句，作"而弗"。崔著釋文有錯誤。

"衍互亡爲"句，與王弼本同，但帛書兩本均作"道恆無名"。高明先生認爲"王本經文原同帛書甲、乙本作'道恆無名'無疑。"（《帛書老子校注》頁 424）這樣，好像《老子》此處應爲"道恆無名"。竹簡《老子》下文對應王弼本第 32 章有"道互亡名"句。此處"無爲"二字，是否當如帛書作"無名"？試比較簡文此兩處的資料，來加以說明。

道互亡名，僕唯妻，天陸弗敢臣。侯王女能獸之，萬勿牆自賔。

衍互亡為也，侯王能守之，而萬勿牅自憍。

這兩句文意雖然非常相近，但說明的方向卻不同：

一、"道互無名，僕唯妻，天陞弗敢臣"與"衍互亡為也"：

"道互無名"，與"衍互亡為也"是對稱的，因此，當以"無名"、"無為"斷句。"僕"借為"樸"，"唯"，帛書甲、乙本均也作"唯"，"唯"字為"雖"字之假。"妻"字，清母脂部，"微"字，明母微部，二者韻尾相同，主要元音相近，屬音近通假。因此，此句可讀作"樸雖微"，與帛書乙本或王弼本作"樸雖小"，意含相同。"樸雖微，天地弗能臣"，是說明天地之間，"樸"，作為素樸的質素，雖然極其微小，但無物可以統御著它，因為萬物的運作均由"樸"開端，它是萬物的始源。用實體性的"樸"為例來說明"道"，"道互無名"似乎涉及著"稱名"的思索方向，應與"道"作為"始源之物"有關。

"道互無為也"之後，並未舉例說明，而直接聯繫著"侯王"句。我們不清楚為何此處不與"道恆無名"相對稱，而省略了舉用例證。因為《老子》第8章"水善利萬物而不爭，處眾人之所惡，故幾於道。"是以"水"為例來說明"道"的運作。或許因為"為"涉及著"運作"的思索方向，而"無為"所指的是以不"為"的方式呈顯一切運作的效用，所以，這種"道"所表現的效用，可以直接作為"侯王能守之"的原理，而不用例來說明。當然也有可能，"道恆亡名"之後原先也未舉例，而在《老子》資料流傳過程中所加入的。

二、"侯王能守之，而萬勿牅自憍"與"侯王女能獸之，萬勿牅自賓"：

"憍"與"化"，二字古音同，通用；"獸"假為"守"，而"賓"是"賓"字的異體。因此，此二句的差異，僅在"自化"與"自賓"。

"化"，指"轉化"。《國語·晉語》："勝敗若化。"韋昭注："'化'，言轉化無常也。""自化"指萬物自然運作的方式，因此，用"化"來說明的是"運作"，而不是實體之"物"。這與前文"道恆無為"的思索方向是一致的。侯王能守"道"的無為，則萬物自然地運作，無所滯礙。

"賓"，河上公注曰："萬物將自賓服於德也。"，但"賓"若是指"賓服"，則"萬物"就不是"自然"了。王弼注曰："物自賓而道自得。""賓"

疑讀作“儐”，聲近意同，是“陳列”的意思。“萬物自賓”，指萬物存在於
其本然的定位，各得其所立。“自賓”指萬物本質的處所，因此用“賓”來說
明的是“實體的位列”，而不是“運作”的方式。這與前文以“樸”爲例來思
索“道恆無名”的方向，也是相同的。

由此可見，“道恆無爲”與“道恆無名”是對於“道”作爲“根源之理”
與“始源之物”的分別陳述，二者說明的方向不同。其實，《老子》思想中，
也清楚地表現著“道”觀念的這種雙重性質。下表分別列出《老子》書中這兩
種作用的“道”字：

1. 作爲“始源之物”的道：

> 道可道，非常道。名可名，非常名。（第 1 章）
>
> 道沖而用之，或不盈。淵兮似萬物之宗。（第 4 章）
>
> 孔德之容，惟道是從。道之爲物，惟恍惟惚。（第 21 章）
>
> 吾不知其名，強字之曰道。……故道大……天法道，道法自然。（第 25 章）
>
> 大道氾兮，其可左右。（第 31 章）
>
> 道之出口淡乎其無味。視之不足見，聽之不足聞，用之不足既。（第 35 章）
>
> 反者道之動。弱者道之用。（第 40 章）
>
> 道生一，一生二，二生三，三生萬物。（第 42 章）
>
> 道生之、德畜之、物形之、勢成之。是以萬物莫不尊道而貴德。道之尊，德之貴，夫莫之命而常自然。故道生之……（第 51 章）

這些指涉“始源之物”的“道”字，大多與“名”、“宗”、“物”、“生”
等字詞相聯繫，這表明它具有實體性的意含。因此，以“樸”爲例說明“道恆
無名”，其中的“道”字應當屬於上引的這種用法。

2. 作爲“根源之理”的“道”：

> 水善利萬物而不爭，處眾人之所惡，故幾於道。（第 8 章）
>
> 執古之道以御今之有。（第 14 章）
>
> 保此道者不欲盈。（第 15 章）

長生久視之道。（第59章）

以道蒞天下，其鬼不神。（第60章）

夫唯道善貸且成。（第41章）

為學日益，為道日損。（第47章）

道者萬物之奧。善人之寶，不善人之所保。……故立天子、置三公，雖有拱璧以先駟馬，不如坐進此道。古之所以貴此道者何？（第62章）

古之善為道者，非以明民，將以愚之。（第65章）

天乃道，道乃久，沒身不殆。（第16章）

大道廢有仁義。（第18章）

故失道而後德。（第38章）

故從事於道者，同於道。……同於道者，道亦樂得之。（第23章）

其在道也，曰：餘食贅形。物或惡之，故有道者不處。（第24章）

以道佐人主者，不以兵強天下。物壯則老，是謂不道，不道早已。（第30章）

物壯則老，謂之不道，不道早已。（第55章）

夫佳兵者不祥之器，物或惡之，故有道者不處。（第31章）

天下有道，卻走馬以糞。天下無道，戎馬生於郊。（第46章）

使我介然有知，行於大道，唯施是畏。大道甚夷，而民好徑。……是謂盜夸，非道也哉。（第53章）

上士聞道勤而行之，中士聞道若存若亡，下士聞道大笑之，不笑不足以為道。……明道若昧、進道若退、夷道若纇、…………道隱無名，天下皆謂我道大似不肖。（第67章）

功遂身退，天之道。（第9章）

天之道不爭而善勝。（第73章）

天之道其猶張弓與？高者抑之，下者舉之；有餘者損之，不足者補之。天之道損有餘而補不足。人之道，則不然，損不足以奉有餘。孰能有餘以奉天下？唯有道者。（第77章）

天道無親，常與善人。（第79章）

天之道利而不害，聖人之道為而不爭。（第81章）

　　我們雖粗略地將作爲"始源之理"使用的"道"字,歸納分組,它們雖然有著不同指向,但均與"運作"的性質有關,都是以"無爲"的型態,強調著"無不爲"的效用。這與簡文《老子》此處"道恆無爲"句的說法是相應合的。

　　因此,我們認爲簡文對應王弼本第 37 章"道恆無爲",與對應王弼本第 32 章"道恆無名",二者是以不同的方向說明"道"的雙重性質,帛書本二者均作"道恆無名",應當是錯誤的。可是《莊子・則陽》有"無名故無爲"句,也許二者有時並未清楚地加以分辨。

第二、"而無不爲"句的問題:

　　王弼本與通行各本,在"道恆無爲"句後,均有"而無不爲"句。帛書出土後,此章未見"而無不爲"句,高明先生曾詳加論證說:

> 通過帛書甲、乙本之全面勘校,得知《老子》原本只講"無為"或曰"無為而無以為",從未講過"無為而無不為"。"無為而無不為"的思想不出於《老子》,它是戰國末年出現的一種新的觀念,可以說是對老子"無為"思想的改造。(《帛書老子校注》頁 425)

　　簡文此處雖無"無不爲"句,但在簡文《老子》乙本中,就出現"亡爲而亡不爲"(見於今本第 48 章),足以推翻高明先生的論證。可見,《老子》在戰國時代的傳本頗多,彼此或許有相當差異,今日難以據某種文本而加以論定。

　　在戰國之世,由於《老子》有不同的傳本流傳,今通行各本"道恆無爲而無不爲"句,可能是根據某種與竹簡或帛書《老子》不同的傳本所抄寫的。《莊子・則陽》有:"萬物殊理,道不私,故無名。無名故無爲,無爲而無不爲。"這與今通行各本文字相近,是最古的一項資料。而且其中包含了"無名"、"無爲"與"無不爲"三個觀念,頗具有統合性的特徵。

第三、貞"與"鎭"的分別:

　　簡文說:"憍而雒复,酒貞之以亡名之斲。"王弼本作:"化而欲作,吾將鎭之以無名之樸。"帛書乙本,"貞"作"闐"。"貞"、"闐"均可假爲"鎭"。因此,釋文將"貞"字後用括號寫了"鎭"字。而"鎭"字,《說文・

金部》曰："博壓也。"河上公的注說："侯王當身鎮撫以道德。"《老子·想爾注》："王者亦當法道鎮制之",因此,蔣錫昌就說："吾將壓之以道之真也。"(《老子校詁》頁241)一般多用"壓服"來解釋"鎮",這似乎都遺忘了《老子》思想重要的"無為"觀念。聖人無為,如何去"壓服"?即便以"道之真"來鎮撫,也是一種強制性的有為。"貞"、"闐"雖均可假為"鎮",但是否也可反向來說,"貞"是《老子》的本字,而"闐"與"鎮"卻為假字?

范應元注曰："鎮者,安也,重也,壓也。"其實"安、重、壓"三字,雖然意含相近,但哲學的作用卻有很大的差距。是否,范應元是為要統合對於"鎮"字解釋的矛盾,而並列此三項意含?

"貞"有"正"、"安"、"定"等的意含,"貞之亡名之樸"不是以"無名之樸"來壓服,而是以萬物本然的運作來作為自己的校正,以能自得其安,自得其定。似乎《老子》思想原始的資料,當為"貞"字。

☆

19；66；46中下；30上中；15；64下；37；**63**；2；32；／25；
5中；／16上；／64上；56；57；／55；44；40；9

為亡為，事亡事，未亡未，

大少之多惕必多難。

是以聖人（十四）猷難之，古終亡難。

為亡為，事亡事，未（味）亡未（味）①。大少（小）之多
惕（易）必多蟄（難）②。是以聖人猷（猶）蟄（難）之，古（故）
終亡蟄（難）③。∎

為無為，事無事，味無味。大小多少，報怨以德。圖難於其易，為大於其
細。天下難事必作於易，天下大事必作於細。是以聖人終不爲大，故能成其大。
夫輕諾必寡信，多易必多難，是以聖人猶難之，故終無難矣。（王弼本）

為无爲，事无事，味无未（味）。大小，多少，報怨以德。圖難乎□□□，
□□□□□□□。天下之難作於易，天下之大作於細。是以聖人多（終）不爲大，
故能□□□。□□□□□□□，□□必多難，是□□人猶難之，故終於无
難。（帛書甲本）

為无爲，□□□，□□□。□□，□□，□□□□□。□□□□□□□，□□
乎其細也。天下之□□□易，天下之大□□□。□□□□□□□□，□□□□
□。夫輕若（諾）□□□信，多易必多難，是以耴（聖）人□□，故□□□
□□。（帛書乙本）

為無為，事無事，味無味。大小多少，報怨以德。圖難乎於其易，爲大乎
於其細。天下之難事必作於易，天下之大事必作於細。是以聖人終不爲大，故
能成其大。夫輕諾者必寡信，多易者必多難，是以聖人猶難之，故終無
難矣。（傅奕本）

【文字釋析】

① "為亡為，事亡事，未亡未"：

"未"字，假為"味"，帛書甲本與王弼本均作"味"。此處，"味"
不單指滋味，而泛指"人之情"，《荀子・王霸》曰："夫人之情，目

97

欲綦色，耳欲綦聲，口欲綦味，鼻欲綦臭，心欲綦佚。"

"爲"、"事"、"味"，三者分別意指"作爲"、"處事"與"人情"。

《申鑒·政體》曰："無爲爲之，使自施也。無事事之，使自交也。不肅而治，垂拱揖遜，而海內平矣，是謂爲政之方也。"可視爲漢時對此句的古注。

此處所言三事，另分別見於《老子》書中："亡爲而亡不爲"（竹簡《老子》對應王弼本第48章）"爲無爲，則無不治。"（第3章）"取天下常以無事，及其有事，不足以取天下。"（第48章）"是以聖人之言曰：我無事而民自福（富）。我亡爲而民自蠱（化）。我好青（靜）而民自正。我谷（欲）不谷（欲）而民自樸。"（竹簡《老子》對應王弼本第57章）"道之出口，淡乎其無味。"（第35章）

此三句意謂：以無爲的方式面對"作爲"，以無事的方式面對"處事"，以無味的方式面對"人情"。

見於古典文獻者：

真人者，知大己而小天下，貴治身而賤治人，不以物滑和，不以欲亂情，隱其名姓，有道則隱，無道則見，爲無爲，事無事，知不知也。

（《文子·道原》）

上段《文子·道原》，不見於《淮南子》，"真人者"段的思想出於《莊子》。"真人"的觀念，《莊子》書中論述最爲詳盡，可能形成於南方道家思想。今本《文子》保留此種思想發展的資料。所引《老子》中"知不知"句，與簡文或各通行各本均不相同。

② "大少之多惕必多難"：

原注曰："本句簡文與各本大不相同。帛書本作'大小多少，報怨以德。圖難乎其易也，爲大乎其細也。夫輕諾必寡信，多易必多難。'今本與帛書本近似。有注家認爲'大小多少'下有脫字，或以爲此句文字有注文摻入，或有它章文字錯入此段。簡文與帛書本的差異，說明帛書本的文字或有其他來源，或據簡本重編。"

98

《新書‧退讓》引曰："《老子》曰：'報怨以德。"

由於各家對此句資料的解說不同，此處仍以原釋文的文句來釋析。"少"假爲"小"。"大小"是以個別物對立的基本殊性，來指個別事物的整體。

"惕"字當假爲"易"，下文即有"難惕之相成"一詞。《墨子‧親士》："是故君子自難而易彼，眾人自易而難彼。""易"解作"不難"。

"韄"字，假爲'難'，爲"平易"之反。

此句疑讀爲"大小之多，易必多難。"意謂：個別事物之殊異雜多，輕忽它，就會有患難，而不得平易。

見於古典文獻者：

有形之類，大必起於小；行久之物，族必起於少。故曰："天下之難事必作於易，天下之大事必作於細。"是以欲制物者於其細也，故曰："圖難於其易也，爲大於其細也。"

千丈之隄以螻蟻之穴潰，百尺之室以突隙之熛焚。故曰："白圭之行隄也塞其穴，丈人之愼火也塗其隙。"是以白圭無水難，丈人無火患。此皆愼易以避難，敬細以遠大者也。

扁鵲見蔡桓公，立有間，扁鵲曰："君有疾在腠理，不治將恐深。"桓侯曰："寡人無。"扁鵲出，桓侯曰："醫之好治不病以爲功。"居十日，扁鵲復見曰："君之病在肌膚，不治將益深。"桓侯不應。扁鵲出，桓侯又不悅。居十日，扁鵲復見曰："君之病在腸胃，不治將益深。"桓侯又不應。扁鵲出，桓侯又不悅。居十日，扁鵲望桓侯而還走。桓侯故使人問之，扁鵲曰："疾在腠理，湯熨之所及也；在肌膚，鍼石之所及也；在腸胃，火齊之所及也；在骨髓，司命之所屬，無奈何也。今在骨髓，臣是以無請也。"居五日，桓公體痛，使人索扁鵲，已逃秦矣，桓侯遂死。故良醫之治病也，攻之於腠理，此皆爭之於小者也。夫事之禍福亦有腠理之地，故曰："聖人蚤從事焉。"

（《韓非子‧喻老》）

上引〈喻老〉篇文字，分三段來解釋《老子》"圖難於其易，爲大於其細"

的思想。全文均著眼在"慎易以避難，敬細以遠大"的觀點，來強調"事之禍福"的"腠理之地"。這種瞭解是將《老子》的思想應用到實踐的事務上去，可能與《老子》原有的思辨性意義有別。《老子》書中多有箴言性的文句，在戰國時代哲學的發展中，逐漸成為面對與處置人文事務的準則。《韓非子》〈解老〉〈喻老〉兩篇的資料，尤其明顯地具有這種思想發展的特徵。

＊

> 或曰：仲尼之對，亡國之言也。葉民有倍心，而說之悅近而來遠，則
> 是教民懷惠。惠之為政，無功者受賞，而有罪者免，此法之所以敗也。
> 法敗而政亂，以亂政治敗民，未見其可也。且民有倍心者，君上之明
> 有所不及也。不紹葉公之明，而使之悅近而來遠，是舍吾勢之所能禁
> 而使與不行惠以爭民，非能持勢者也。夫堯之賢，六王之冠也，舜一
> 從而咸包，而堯無天下矣。有人無術以禁下，恃為舜而不失其民，不
> 亦無術乎！明君見小姦於微；故民無大謀；行小誅於細，故民無大亂；
> 此謂"圖難於其所易也，為大者於其所細也。"（《韓非子·難三》）

上段《韓非子·難三》資料，顯現出韓非用"法"、"勢"與"術"三者兼備的法家思想，來批評儒家治國之術。其中對於堯舜二人行止的傳說，也與儒家不同。其中引用《老子》的文句，僅作為解證"明君見小姦於微；故民無大謀；行小誅於細，故民無大亂"的說法，與《老子》此處的哲學思想並無關連。《韓非子·難》組的文體，用詞犀利，論辯明晰，強烈表現出韓非思想的風格，是《韓非子》書中比較確定屬於韓非的作品（參閱容肇祖：《韓非子考證》頁 3）。其中多處引用《老子》文句，韓非當極為熟悉《老子》的資料。

③ "是以聖人猷難之，古終亡難 ▪"：

此句之後有墨點，似分章的符號。

此兩句意謂：因此，聖人總是以患難的心態面對它，所以始終不會遭受患難。

【資料研究】

　　此章寫於竹簡編號第 14 簡下段至第 15 簡上段。全文對應王弼本第 63 章。簡文此章似乎有大段脫文，但也有可能是簡文原抄寫的資料，即與其他各本不同。我們說明如下：

　　"大小多少"段，帛書甲、乙本均甚殘損，但二者互補闕文後，帛書原本與王弼本相當接近。王弼本為：

> 大小多少，報怨以德。圖難於其易，為大於其細。天下難事必作於易，
> 天下大事必作於細。是以聖人終不為大，故能成其大。夫輕諾必寡信，
> 多易必多難，是以聖人猶難之，故終無難矣。

　　此段內容所涉及的問題相當混雜，其中談論著多種事情。如："大小多少"與"報怨以德"，二者在義理上很難聯繫，應該是針對兩件事情來說。"圖難……作於細"與"是以聖人……故能成其大"，可以合為一事來瞭解，但"夫輕諾"之後，卻談及了另外的事情。因此，《老子》此章的內容，可能是雜記了多項資料，或許有後人的衍論或注文竄入其中。姚鼐說："'大小多少'下有脫字，不可強解。"奚侗亦曰："'大小多少'句，誼不可說，疑上或有挩簡。"（《老子集解》下卷頁 20）

　　簡文在說理上雖然可以通貫，而文句也較簡單。但仔細審視簡文資料，難免仍顯露出脫文的痕跡。簡文抄寫時脫漏的可能性很大。若果真如此，這種情況似乎為：（以小號字標示所漏文句）

> 大小多少 報怨以德圖難於其易為大於其細天下難事必作於易天下大事必作於細是以聖人終不
> 為大故能成其大夫輕諾必寡信〔之〕多易必多難……

　　"大少"是在"大小多少"句中，漏抄了"小多"。簡文所脫漏的，可能是原寫於兩枚竹簡上的"報怨以德……必寡信"段。而在"大少"後，緊接"多易必多難"句，並在其前加上"之"字。

　　不過，由於今通行各本此章的資料，原本就相當混雜，我們不能就此斷言簡文一定有脫漏。對於簡文"大少之多惕必多難"句，我們試從另種方向來加以思索。

　　簡文 "大少" 一詞，似乎指涉著古典道家哲學一個特殊的觀念。《莊子‧天地》曰："故其與萬物接也，至無而供其求，時騁而要其宿。大小，長短，脩遠。" 雖然〈天地〉篇 "大小，長短，脩遠" 句，不易解讀，但在《淮南子‧原道訓》引用《莊子》時，卻作 "至無而供其求，時騁而要其宿。小大、脩短，各有其具。" "大小"、"多少"、"長短"、"脩遠"，是四組相互對立的語詞。這種相互的對立性質，是用來說明個別事物成立的基礎。因為它們指涉著個別物的存在，所以是 "各有其具"，即各有其成立的條件。簡文《老子》下章也說到 "又亡之相生也，難惕之相成也，長耑之相型也，高下之相涅也，音聖之相和也，先後之相墮也。" 簡文此處 "大小" 一詞，或許即是 "以個別物對立的殊性來指稱事物的整體"。

　　如果簡文確實不是有脫文，則 "大少之多惕必多難" 句，或許可讀為 "大小之多，易必多難。" 也就是："個別事物所呈現之殊異雜多的事實"（"大小之多"），如果輕易地對待它（"易"），即會遭受到患難（"必多難"）。

　　"大小之多" 的這種意含，也可回應上文所言 "為亡為，事亡事，未亡未"。我們可以將 "亡為"、"亡事" 與 "亡味"，三者瞭解為：不涉及 "大小" 的對立，不在 "殊異的雜多" 之中，以此種態度，面對並處置 "為"、"事" 與 "味" 的三種存在事實。

☆

19；66；46中下；30上中；15；64下；37；63；2；32；／25；
5中；／16上；／64上；56；57；／55；44；40；9

天下皆智敓之為敓也，亞已；皆智善，

此其不善已。又亡之相生也，（十五）難惕之相成也，

長耑之相型也，高下之相涅也，

音聖之相和也，先後之相墮也，

是（十六）以聖人居亡為之事，行不言之孝，

萬勿复而弗忖也，為而弗志也，成而弗居

天唯（十七）弗居也，是以弗去也。

天下皆智（知）敚（美）之爲敚（美）也，亞（惡）已①；皆智（知）善，此其不善已②。又（有）亡之相生也，蘲（難）惕（易）之相成也，長耑（短）之相型（形）也③，高下之相涅（盈）也④，音聖（聲）之相和（合）也⑤，先後之相隨（隨）也⑥。是以聖人居亡爲之事，行不言之孝（教）⑦。萬勿（物）逡（作）而弗忖（始）也⑧，爲而弗志（恃）也，成而弗居⑨。天〈夫〉唯弗居也，是以弗去也⑩。■

天下皆知美之為美，斯惡已；皆知善之為善，斯不善已。故有無相生，難易相成，長短相較，高下相傾，音聲相和，前後相隨。是以聖人處無為之事，行不言之教。萬物作焉而不辭。生而不有，為而不恃，功成而弗居。夫唯弗居，是以不去。（王弼本）

天下皆知美爲美，惡已；皆知善，訾（斯）不善矣。有无之相生也，難易之相成也，長短之相刑（形）也，高下之相盈也，意（音）聲之相和也，前後之相隋（隨），恆也。是以聲（聖）人居无爲之事，行□□□□。□□□□□□□也，爲而弗志（恃）也，成功而弗居也。夫唯居，是以弗去。（帛書甲本）

天下皆知美之爲美，亞（惡）已；皆知善，斯不善矣。□□□□生也，難易之相成也，長短之相刑（形）也，高下之相盈也，音聲之相和也，前後之相隋（隨），恆也。是以耵（聖）人居无爲之事，行不言之教。萬物昔（作）而弗始，爲而弗侍（恃）也，成功而弗居也。夫唯弗居，是以弗去。（帛書乙本）

天下皆知美之爲美，斯惡已；皆知善之爲善，斯不善已。故有無之相生，難易之相成，長短之相較，高下之相傾，音聲之相和，前後

之相隨。是以聖人處無爲之事，行不言之教。萬物作而不爲始。生而不有，爲而不恃，功成不處。夫惟不處，是以不去。（傅奕本）

【文字釋析】

① "天下皆智㦤之爲㦤也，亞已"：

"㦤"字，帛書與通行各本均作"美"。帛書乙本與簡文同，甲本"美"後脫"之"字。

原注曰："㦤、㦤、皆讀爲'美'。《汗簡》引尙書'美'字從'女'從'㦤'，簡文'美'字另有作'㟉'者，是'㦤'的省形。"

"亞"字，假爲"惡"，"惡"，醜也。

此兩句意謂：天下都對"所確立的美"有所認知，則"美"就落入"美、醜"的對立之中。

② "皆智善，此其不善已"：

"皆智善"，帛書甲、乙本均作"皆知善"，王弼本作"皆知善之爲善"。

高明先生曰："帛書本與世傳今本前後對偶不同，但經義無別。今本中類似這種駢文形式，可能受六朝文體的影響而改動；帛書甲、乙本文簡而義顯，乃存先秦文體。"（《帛書老子校注》頁 229）簡文同於帛書，可證實高明先生所言確鑿，但《老子》中對偶的句式似非六朝時所改動，戰國後期已出現這種表達的型式，《淮南子》書中即多講求文句的對稱。

"此其不善已"，帛書與通行各本均無"此其"二字。陳鼓應先生曰："一般人多把這兩句話解釋爲'天下都知道美之爲美，就變成醜了。'老子原意不在於說明美的東西'變成'醜，而在於說明有了美的觀念，醜的觀念也同時產生了。下句'皆知善之爲善，斯不善已。'同樣說明相反相因的觀念。"（《老子註譯及評介》頁 65）簡文此句中有"此其"，當指"知善"之後，"善"即成爲與"醜"對立而成爲"不善"，陳先生說法似乎不能完全成立。

《老子》說明的義理是：不能有爲地標立"美"、"善"，以作爲天下的價值性準據，因爲，知"美之爲美"，"美"即成爲"惡"，知"善之爲善"，"善"即成爲"不善"。此句與後文"聖人居亡爲之事""行不言之教"是相呼應的。

此兩句意謂：天下都對於所確立的"善"有所認知，則"善"就落入"善、不善"的對立之中。

見於古典文獻者：

太清問於無窮曰："子知道乎？"無窮曰："吾弗知也。"又問於無爲曰："子知道乎？"無爲曰："吾知道。""子之知道亦有數乎？"無爲曰："吾知道有數。"曰："其數奈何？"無爲曰："吾知道之可以弱，可以強；可以柔，可以剛；可以陰，可以陽；可以窈，可以明；可以包裹天地，可以應待無方。此吾所以知道之數也。"太清又問於無始曰："鄉者，吾問道於無窮，無窮曰：'吾弗知之。'又問於無爲，無爲曰：'吾知道'曰：'子之知道。亦有數乎？'無爲曰：'吾知道有數。'曰：'其數奈何？'無爲曰：'吾知道之可以弱，可以強；可以柔，可以剛；可以陰，可以陽；可以窈，可以明；可以包裹天地，可以應待無方。吾所以知道之數也。'若是，則無爲之知與無窮之弗知，孰是孰非？"無始曰："弗知之深，而知之淺。弗知內，而知之外。弗知精，而知之粗。"太清仰而歎曰："然則不知乃知邪？知乃不知邪？孰知知之爲弗知？弗知之爲知邪？"無始曰："道不可聞，聞而非也。道不可見，見而非也。道不可言，言而非也。孰知形形之不形者乎！"故老子曰："天下皆知善之爲善，斯不善也。"故："知者不言，言者不知也。"（《淮南子·道應訓》）

〈道應訓〉此段爲該篇首章，資料取自於《莊子·知北遊》，其中重要文句見於《文子·微明》，也爲〈微明〉篇首段。〈知北遊〉篇是以寓言的解說，強調"名言"對立的侷限性，以此標顯"道"之爲涵容一切發生事物的"始源"作用。〈道應訓〉以此解喻《老子》的引文，應當受到南方道家思想的影響。這均承襲並發揮著《老子》哲學中思辨方向的探討。〈道應訓〉彙集了先秦解《老》的多種資料，其中見有《文子》、《韓非子》與《莊子》對於《老子》不同的解釋，可視爲先秦老子學派的集成之作。

③ "又亡之相生也，難惕之相成也，長耑之相型也"：

"又亡"，帛書甲本與王弼本均作"有無"。此處"又亡"與下文"天下之勿生於又，生於亡"中的"又（有）""亡（無）"，意義不同。此處的"有無"是指個別事物的有（存在）與無（不存在），而後者是指一切事物存在的兩極性條件。

"難惕之相成"，指個別事物的難易是相對而形成的。

"耑"，帛書本與王弼本均作"短"。"耑"字，假爲"短"，似音近而相通。

"型"，帛書甲、乙本均作"刑"，王弼本作"較"。當以"刑"爲本字。"刑"有規範的意思，"長短相刑"，意謂：長短是由於相互制約、相互較量而形成。

見於古典文獻者：

夫無形大，有形細；無形多，有形少；無形強，有形弱，無形實，有形虛。有形者遂事也，無形者作始也。遂事者成器也，作始者樸也。有形則有聲，無形則無聲。有形產於無形。故無形者，有形之始也。

廣厚有名，有名者貴全也；儉薄無名，無名者賤輕也。殷富有名，有名尊寵也；貧寡無名，無名者卑辱也。雄牡有名，有名者章德也；雌牝無名，無名者隱約也。有餘者有名，有名者高賢也；不足者無名，無名者任下也。有功即有名，無功即無名。有名產於無名。無名者，有名之母也。

夫道，"有無相生也，難易相成也。"是以聖人執道虛靜、微妙以成其德。故有道即有德，有德即有功，有功即有名，有名即復歸於道，功名長久，終身無咎。王公有功名，孤寡無功名，故曰："聖人自謂孤寡。"歸其根本，功成而不有，故有功以爲利，無名以爲用。（《文子·道原》）

上段《文子·道原》資料，不見於《淮南子》，是古本《文子》所保留道家傳承中論述"形名"問題的珍貴資料。"夫道，有無相生也，難易相成也"的觀念極爲特別（見簡文〈甲本〉對應王弼本第40章分析）。全文在《老子》此章思辨哲學結構的基礎上，以"有"、"無"爲兩極，來分析"形"、"名"之域所顯發的"利"、"用"關係。並在"無"對"有"的消除中，統攬一切個別事物的展現，而導向"形、名"發生的始源。此種闡釋，雖然與解經的體例不同，但其中涉及的哲學觀念與用語均出於《老子》一書，仍應屬於《老子》思想嫡傳的直接發展。

④ "高下之相涅也"：

"涅"字，帛書甲、乙本作"盈"，王弼本作"傾"。"涅"，滿也。《字彙補・水部》："涅，音盈。"。"傾"、"盈"二字，古通用。

帛書《老子》甲本注云："盈，通行本作'傾'，蓋避漢惠帝劉盈諱改。盈，假爲'呈'或'逞'。呈現。"簡文正作"涅"。

《管子・宙合》："春采生，秋采菽，夏處陰，冬處陽。此言聖人之動靜，開闔，詘信，涅儒，取與之必因於時。"王念孫《讀書雜誌》："'涅'當爲'逞'，'儒'當爲'偄'，皆字之誤。'逞'與'盈'同。'偄'與'緛'同。'盈緛'由'盈縮'也。"因此，"高下之相涅"，是指"高下之間的盈縮"，也就是因"對較消長"的性質而呈現。

見於古典文獻者：

古者，民童蒙不知東西，貌不羨乎情，而言不溢乎行。其衣煖而無文，其兵銖而無刃，其歌樂而無轉，其哭哀而無聲。鑿井而飲，耕田而食，無所施其美，亦不求得。親戚不相毀譽，朋友不相怨德。及至禮義之生，貨財之貴，而詐偽萌興，非譽相紛，怨德並行。於是乃有曾參、孝己之美，而生盜跖、莊蹻之邪。故有大路龍旂，羽蓋垂緌，結駟連騎，則必有穿窬拊楗、扣墓（原作'抽箕'，據王引之說改。）踰備之姦；有詭文繁繡，弱緆羅紈，必有菅屩跐踦，短褐不完者。故："高下之相傾也，短脩之相形也"，亦明矣。（《淮南子・齊俗訓》）

上段《淮南子・齊俗訓》文字，部份殘文混入《文子・道原》。〈齊俗訓〉此段思想襲自《莊子・馬蹄》，主要在於反對人文禮制的價值，與人文建構的措施，而讚譽遠古素樸的真實生活。所引《老子》經文是解證人文規劃的偏頗，顧此而失彼，不能完善地提供人民自然的調適。這種闡發，是將《老子》思辨的觀念，用在人文制度的判析上，屬於南方道家的傳統，近於《莊子・騈拇》等四篇。

⑤ "音聖之相和也"：

"聖"假為"聲"。帛書甲本作"意"，帛書乙本與其他各本作"音"。原注云："'音'、'意'兩字形近意混淆，帛書甲本作'意'，乙本作'音'。"

《禮記・樂記》："凡音者，生於心者也，情動於中，故形於聲，聲成文謂之音。"因此，單純的發音，稱為"聲"，"聲"的協調混合，叫做"音"。"聲"發出之後，就必然與"音"相調整；而"聲"混合成"音"，是因為"聲"的調和，二者相生相應。

⑥ "先後之相墮也"：

"墮"，帛書甲、乙本作"隋"，王弼本作"隨"。"墮"讀為"隨"，據原注稱："簡文作 🈺 。《包山楚簡》第163、184號有 🈺 ，釋作'隨'，與簡文上部相同。"

此章"有、無"，"長、短"，"高、下"，"前、後"，均以對立性質的交互關係而言。因此，任何"稱名"發生之後，就必然落於對立的關係之中，而"稱名"的呈現，也是藉其對立的關係才成為可能。

此句之下，帛書甲、乙本均有"恆也"，簡文與通行各本均無。趙建偉先生云："按：無'恆也'二字是。這段文字是生、成、形、呈，耕部協韻；和、隨，歌部協韻。'恆'為蒸部字，失韻。"

帛書兩本之所以有"恆也"二字，當為不同《老子》傳本，說明《老子》此處所論及的觀念，明確地說明了"稱名"相對性的原理。這種原理在《莊子・齊物論》中，即特別予以發揮。其言曰："庸詎知吾所謂知之非不知邪？庸詎知吾所謂不知之非知邪？且吾嘗試問乎汝：民濕寢則腰疾偏死，鰍然乎哉？木處則惴慄恂懼，猿猴然乎哉？三者孰知正處？民食芻豢，麋鹿食薦，蝍且甘帶，鴟鴉耆鼠，四者孰知正味？猿猵狙以為雌，麋與鹿交，鰍與魚游。毛嬙西施，人之所美也；魚見之深入，鳥見之高飛，麋鹿見之決驟。四者孰知天下之正色哉？自我觀之，仁義之端，是非之塗，樊然殽亂，吾惡能知其辯！"因此，有"恆也"的文本，可能是戰國時代某個學派，爲強調此處所說的相對關係而加以增添，以顯示這個原理的重要性。

以上數句意謂：個別事物中的"有"（存在）與"無"（不存在），是對立而發生的；個別事物中的"難"與"行"是相對而形成的；個別事物中的"高"與"下"是對較而呈現的；個別事物中的"聲"與"音"是相調而混合的；個別事物中的"先"與"後"是相依而成序的。

⑦ "是以聖人居亡爲之事，行不言之教"：

"居"，與帛書甲、乙本同，王弼本作"處"。

此兩句意謂：以前述"稱名"的相對性爲戒，聖人"亡爲"與"不言"。"亡爲"指不以"顯發稱名"爲事，即不彰顯作爲；"不言"指不以"建立稱名"爲教，即不建構名教。

見於古典文獻者：

> 王道者，處無爲之事，行不言之教，清靜而不動，一度而不搖，因循任下，責成而不勞。謀無失策，舉無過事，言無文章，行無儀表，進退應時，動靜循理，美醜不好憎，賞罰不喜怒。名各自名，類各自以，事由自然，莫出於己。（《文子·自然》）

上引《文子·自然》，將《老子》此段義理轉換爲"王道"的理論。"王道"是定州竹簡《文子》的重要觀念，如：竹簡《文子》殘文有："故王道唯德乎！臣故曰一道。平王"（編號 2385）"故王道成。聞忠而陳其所□言此"（編號 0571）。《淮南子·主術訓》引述《文子》此處資料，將"王道"改作"人主之術"。這種"王道"的闡發，是以《老子》始源之"道"爲根基所提出的一種新人文建構的方式，表現出文子推衍《老子》哲學的獨創性要求。文子的思想似乎顯示著與晉學有相當的關連，或許他是將《老子》思想傳播於三晉地區的早期人物（參閱魏啟鵬先生：〈文子學術探微〉）。

*

> 知北遊於玄水之上，登隱弅之丘，而適遭無爲謂焉。知謂無爲謂曰："予欲有問乎若：何思何慮則知道？何處何服則安道？何從何道則得

道？"三問而無為謂不答也，非不答，不知答也。知不得問，反於白
水之南，登狐闋之上，而睹狂屈焉。知以之言也問乎狂屈。狂屈曰：
"唉！予知之，將語若，中欲言而忘其所欲言。"知不得問，反於帝
宮，見黃帝而問焉。黃帝曰："無思無慮始知道，無處無服始安道，
無從無道始得道。"知問黃帝曰："我與若知之，彼與彼不知也，其
孰是邪？"黃帝曰："彼無為謂真是也，狂屈似之；我與汝終不近也。"
夫知者不言，言者不知，故："聖人行不言之教"。（《莊子·知北遊》）

上段《莊子·知北遊》文字，屬於南方道家闡發《老子》思辨觀念的學術
傳承。他們對於"不言之教"也是從此種方式來領會，與上段《文子》資
料所關注的面向不同。此處，"不言之教"是消除"名言"的侷限，而前
段是不顯立人文價值的教化。一指向於"形名"邊際性的解析，一涉及於
"天下"問題的處置。這兩種不同的闡發，均是在《老子》思想的基礎上，
展現不同哲學探索的要求。

⑧ "萬勿俊而弗忖也"：

"俊"，假為"作"，帛書乙本作"昔"，王弼本作"作"，"昔"乃
"作"字之假。

"忖"字，字形右邊當為"司"字之省，"忖"之後，原釋文以括弧寫
入"始"字。"弗始"與帛書乙本同，王弼本作"不辭"。但"忖"當
讀作"嗣"，司也，引申有"主宰"、"主導"的意含。（詳見資料研究部
份）

此句意謂：萬物自然運作，而聖人並不為之主導。

⑨ "為而弗志也，成而弗居"：

此句之前，王弼本有"生而不有"一句，簡文與帛書兩本均無。通行本
《老子》第 51 章與第 10 章，各有"生而不有，為而不恃，長而不宰，
是謂玄德。"段。通行本當為後人仿照此兩章文句所改。該兩章言"天
地"或"道"的運作，故有"生而不有"句，此處言聖人的作為，不當
增衍此句。

原釋文於"志"字後以括號寫入"恃"字。但"志"與"德"可通假。

"志"也可用其本義，指"意志"。

"爲而弗志"，指聖人的施爲不表現著自身的意志。（詳見資料研究部份）

"成"，意爲完成，或實現。《說文・戊部》："成，就也。"《詩・周南・樛木》："樂只君子，福履成之。"毛傳："成，就也。"

"居"，意爲佔據。《廣雅・釋言》："居，據也。"《商君書》："故爲國任地者，山林居什一，藪澤居什一，溪谷流水居什一，都邑蹊道居什四，此先王之正律也。"

"成而弗居"，指聖人僅成就萬物的自然運作，而不據有其功。

據原注稱："帛書本於'成'下有'功'字，疑簡文脫'功'字。"但"作而弗始"、"爲而弗志"與"成而弗居"，三句對稱，原似無"功"字。以"成功"連稱，即有功業之義，似非《老子》本義。

⑩ "天唯弗居也，是以弗去也■"：

原注曰："天，'夫'字之誤。簡文中'天'字一般寫作 '兲'、'兲'，'而'字作 '页'，'夫'字多作 '夫'，以上三字因形近而易誤。"

"不去"，指不離於萬物的自然，引伸爲映照萬物本然的運作。

"弗去也"句後，有分章的墨點。

此兩句意謂：聖人不據有其功，故能映照萬物的自然而不失。

見於古典文獻者：

> 子發攻蔡，踰之。宣王郊迎，列田百頃而封之執圭。子發辭不受，曰："治國立政，諸侯入賓，此君之德也。發號施令，師未合而敵遁，此將軍之威也。兵陳戰而勝敵者，此庶民之力也。夫乘民之功勞而取其爵祿者，非仁義之道也。"故辭而弗受。故老子曰："功成而不居，夫唯不居，是以不去。"（《淮南子・道應訓》）

上段《淮南子・道應訓》資料，其中標榜"仁義"之道，應當取自延續周文價值系統的思想傳承。所引《老子》經文，是用以說明"存身"爲處世的根基。《老子》對於這種強調"貴身"思想的覺識，在戰國時代應當產生廣泛的影響。這種以"貴身"所展表的新"人義"要求,是《老子》哲學"始源"探討的重要成果之一。

【資料研究】

此章寫於竹簡編號第 15 簡中段至第 18 簡上段。全文對應王弼本第 2 章。簡文緊接上章論"大小之多,易必多難"後,雖然上章之後有墨點,但兩章間義理的聯繫,似乎比帛書甲、乙本,或其他各通行本的章序更為連貫。簡文中保留了一些古時的用字,顯示出《老子》原來文本的狀態。今分兩點說明:

第一、"忖"、"始"與"辭":

"萬勿俊而弗忖也",王弼本作"萬物作焉而不辭"。易順鼎認為"不辭"不是王弼本原樣,他說:"考十七章王注云:'大人在上,居無為之事,行不言之教,萬物作焉而不為始'數語,全引此章經文,是王本作'不為始'之證。"並且認為"作'不辭'者,蓋河上本,後人因妄改王本以合之。"(《讀老札記》頁卷一頁2)此句帛書乙本作"萬物昔而弗始"。"昔"為"作"字之假。王弼本此句經過後人的改動,其原先文本可能與帛書本相同。高明先生說:"'始'、'辭'古皆之部字,讀音相同,在此則'辭'字假為'始','始'為本字。"(《帛書老子校注》頁 233)

但,于省吾〈老子新證〉卻提出一個相當重要的看法,他說:

> 按"始"與"辭"均為"嗣"之借字,"嗣",司也。經典"司"字金文十九作"嗣",如"有嗣"、"嗣土"、"嗣工"、"嗣馬"之類是也。〈兮甲盤〉,"王命甲政辭成周四方責","政辭"即"征司"。……《說文》:"'辭',籀文作'嗣'。"按"嗣","司"也。"司"訓"主",乃通詁。"萬物作焉而不司",言"萬物作焉而不為之主也。"(《諸子新證》頁 233)

簡文"忖"字的出現,使我們必須重新注意上述引文的思索方向。這也引發我們一種設想:《老子》此字是否原本為"嗣"字?"忖"或許是"嗣"字的假借,而省其形。而"嗣"字即解為"司"。因為,"司"字恐是後起之字。

"司"確實訓"主"。《廣雅‧釋詁三》："司，主也。"《詩‧鄭風‧羔裘》："彼其之子，邦之司直。"毛傳："司，主也。"因此，"罰"有"主持"、"主宰"之義。

簡文《老子》甲本對應王弼本第 64 章有"罰之於其未亂"。"罰"字，王弼本作"治"，"罰"字，或即"罰"字之假。"罰"與"治"意含相近，是否戰國時即有傳本將此處原來的"罰"字改作"治"？而帛書乙本之所以作"始"的原因，可能"始"與"治"字形相近，傳寫者誤作"始"字。有了作"始"的傳本，後來也就因"始"、"辭"二字的音近通假，而寫作"辭"了。但也有可能，"辭"直接源自"罰"，而為"罰"的誤字。

戰國時代，應當就有傳本作"始"。《呂氏春秋‧貴公》曰："天地大矣，生而弗子，成而弗有；萬物皆被其利而莫知其所由始。"這當出自《老子》此處。但《老子》此章，不論是就"始"或"辭"來解釋，均有扞格難通之處。"萬物作而弗始"，並不是指"莫知其所由始"。河上公本作"不辭"，而注曰"不辭謝而逆止。"尤不近於《老子》義理。就是將"弗始"解釋為"不倡導"（張松如先生翻譯，見《老子說解》頁 20），似乎不如"不為之主持"來得清楚。"主持"有主宰、主導、制御的意思。聖人不是"讓萬物興起而不加倡導"，而應當是"讓萬物自然運作，並不為之主導。"

《老子》書中說明不"主宰"之處頗多，如："生之、畜之，生而不有，為而不恃，長而不宰，是謂玄德。"（第 10 章）"故道生之，德畜之，長之，育之，亭之，毒之，養之，覆之。生而不有，為而不恃，長而不宰，是謂玄德。"（第 51 章）因此，簡文此處作"罰"解，更能合於《老子》的思想。

第二、"為而弗志"的特殊意含：

"為而弗志"，帛書甲本與簡文同，乙本作"為而不恃"，王弼本作"為而不恃"。原釋文似乎依據王弼本，將"志"釋讀為"恃"。"恃"從"寺"得聲，古音在"之"部。但"德"從"直"得聲，古音亦在"之"部。"志"、"侍"、"恃"、"德"，似均可通假。但何者為本字？

河上公注"為而不恃"句，曰："施為不恃望其報。"將"恃"解釋為"恃望"。今人多有以"依賴、依仗"解釋"恃"者，陳鼓應先生即翻譯作"自恃己能"。既然"恃"、"志"與"德"可通假，似乎也可從"德"來思考《老子》此處的哲學義理。

《呂氏春秋‧遇合》曰："凡舉人之本，太上以志，其次以事，其次以功。"高誘注："志，德也。"因此，高亨說：

> 恃，德也，心以為恩之意也。為而不恃者，猶言施而不德，謂施澤萬
> 物而不此為恩也。……"恃"訓為"德"者，《莊子‧應帝王》："化
> 貸萬物而民弗恃。""民弗恃"，猶言民弗德，謂民不以為恩。〈在
> 宥〉："會於仁而不恃。""不恃"，猶言不以為恩。……《老》《莊》
> 書中之"恃"字同於他書之"德"字。《易‧繫辭上》："勞而不伐，
> 有功而不德。"《管子‧正》："愛之生之，養之成之，利民不德。"
> 此他書用德之例。《老子》以"德"為道德之德，故以"恃"為恩德
> 之德。（《老子正詁》頁 8-9）

以"恃"為恩德，那麼"為"的意含也就與"施為"不同。高亨就認為："為"當訓為"施予"。按照此種解釋，"為而不恃"，即意謂：聖人施予而不以為是恩德。張松如先生翻譯此句作"施為而不圖報"，"不圖報"與"不以為是恩德"相近。可是，簡文與帛書作"志"，似乎"志"的本義也應當被考慮。

"志"有志向之義。《論語‧公治長》："盍各言爾志？""志"指一種主觀的意向，或志願。它充分地表現著主體的意志。按照"志"的本義，"為而弗志"就意謂：聖人的施為，不具有主觀的意向或意志。這與簡文前章"為亡為"是相通的。

實際上，不論把"恃"解釋為"依恃"，或是將"恃"解作"恩德"，都是用來回應著一種特殊的"為"。也就是說，聖人的施為，是"不依恃己能的為"，或是"不以為是恩德的為"。作為這種特殊之"為"的本質，實際上就是不帶有主觀意向的"無為"。這樣來看，似乎"為而弗志"，更能清楚地表達了這種思想的本質意含。

我們將"弗忓"解作"弗嗣"，並且按照"志"的本義，來瞭解"為而弗志"。今本《老子》書中，另有多處出現類似的語詞，其中似乎顯露著一些增添變動的跡象。如《老子》第 34 章，王弼本與帛書乙本，分別說：

大道氾兮，其可左右。萬物恃之以生而不辭，功成而不名有。衣養萬物而不為主，常無欲，可名於小。萬物歸焉而不為主，可名為大。（王弼本）

道沨呵，其可左右也。成功遂〔事而（據甲本補）〕弗名有也。萬物歸焉而弗為主，則恆无無欲也，可名於小。萬物歸焉而弗為主，可命於大。（帛書乙本）

王弼本，“萬物恃之以生而不辭，功成而不名有”，極可能是綜合簡文所載記的“萬勿俊（作）而弗忖（嗣）也”、“為而弗志”與“成而弗居”三句的意含而成。因此，不但“辭”字，應當是“嗣”字之誤，並且在“可名於小”之前，重複了“萬物”句，使得句法相當累贅。帛書乙本的文句，則清楚而對稱。王弼本與通行本，這種“恃之以生而不辭”的資料，可能來自於將“志”誤解為“恃”的《老子》古傳本。

《老子》書中另有幾處出現“恃”字，但均不當“依恃”解。如

生之，畜之，生而不有，為而不恃，長而不宰，是謂玄德。（第 10 章）

是以聖人為而不恃，功成而不處，其不欲見賢。（第 77 章）

故道生之，德畜之……生而不有，為而不恃，長而不宰，是謂玄德。（第 51 章）

這三處的“恃”，都表現有“主導的意味”。第 77 章“不恃”的意含與簡文此章相同，均指聖人施為而不表現出主觀的意向。第 10 與第 51 兩章是說明“道、德”的運作是不強為主導。

我們認為簡文此章的文字，似乎保留了《老子》的古義。尤其是“忖（嗣）”、“志”兩字的用法，更合於《老子》無為的哲學思想。“忖（嗣）”字誤為“始”或“辭”，就使得《老子》的文義，變得難解，而將“志”改為“恃”，就使《老子》思想中“無為”的意義，失去了藉“非意向之作為”來說明的可能。

《老子》此章後段的幾句話，其前後的聯繫也存在著一些問題。簡文的情況為：

是以聖人居亡為之事，行不言之孝（教）。萬勿（物）俊（作）而弗忖（嗣）

117

也，為而弗志也，成而弗居。夫唯弗居，是以不去。

首先，"是以"句，"聖人"是主語，他"居亡為之事"，"行不言之教"。但在"萬物"句中，"作"的主語是"萬物"，而"弗嗣"的主詞卻是"聖人"。此句意謂，萬物自然運作，而聖人並不為之主持或主導。"為而弗志"、"成而弗居"兩句，"為"與"成"，"弗志"與"弗居"，它們的主詞又均成為"聖人"。這樣，三句話就不能是對稱的。因此，"為而弗志，成而弗居"兩句，似乎是衍釋"萬物作而弗嗣"的。這樣，整段話的結構可能為：

是以聖人居亡為之事，行不言之孝（教）。

萬勿（物）復（作）而弗忻（嗣）也。

為而弗志也，成而弗居；夫唯弗居，是以不去。

聖人的"為"是"弗志"，因而，聖人的"成"也就必然是"弗居"，因為他是順應著萬物的自然運作，而不為之主持或主導。就是因為這種"成而弗居"，所以"不去"，即能映照萬物的自然，而得其所安。

又，簡文此章，是在對應王弼本第 63 章的資料之後。這與今通行各本的章序極為不同。簡文此章在王弼本中屬第二章。此章的資料，在不同文本中，與其前章思想上的關連，會產生不同的意義與作用。

王弼本第一章並未出現於竹簡《老子》。這值得我們特別重注意，需要後續深入的研究，因為第一章是《老子》全書的綱領性的說明，提出"道"與"名"界定的問題。是否這種包含第一章的文本，經過了特殊的編定，而非《老子》原始的資料？不論如何，通行本《老子》第一章與簡文此章，在觀念的論述上，是接續"可名"之域的探索。在"可名"之域，一切相對性的關係就因之而產生。所以"天下皆知美之為美，斯惡已；皆知善之為善，斯不善已。"

簡文此章在竹簡《老子》中，接於王弼本第 63 章。第 63 章談論"為無為、事無事、味無味"，同時回應著再前第 37 章的"道恆無為"。這樣，此章的重點，就不是強調對立關係形成的問題，而是後段"聖人居亡為之事"的義理。此章前段文字的作用，就與其在王弼本中不相同了。

《老子》原始的資料，似乎並不像後來排定的樣式流傳著。極可能是零散記錄下的雋語，以不同的方式被編寫與傳抄。面對這種可能的情況，我們或許從不同的文本編定形式中，可以發現一些學派特殊的思想性質。

☆

19；66；46中下；30上中；15；64下；37；63；2； **32**；／25；
5中；／16上；／64上；56；57；／55；44；40；9

道亙亡名，僕唯妻，天陸弗敢臣。

侯王女能（十八）獸之，萬勿牆自實。

天陸相合也，以逾甘零，民莫之命，天自均安。

訂折又名，名（十九）亦既又，夫亦牆智止，

智止所以不訂。

卑道之才天下也，猷少浴之與江海。（二十）

道互（恆）亡名①，僕（樸）唯（雖）妻（微），天陉（地）弗敢臣。侯王女（如）能獸（守）之，萬勿（物）牆（將）自寅（賓）②。■天陉（地）相合也，以逾甘零（露）③。民莫之命（令），天〈而〉自均安④。訂（始）折（制）又（有）名，名亦既又（有），夫亦牆（將）智（知）止，智（知）止所以不訂（殆）⑤。卑（譬）道之才（在）天下也，猷（猶）少（小）浴（谷）之與江泻（海）⑥。

道常無名，樸雖小，天下莫能臣也。侯王若能守之，萬物將自賓。天地相合，以降甘露，民莫之令而自均。始制有名，名亦既有，夫亦將知止，知止可以不殆。譬道之在天下，猶川谷之於江海。（王弼本）

道恆无名，握（樸）唯（雖）□，□□□□□□。□王若能守之，萬物將之賓。天地相谷（合），以俞（雨）甘洛（露），民莫之□□□□焉。始制有□，□□□有，夫□□□□，□□所以不□。俾（譬）道之□□□□，□□浴（谷）之與江海也。（帛書甲本）

道恆无名，樸唯（雖）小，而天下弗敢臣。侯王若能守之，萬物將自賓。天地相合，以俞（雨）甘洛（露），□□□令而自均焉。始制有名，名亦既有，夫亦將知止，知止所以不殆。卑（譬）□□在天下也，猶小浴（谷）之與江海也。（帛書乙本）

道常無名，樸雖小，天下莫能臣。王侯若能守，萬物將自賓。天地相合，以降甘露，民莫之令而自均焉。始制有名，名亦既有，夫亦將知止，知止所以不殆。譬道之在天下，猶川谷之與江海也。（傅奕本）

【文字釋析】

① "道互亡名"：

此句與前章之後墨點間，有數字的間格。此種分隔的形式，不像是分章，
而像是分篇。

"無名"一詞，另見於《老子》三處，"無名天地之始"（第1章）、"道
隱無名"（第37章）。"化而欲作，吾將鎮之以無名之樸。無名之樸，夫
亦將無欲。"（第41章）

此句意謂：道恆常運作，不顯立稱名。

見於古典文獻者：

萬物殊理，道不私，故無名。無名故無為，無為而無不為。（〈則陽〉
篇）

道不可聞，聞而非也；道不可見，見而非也；道不可言，言而非也。
知形形之不形乎！道不當名。（〈知北遊〉篇）

泰初有無，無有無名；一之所起，有一而未形。（〈天地〉篇）

上引三段《莊子》資料，均與《老子》此處經文有關。"道恆無名"是《老
子》具有獨創性的哲學思想。它不但將周禮中"名"的問題返源至表達本
身的作用上，提出一種思辨之"言"展現的可能，同時，更以語言表達的
邊際性辨析，重新確立以"道"為"始源"的哲學基礎，以對應"天命"
之"天"的周文建構根源。上引資料中，"道不私，故無名"、"道不當
名"與"太初有無，無有無名"，均承繼與發展了這種思想。

*

管子曰："道之在天者日也，其在人者心也。"故曰："有氣則生，
無氣則死，生者以其氣。有名則治，無名則亂，治者以其名。"（《管
子·樞言》）

凡人之名三，有治也者，有恥也者，有事也者。事之名二，正之察之，
五者而天下治矣！名正則治，名倚則亂，無名則死，故先王貴名。（《管
子·樞言》）

去善之言，為善之事，事成而顧反無名。能者無名，從事無事。審量

出入，而觀物所載。（《管子·白心》）

由於《管子》一書爲稷下學宮資料的彙編，上引三段資料，對於“無名”
的看法不同。〈樞言〉篇認爲“無名則亂”或“無名則死”，是將“名”
當作法治的制度來看，而〈白心〉篇所稱的“無名”是受到《老子》思想
的影響。《管子·心術》等四篇，雖然被認爲是稷下道家的思想資料，但
是四篇中並未引用任何《老子》的文句。稷下道家是《老子》思想在齊國
的發展，對於《老子》的哲學完成許多觀念性的推衍，如提出“精氣”、
“心術”之論，但與《老子》學派的傳承，似乎並無直接承繼的關係。

*

不肖而服於賢者，位尊也，堯爲匹夫，不能使其鄰家，至南面而王，
則令行禁止，由此觀之，賢不足以服不肖，而勢位足以屈賢矣，故無
名而斷者，權重也，弩弱而矰高者，乘於風也。身不肖而令行者，得
助於眾也。（《慎子·威德》）

慎子雖爲趙人，曾遊學稷下。上引“無名”的觀念應當襲自稷下道家。但
從“權勢”的治術上，來使用“無名”，與《老子》的原義不同。這種對
於《老子》的領會，在一定程度上影響了後來晉法家的思想。

*

名者，名形者也。形者，應名者也。然形非正名也，名非正形也，則
形之與名，居然別矣，不可相亂，亦不可相無，無名，故大道無稱，
有名，故名以正形。今萬物具存，不以名正之則亂，萬名具列，不以
形應之則乖，故形名者，不可不正也。（《尹文子·大道上》）

尹文子爲齊人，也曾遊學稷下。所謂“無名，故大道無稱”，直接取自“道
恆無名”，而“有名，故名以正形”，則是發展了《老子》“始制有名”
的思想。但尹文子強調“名”的規範性作用，與《老子》“名亦既有，夫
亦將知止”的思想不同。

② “僕唯妻，天陛弗敢臣，侯王女能獸之，萬勿牆自賓▉”：

“僕唯妻”，帛書甲本作“握唯□”，乙本作“樸唯小”，王弼本作“樸

雖小"。"僕"、"握"二字，均假借爲"樸"。"唯"爲"雖"的借字。原注文將"妻"釋讀爲"微"，似音近而通假。

李零先生云："僕唯妻，應讀'樸雖細'。古人常以細、大相對，'細'是心母脂部字，'妻'是清母脂部字，比'微'更適合。"

趙建偉先生云："'妻'當讀爲'穉'或'稺'，同'秩'。妻爲脂部字，'穉'爲脂部入聲字。《爾雅·釋草》〈釋文〉：'棲，《詩》作犀。'《左傳·文公十六年》'鄋丘'，《公羊傳》作'犀丘'。《漢書·揚雄傳》'靈犀遲兮'，《文選·甘權賦》作'靈棲遲兮'。《方言》：'穉，小也。'"

"天地"，帛書乙本與王弼本均作"天下"。地在天之下，"天地"與"天下"二詞，戰國時代文獻時相通用。

"弗敢"，帛書乙本同，王弼本作"莫能"。"敢"、"能"二字字形相近，時相混用。

"女"字，假爲"如"。

"獸"字，假爲"守"，屬雙聲疊韻通假。

"寊"，各本均作"賓"。原注稱："'寊'，從'貝'從'宀'省，'賓'字異體。"

"賓"，一般多解爲"服"。《爾雅·釋詁一》："賓，服也。"郭璞注："謂喜而服從。"《書·旅獒》："明王慎德，四夷咸賓。"孔傳："言明王慎德以懷遠，故四夷皆賓服。"但"萬物將自賓"，義理應與萬物之自然相通，此處不當指"賓服"。"賓"另有"陳列"之義。《廣雅·釋詁一》："賓，列也。"王念孫《疏證》："賓者，《楚辭·天問》'啓棘賓商'，王逸注云：'賓，列也。'《小雅·常棣》：'儐爾籩豆。'毛傳云：'儐，陳也。'儐與賓聲浸義同。""自賓"當意指"自爲展示"。"自然"與"自賓"都指哲學探索的極致性作用。"自然"是從思辨的探索上，以"自我（自）的回應（然）"來說明物論可界定的邊際，而"自賓"是從存在的狀態上，以"自我陳列"來說明萬物本然的自處。

此段意謂：如同作爲一切事物始源的“樸”，雖然隱微未顯，天地萬物都不敢輕忽它。侯王如果能護守著“道”的運作，萬物將各處自得的定位。

③ “■天陛相合也，以逾甘零”：

　　“天地相合”句前，有一墨點，說明此句之後爲別章。帛書與通行各本，此句均連上段，合爲一章。

　　原注曰：“‘合’，簡文作 **會** 、 **會** ，楚簡文字中的‘合’字多如此。”但裘先生曰：“簡文此字上部，與楚簡文字中的‘合’字有別，頗疑是‘會’字，而中部省去豎劃。”

　　“會”有“調配”之義。《周禮・天官・食醫》：“凡會膳食之宜。”鄭玄注：“會，成也。謂其謂相成。”“會”與“合”相通，其它各本作“合”，似用假字。

　　“逾”，帛書甲、乙本作“俞”，王弼本作“降”。

　　原注曰：“‘逾’，簡文从‘亼’从‘舟’从‘止’。帛書作‘俞’，整理者認爲：‘俞，疑讀揄或輸’，可從。”

　　高明先生則認爲：“愚以爲‘俞’字當借爲‘雨’。‘俞’古爲喻紐侯部字，‘雨’在匣紐雨部。‘喻’‘匣’雙聲，‘雨’‘侯’旁轉，音同通假。‘雨’字作動詞用則有‘降’義。《說文》：‘雨，水從雲下也。’段《注》：‘引申之凡自上而下者稱雨。’……帛書‘以雨甘露’與今本‘以降甘露’義同。”（《帛書老子校注》頁 399）

　　劉信芳先生云：“‘逾’讀如‘霣’。”《說文》：“霣，雨也。”（〈郭店《老子》讀後記〉；後引不註明出處）

　　《呂氏春秋・貴公》曰：“陰陽之和，不長一類；甘露時雨，不私一物。”正作“雨”，‘逾’似當讀如‘霣’。

　　此段意謂：天地自然地交互作用著，就降下了甘露。

④ “民莫之命，天自均安”：

　　“命”，帛書乙本與王弼本均作“令”。“命”當爲“令”字之假。原

注稱：﹁﹃均﹄下一字，……當釋作﹃安﹄，讀作﹃焉﹄。﹂

原釋文於﹁天﹂自下以﹁〈〉﹂符號寫入﹁而﹂字，將﹁天﹂視爲﹁而﹂字之誤。

﹁均﹂，意爲調和。《詩・小雅・皇皇者華》：﹁我馬維駰，六轡既均。﹂毛傳：﹁均，調也。﹂《莊子・天道》：﹁所以均調天下，與人和者也。﹂

王弼注此二句曰：﹁言天地相合，則甘露不求而自降。我守其眞性無爲，則民不令而自均也。﹂

按照王弼的注解，簡文﹁天地相合也，以逾甘露﹂與﹁民莫之命，而自均安﹂分兩句讀。﹁民莫之令﹂指人民不需接受任何政令，與﹁天地相合﹂的自然運作相對應。﹁而自均焉﹂指人民能夠調節自己的生存，與天地交互作用就會降下雨露的情形一樣，是自然發生的。

通行本《老子》第 51 章，曰：﹁道之尊，德之貴，夫莫之令，而常自然。﹂

此兩句意謂：人民不需加以使令，自己就會調節著生存的活動。

⑤ ﹁訂折又名，名亦既又，夫亦酒智止，智止所以不訂﹂：

此句兩﹁訂﹂字，簡文字形相同，原釋文按照帛書本，在前一﹁訂﹂字之後，用括號寫入﹁始﹂字，後一﹁訂﹂，寫入﹁殆﹂字。﹁始﹂、﹁殆﹂與﹁詞﹂，均屬之部，韻部相同，可音近通假。

前一﹁訂﹂字作﹁始﹂，與﹁夫亦將知止﹂中﹁止﹂字對稱，﹁始﹂、﹁止﹂，共同說明發生、推展與終止的過程。﹁知止﹂可以﹁不殆﹂，後一﹁訂﹂字，確實當假爲﹁殆﹂。

﹁折﹂，帛書本與王弼本均作﹁制﹂。《說文・艸部》：﹁折，斷也。﹂﹁折﹂有﹁判斷﹂、裁斷之義。《論語・顏淵》：﹁片言可以折獄者，其由也與？﹂﹁制﹂也有﹁裁斷﹂的意思，朱駿聲《通訓定聲》曰：﹁以刀斷木。﹂《老子》此處論述思辨之事，王弼從人文制度上來解釋，稱﹁樸散始爲官長之時也。﹂這種意含當由思辨性的﹁折﹂字推演而成。

﹁名﹂，指人文性規劃的基礎。

﹁既又﹂，即﹁既有﹂，指人文世界的既成事實。

"止"，指安息的居所。

通行本《老子》第 28 章與此句思想相近。"樸散則爲器，聖人用之則爲官長。故大制不割。"

竹簡《老子》對應王弼本第 37 章，曰："憍（化）而雒（欲）复（作），牺（將）貞（鎮）之以亡名之瞉（樸）。夫亦牺（將）智（知）足，智（知）以束（靜），萬勿（物）牺（將）自定。"可與此章思想相參照。

此段意謂：只有當人爲的施政與自然的運作兩相斷離，才出現了"制名"（人文性規劃）的問題。既然人爲規劃的"名"已顯立而施行，就需要知道何者是安止的居所，知道安止的居所，生存才不致於遭受危殆。

⑥ "卑道之才天下也，猷少浴之與江海▪"：

"卑"，帛書乙本與簡文同，甲本作"俾"，王弼本作"譬"。"卑"、"俾"二字，均爲"譬"字之假。

"浴"，原釋文加括號寫入"谷"字。劉信芳先生認爲："應讀爲'谿'。"此處似以作"谿"爲佳。《爾雅·釋山》曰："山瀆無所通，谿。""瀆"通"瀆"，指小水溝；"谿"同"溪"。"小浴"，帛書乙本作"小谷"，它本作"川谷"。張舜徽先生曰："'小'字由與'川'形近而誤耳。"《老子》原本似作"小谿"，而訛誤作"川谷"。

此兩意謂：對於天下之物的存在來說，"道"，就好像一切小溪均匯聚到江海中一樣，〔統合著一切的運作〕。

見於古典文獻者：

古之爲君者，深行之謂之道德，淺行之謂之仁義，薄行之謂之禮智，此六者，國家之綱維也。深行之則厚得福，淺行之則薄得福，盡行之天下服。古者修道德即正天下，修仁義即正一國，修禮智即正一鄉，德厚者大，德薄者小。故道不以雄武立，不以堅強勝，不以貪競得。立在於天下推己，勝在於天下自服，得在於天下與之，不在於自取。故雌牝即立，柔弱即勝，仁義即得，不爭即莫能與之爭。故道之在於天下也，譬猶江海也。（《文子·上仁》）

上引文中舉出"道德仁義理智"爲國家之綱維。《文子·道德》中也提到

"德、仁、義、禮" 為 "四經"。這些資料均不見於《淮南子》。定州竹簡《文子》有殘文對應〈道德〉所言 "四經" 之事（編號 2259、0591，0895，0960 與 0811 等簡），並且未見今本《文子》編號 0909 的殘簡也說："□經者，聖知之道也。……" 這種強調 "道、德、仁、義、禮、智" 的思想，似乎與儒家所言的德目相近。孟子以 "仁、義、禮、智" 為 "四端"（〈公孫丑上〉篇），思孟學派以 "仁、義、禮、智、聖" 為 "五行"（帛書〈五行〉篇）。《管子》書中以 "常令、官爵、符籍、刑罰" 為 "四經"（〈七法〉篇），以 "禮、義、廉、恥" 為 "四維"（〈牧民〉篇）。這些觀念的作用，都如《文子》所說是 "文之順"，"聖人之所以御萬物" 者（〈道德〉篇）。它們是人文規劃的基礎觀念。文子推衍了《老子》始源之 "道"，重新展現新的人文規劃。這是《老子》哲學後續發展的一個重要的方向。〈上仁〉篇引用《老子》經文來解證 "修道德以正天下"，就表現出這種立基於始源之 "道" 的特徵。

【資料研究】

此章寫於竹簡編號第 18 簡中段至第 20 簡，屬於甲本第一組竹簡的最後三枚，其中有兩處墨點。全文對應王弼本第 32 章。關於簡文資料的問題，我們提出以下兩點說明：

第一、關於竹簡《老子》甲本文本編排的問題：

簡文此章似乎顯示出三個分隔的方式。一是在首句之前，與前段文字留有三、四字間距的空白；二是在 "萬勿牆自賓" 句後，有墨點；三是在章末留有三字間距的空白。

今通行本《老子》分為 81 章。帛書乙本並無分章，而由兩篇構成，在各篇之篇末，各記有 "德" 字與 "道" 字，今被認為當是指〈德經〉與〈道經〉兩篇。但簡文《老子》不但並未分章，同時也未分篇。這使得《老子》傳本的問題，變得更為複雜而難定。

簡文《老子》，整理者分為〈甲本〉、〈乙本〉與〈丙本〉三冊。由於對應王弼本第 64 章的資料，以不同的型式出現於〈甲本〉與〈乙本〉，同時也有其他一些顯著的跡象顯示，這三本的抄寫極可能來自不同的傳本。因此，作為分章或分篇的符號，應當具有重要的意義。但細觀簡文《老子》三本，這些符號的使用，並不完整，也不嚴格，甚至有些又可能是誤記。因此，此章中兩處的空白間格與一處的墨點，是否顯示出簡文此處的資料，不但與前後文分開，而其本身即分屬二章，就需要進一步來解析。我們想從此章的思想結構，語式構成，作些可能的探索。

A：道恆亡名。樸雖微，天地弗敢臣。侯王如能守之，萬物將自賓■。

B：天地相合，以逾甘露。民莫之令，而自均焉。始折有名。名亦既有，夫亦將知止。知止所以不殆。譬道之在天下也，猶小浴之與江海。

首先，此章可以分成兩個部份來看，分別指向不同事情的論說。A 段強調侯王守道，萬物將自得其位，安其所處。而 B 段主旨在於說明"折名"的發生，與"知止不殆"的復歸。從這個方向來說，"自賓"之後的墨點，可以被當作分章記號。

但是，此章也有著內在的完整結構，形成一個思想的整體。"道恆無名"與"始折有名"的辨析是相互聯繫的。"樸雖微"、"天地相合"、"小浴之與江海"，三者的例證是相同性質的。"萬物自賓"與"民……自均"的狀態是彼此相應和的。"侯王守之"與"亦將知止"的操持也是互為表裡的。從這種瞭解來看，全章似乎不能以墨點加以區隔。

因此，此章資料的問題是：從義理的聯繫上來看，它可以分為兩個部份，但又不應該分為個別獨立的兩章。那麼，其中可能作為分章符號的墨點，到底說明著甚麼？當然，它或許也是一種錯誤的標記。可是，甲本此組的竹簡，有四處墨點的標記，均與今本的分章可以對應。因此，我們認為，或許此章出現的墨點，是與我們通常所認為的分章符號不同，它不能用一般王弼本八十一章的分章觀念來看待。

對應王弼本第 32 章此處簡文，原先可能是"一篇"的資料。由於簡文此章之前與之後留有空白的間格，使我們更有理由把它視為"一篇"來看待。這樣，此章中的墨點，是作為此"篇"中的分章。這種情形也出現在甲本編號 35 的竹簡中，"名與身篕新"之前也有二個字間距的空白。假如這種空白的排列確實是作為分篇的符號，今通行本第 32 章，原先是《老子》某篇資料中的二章。或許，這也就是爲何此章的資料，內容彼此連貫，雖以墨點分爲兩章，而實際上卻談論著相同的問題。

由於竹簡出土時，已經散亂，並且墓葬數經盜擾，竹簡必有缺失。甲本雖整理出 5 組簡文，但已無法恢復簡策的原來狀態。出版釋文排列的第一組竹簡 20 枚，雖然其資料包括今本《老子》的第 19 章、66 章、46 章中、下兩段、30 章上中兩段、15 章、64 章下、37 章、63 章、2 章，與第 32 章。但第 32 章之前，有數字的空白，應當不與前面的幾章相連屬。此章之前的全部文字，或許是結集爲一篇的資料。此章之後，由於也留有空白，它接續何章，今已不能判定。

竹簡釋文是經過整理者重新排定的，因此，就是對應王弼本第 19 章的簡文，雖然被編排爲竹簡《老子》甲本的篇首，是否在它之前就無其他資料，今也難以確知。簡文〈甲本〉共存竹簡 39 枚，可對應今本的共有 19 章，因爲其中對應今本第 64 章的資料，簡文分列兩處，因此，整理者將竹簡《老子》甲本整理出有 20 章。但除這 20 章的文字之外，缺失竹簡的文字是否仍與今通行本《老子》的資料相近？二者文字的數量，是否差距不大？還是說〈甲本〉所殘缺的不多，但與今通行本不同？雖然這些疑問今已難定，可確信的是，簡文〈甲本〉的編排順序，與今通行本是大不相同的。

我們提出初步的推想是：簡文〈甲本〉原來可能有分篇，兩處空白的間格或許就是分篇的標記。至於簡文抄寫時，像帛書這樣編排的文本是否也在流傳，我們目前尚不能確定。

第二、“始折有名”與“始制有名”的比較：

帛書甲、乙本與王弼本，“折”字均作“制”。因此，原釋文在“折”字後以括弧寫入“制”字，應當是就帛書的文本，認爲“折”字爲“制”字之假。但“制”字是否爲本字？還是應當把“折”字視爲本字？

由“始制有名”至“知止可以不殆”段，王弼注曰：

> 始制，謂樸散始爲官長之時也。始制官長，不可不立名分，以定尊卑，故始制有名也。過此以往，將爭錐刀之末，故曰：“名亦既有，夫亦將知止”也。遂任名以號物，則失治之母也。故“知止所以不殆”也。

王弼藉"樸散爲官長"與"始制官長"來解釋"制"的作用。因此，"制"說明著"樸的離散"與"名分的制定"。蔣錫昌承襲著王弼的注解而解釋說：

> "始制有名"，言大道裁制以後，即有名號，二十八章所謂"樸散則為器"也。"名亦既有，夫亦將知止"，言庶業其繁，事偽萌生，為人君者，亟應知止勿進也。知止之道奈何，即行無為以返於泰初之治，二十八章所謂"復歸於樸"，三十七章所謂"化而欲作，吾將鎮之以無名之樸"也。（《老子校詁》頁 218）

蔣氏說"大道裁制以後，即有名號"，這似乎是比王弼的注解更爲清楚些。以"裁制"來解釋"制"，合於《說文》所說："制，裁也。"但這裡的問題是，"大道"如何能加以人爲地"裁制"？"大道"如何可以成爲人所操持的對象？因此，王弼之所以用"離散"與"制定"來說明"制"，是強調由於人離開了"道"，所以發生制定名號的事情。這種雙重性的考慮，實際上是更爲深刻地把握了《老子》的意旨。可是，王弼對於"制"的解釋，好像特意著重在人文制度的設置方面。是否這種解釋是由"制"的原始意含推演出來的？或者說，"制"是否就隱含著這種解說的可能？這就使得我們需要再進一步考慮：這種作爲"離散"的"制"，是以何種性質，在何種狀況下發生的？

首先，"始制有名"，是回應並對立著"道恆無名"而說。因此，"有名"確實意指"樸散"。《老子》第 28 章所謂"樸散則爲器"，可以作爲解證此章的註腳。但此處"樸散"、"有名"與"器"的關係，是否直接承續著《老子》第 28 章下文所言的"聖人用之則爲官長"？

其次，"樸雖微天地莫敢臣"、"天地相合以降甘露"，均指無名之"道"在天地間運作的實情。天地之間沒有可以御使"樸"者，因爲它是成就一切可能之始源性的本質。天地相合，就降下甘露，因爲這是陰陽兩氣交合的本然。"侯王如能守""道"，則"萬物將自賓"，而"民莫之命"則"自均"，這均指萬物、萬民自然而本然的呈顯。"萬物自賓"，是萬物的成立，本來就各得其所，民自均，是萬民的生存，本來就自相調適。

再次，這種自然而本然的狀態，只有被斷割而捨離之時，才會發生了本質性的改變。這種斷割與捨離，是一切人爲形式的肇端，它也就是王弼所稱的"制"。但簡文的"折"字，不是更能清楚地表達了這種"斷"的意含？

　　“折”與“制”兩字，在字義與字形上，均可相通。或許“折”字確實假爲“制”。可是，簡文出現的“折”字，卻使我們專注在“斷”的意義上來思索《老子》此處的義理。這種“斷”的意義，似乎更爲純粹地表現了《老子》思想中指向於思辨的要求與作用。從“亡名”到“有名”是“斷”，而由於“斷”，所以發生了“有名”的“有”。由“有”就必然衍生了以此爲基礎的殊異萬有。“知止”是停止這種衍生的過程，而復返於“亡名”的無“斷”。無“斷”，即指恢復天地萬物運作的本然，所以“不殆”。

　　因此，“始折有名……所以不殆”一段文字，表達了《老子》哲學重要的思辨性指向。以“折”所斷者，是離散了自然的運作，以“名”所有者，是裁制了人爲的規劃。但“折”字的思辨性指向，不能限制在“制爲官長”之中，“名”字的思辨性意義，不能拘限在“建立名份”之下。它們的思辨性指向，是《老子》對人文反省與導源所建立起的一種古典“哲學”的探索方法。

　　“名”有顯名的意思，也就是“自命”或“自名”。萬物的自名，就是萬物自然而本然的顯發。但在“人義”的尋求出現之後，或是說，在人文世界建立起來之後，這種“自名”之“名”的探討，就必然牽涉到人爲稱謂的“名”。這樣，“自名”之“名”的事情就需要以“無名”與“有名”的辨析，來做導源性的處置。“亡名”就是指復返“自名”的一種要求。回復於“亡名”，是“守之”而不“折”。護存、持守並遵行，不“斷離”於“亡名”，這就是“道恆亡名”主旨之所在。這樣，因“折”而有的“名”，就不再是“亡名”的本然情況，而成爲人所稱謂的“有名”。“有名”也就必然形成各種以“名”所建構的人文多向世域。建立“名分”釐定“貴賤”，名教制度，也就因之而成。

　　因此，此章“始折有名”與“道恆亡名”的表達結構集中在“名”的分辨上。這種特殊的“名”的意義與作用，透過“折”字爲“斷”的意含，清楚地表現出來。就哲學觀念的發展來說，以“折”字表達的意義，似乎更具有原始的性質，要在“制”字形成之前。

☆

19 ； 66 ； 46中下 ； 30上中 ； 15 ； 64下 ； 37 ； 63 ； 2 ； 32 ；／25 ；
5中 ；／16上 ；／64上 ； 56 ； 57 ；／55 ； 44 ； 40 ； 9

又㝉（狀）蟲（混）成，先天陸（地）生。敓（寂）繆（寥），蜀（獨）立不亥（改），

可以爲天下母。未智（知）其名，䌓（字）之曰道，

虗（吾）（二十一）勥（強）爲之名曰大。

大曰澨（逝），澨（逝）曰連（遠），連（遠）曰反。

天大，陸（地）大，道大，王亦大。

國中又（有）四大安（焉），王尻（居）一安（焉）。

人（二十二）法陸（地），陸（地）法天，天法道，道法自肰（然）。

又（有）㬱蟲〈蚰〉成，先天陘（地）生①。敛繆（穆），蜀（獨）立不亥（改），可以爲天下母②。未智（知）其名，爭（字）之曰道③，虘（吾）弼（強）爲之名曰大④。大曰瀯，瀯曰連〈遠〉，連〈遠〉曰反（返）⑤。天大、陘（地）大、道大，王亦大⑥。國中又（有）四大安，王冗（居）一安⑦。人法陘（地），陘（地）法天，天法道，道法自肰（然）⑧。

有物混成，先天地生。寂兮寥兮，獨立不改，周行而不殆，可以為天下母。吾不知其名，字之曰道，強為之名曰大。大曰逝，逝曰遠，遠曰反。故道大、天大、地大、王亦大。域中有四大，而王居其一焉。人法地，地法天，天法道，道法自然。（王弼本）

有物昆（混）成，先天地生。繡（寂）呵繆（寥）呵，獨立□□□，可以爲天地母。吾未知其名，字之曰道。吾強爲之名曰大。大曰筮（逝），筮（逝）曰□，□□□。□□，天大，地大，王亦大。國中有四大，而王居一焉。人法地，地法□，□□□，□□□□。（帛書甲本）

有物昆（混）成，先天地生。蕭（寂）呵滲（寥）呵，獨立而不玹（改），可以爲天地母。吾未知其名，字之曰道。吾強爲之名曰大。大曰筮（逝），筮（逝）曰遠，遠曰反（返）。道大，天大，地大，王亦大。國中有四大，而王居一焉。人法地，地法天，天法道，道法自然。（帛書乙本）

有物混成，先天地生。寂兮寂兮，獨立而不改，周行而不殆，可以爲天下母。吾不知其名，故彊字之曰道，彊爲之名曰大。大曰逝，逝曰遠，遠曰返。道大、天大、地大、人亦大。域中有四大，而王處其一尊。人法地，地法天，天法道，道法自然。（傅奕本）

【文字釋析】

① "又脜蟲成，先天陸生"：

王弼本作："有物混成，先天地生"，帛書甲、乙本，"混"作"昆"。

原注曰："'脜'，从'爿''百'聲，疑讀作'道'。帛書本作'物'，即指"道"。"

魏啓鵬先生云："疑脜讀爲道，二字皆首聲，古韻同隸幽部，其聲書、定舌音準旁紐・故得通借。"此字若釋讀爲"道"，則下文又言"字之曰道"，用詞上或有矛盾。但今本《老子》第二十一章曰："道之爲物，惟恍惟惚。惚兮恍兮，其中有象。恍兮惚兮，其中有物。"其中兩個"物"字的意義與作用均不相同。若按此例，則此章"脜（道）"與下文"未智（知）其名，孚（字）之曰道"的"道"，就同樣需要從這兩字的不同意義與的作用上來理解。簡文"道"字有兩種字形，一作"趙"，一作"衍"。"脜"字也可能別有所指。

裘先生曰："五行篇 36 行亦有'脜'字，疑讀爲'狀'。"〈五行釋文文字釋析〉："'脜'，帛書本作'奘'，解說部份作'莊'。'脜'，从'爿'聲，與'莊'可通。"（《郭店楚墓竹簡》頁 153）。

趙建偉先生云："此字當從百（首）或從頁（戰國印中頁字即寫作百形）爿聲之字，蓋爲'狀貌'之'狀'的本字。……此處之'脜'即〈五行〉及〈語叢〉之'脜'、'奘'、'牄'、莊，在此讀爲'象'。'爿'聲、象聲之字皆屬陽部，古每相通。《廣雅・釋言》：'裝，褖也'，即其證。狀與象音義本相通。"

依據裘先生說，"脜"，似可讀爲"狀"。"道"、"物"與"狀"三字，可能各表達"始源"的不同層面（參閱下文分析）。

《說文》："'蚰'，虫之總名，从二虫。讀若昆"。原注稱："蚰即昆蟲之'昆'的本字，可讀爲'混'。""混"，有水勢盛大之義。《說文》："混，豐流也，从水，昆聲。"此處"混"字，似引申爲對"湧現之狀"的描述。

此兩句意謂：有湧現而發生的始源情狀，在天地成立之前即已運作。

② "斂繆，蜀立不亥，可以爲天下母"：

"斂繆"，"斂"字帛書甲本作"繡"，乙本作"蕭"，王弼本爲"寂"。此處似指"幽微"之狀。

李零先生云："斂繆，下字應是'繆'字的異體，不一定讀爲'穆'。"

"繆"字，帛書甲本作"繆"，乙本作"漻"，王弼本爲"寥"。朱駿聲《說文通訓定聲‧孚部》："繆假借爲穆。"《禮記‧大傳》："序以昭繆，別以禮義。"鄭玄注："繆讀爲穆。"段玉裁《說文解字注‧禾部》："穆，凡經傳所用穆字皆假'穆'爲'𥝩'，'𥝩'者細文也。凡言穆穆，逾於穆，昭穆，皆取幽微之義。"《楚辭‧九章‧悲回風》："穆眇眇之無垠兮，莽芒芒之無儀。"洪興祖補注："穆，深微貌。"《淮南子‧原道訓》："穆忞隱閔，純德獨存。"高誘注"'穆忞隱閔，皆無形之類也。'"

"蜀"字，借爲"獨"。

"亥"字，帛書乙本作'玹'，王弼本作"改"。"亥"、"玹"均似假借爲"垓"，"改"恐爲誤字，或爲"垓"字之假。《淮南子‧俶真訓》曰："道出一原，通九門，散六衢。設於無垓坫之宇；寂漠以虛無，非有爲於物也，物以有爲於己也。"高誘注："垓坫，垠堮也。"因此，"垓"有"界限"、"界域"或"邊際"之義。《淮南子》所言"無垓坫之域"可能衍自《老子》此處"獨立不亥（垓）"。《莊子‧天地》曰："方且爲物絯"，"絯"有束縛之義。"垓"、"絯"，二字，字義上或有關連。此處"不亥"疑解爲"不受界限"。

簡文"不亥"之後，王弼本有"周行而不殆"句。帛書甲、乙本與簡文均無。

"母"，引申爲"始源"、"根基"。

此段意謂：深微無形，獨立自存，而不涉入有形的際限，但可以成爲天下導源的根基。

見於古典文獻者：

老子曰："有物混成，先天地生。惟象無形，窈窈冥冥，寂寥澹泊，不聞其聲，吾強為之名，字之曰道。'"（《文子‧道原》）

《牟子‧理惑論》：“老子曰：‘有物混成，先天地生，可以為天下
母。吾不知其名，強字之曰道。”

上引兩段資料可能均依據不同《老子》的傳本。關於“道”的神秘性描述，
另見於帛書〈道原〉篇：“恒先之初，迵同大虛，虛同爲一，恒一而止，
濕濕夢夢，未有明晦。神微周盈，精靜不熙，故未有以，萬物莫以，故無
有刑，大迵無名。”李學勤先生認爲《文子‧道原》是發揮帛書〈道原〉
篇的意含（《古文獻叢論》頁163）。《文子‧道原》上引的資料，很可能是《文
子》所保留的《老子》原始文字。今本《文子》雖然大都以“老子曰”或
“文子問－老子曰”的形式所編輯，與竹簡《文子》中“平王問－文子曰”
不同，確實是經過後人改動。但今本《文子》書中，似仍有少數幾處，有
可能原先即是“老子”語錄的資料（參見拙著《文子新探》）。這同時也說明，
文子與老子應當有密切學術傳承的關係。《理惑論》似引《老子》經文。

③ “未智其名，芠之曰道”：

“未智”前，帛書甲、乙本與王弼本均有“吾”字。

“芠”字，帛書甲、乙本與王弼本均作“字”。“芠”，似借爲“丝”，
“丝”同“茲”，“茲”與“字”，音近通假。

此處“名”與“字”的哲學作用不同。“未知其名”，故不得以“名”
的方式來界定；而可“字”之曰“道”，則“字”的作用不同於“名”。

《說文‧口部》：“名，自命也。从口从夕。夕者，冥也。冥不相見，
故以口自名。”此處的“名”字，意指“自身的顯明”，而不是“命名”
或“稱名”。“名”字的這種用法，也出現在先秦典籍中，如：“聲自
召也，類自求也，名自命也”（《文子‧上德》，也見於《淮南子‧繆稱訓》）“名
自命也，物自正也，事自定也。”（帛書〈經法‧論〉篇）“道者，萬物之始，
是非之紀也。是以明君守始以知萬物之源，治紀以知善敗之端。故虛靜
以待令，令名自命也，令事自定也。”（《韓非子‧主道》）。

“字”的作用，據王弼的解釋，與“稱”相同。王弼曰：“名也者，定
彼者也；稱也者，從謂者也。名生於彼，稱出乎我。故涉之乎無物而不
由，則稱之道。”（《老子指略》）。

此兩句意謂：未能把握它〔本然自身〕的顯明，所以〔僅能以可言的稱謂方式，〕"字"之為"道"。

④ "虗弜為之名曰大"：

"虗"，帛書甲、乙本作"吾"，王弼本此處無"吾"字。原注稱："'虗'，從'虍'聲，讀作'吾'。"

"弜"字，借為"強"。

"強為之名"的"名"，是一種稱名的方式，與上句"未知其名"有異。"稱名"之"名"，與"字"的作用相同，均如王弼所言，為"出乎我"的一種要求。

"大"，並非"大小"之"大"，意指一種"自立的存在"（見後文說明）。

《呂氏春秋·大樂》："道也者，至精也，不可為形，不可為名，彊為之，謂之太一。"《呂氏春秋》似乎是以"太一"解釋"大"。

此句意謂：我特意地將它稱名為"大"，（獨一、自有、自立的自存者）。

⑤ "大曰澨，澨曰連，連曰反"：

原注曰："'澨'，待考，今本此處為'逝'字。"

趙建偉先生云："在此讀為澨，訓為氾。"

"連"字之後，釋文以"〈〉"符號寫入"遠"字，似"遠"字之誤。

魏啟鵬先生云："連，讀為遭，二字古音同屬元部，其聲章、端為舌音準雙聲，故得通借。〈離騷〉：'遭吾道夫崑崙兮。'"王逸注："遭，轉也。楚人名轉曰遭。"案遭、轉古音同。姜亮夫《通故》曰："蓋遭乃南北諸子通用之字，而已遭為轉旋義，則唯楚人用之也。"

"曰"，可作"而"或"則"解。

通行本《老子》第 14 章也用類似的表達方式，來說明"道"的不可界定性。其言曰："視之而弗見……此三者不可致詰，故混而為一。一者（據帛書補），其上不皦，其下不昧，繩繩不可名，復歸於無物。是謂無狀之狀，無物之象，是謂惚恍。"

此段意謂：〔自有、自立、自存而獨一的〕"大"，同時也可說是：〔周流不息、運作不已的〕"逝"；〔周流不息、運作不已的〕"逝"，同時也可說是：〔無垠無際、包容周遍的〕"遠"；〔無垠無際、包容周遍的〕"遠"，同時也可說是：〔環周運作、自顯自爲的〕"反"。

⑥ "天大、陸大、道大，王亦大"：

"天大，地大，道大，王亦大"，帛書乙本與今本均作："道大，天大，地大，王亦大。"簡文似乎強調"天、地"，"道、王"間的聯繫。

先秦文獻中有用"大"來說"天"、"地"、"人"者，如："夫天地者，古之所大也，而黃帝堯舜之所共美也。故古之王天下者，奚爲哉？天地而已矣。"（《莊子·天道》）"明參日月，大滿八極，夫是之謂大人。"（《荀子·解蔽》）

此句意謂："天"、"地"、"道"、"王"，是分別確立於不同向度的獨一成立者。

見於古典文獻者：

寗越欲干齊桓公，困窮無以自達，於是爲商旅，將任車，以商於齊，暮宿於郭門之外。桓公郊迎客，夜開門，辟任車，爝火甚盛，從者甚眾。寗越飯牛車下，望見桓公而悲，擊牛角而疾商歌。桓公聞之，撫其僕之手曰："異哉，歌者非常人也！"命後車載之。桓公及至，從者以請，桓公贛之衣冠而見，說以爲天下。桓公大說，將任之，群臣爭之曰："客、衛人也。衛之去齊不遠，君不若使人問之。問之而故賢者也，用之未晚。"桓公曰："不然。問之，患其有小惡也。以人之小惡而忘人之大美，此人主之所以失天下之士也。"凡聽必有驗，一聽而弗復問，合其所以也。且人固難合也，權而用其長者而已矣。當是舉也，桓公得之矣。故老子曰："天大，地大，道大，王亦大。域中有四大，而王處其一焉。"以言其能包裹之也。（《淮南子·道應訓》）

上段《淮南子·道應訓》的資料，是以《老子》的文句來解證人主的包容。"王"爲"域中四大"之一，顯然具有與"地、天、道"三者對稱的地位與作用。"王"擁有天下，爲天下之人的表徵。"王"與"地、天、道"，四者構成哲學探索的論域。它們共同組成以"名"所形成的"物域"。《老子》此處四個語詞，均爲思辨解析的觀念。《淮南子》的引證，卻將它應用到人主實際作爲的說明上，與《老子》的原義不同。

⑦ "國中又四大安，王尻一安"：

"國"字，帛書甲、乙本同，王弼本作"域"。

"尻"，居也。《玉篇·儿》："尻，與居同。"《楚辭·天問》："崑崙縣圃，其尻安在？"洪興祖補注"尻與居同。"《說文·儿部》："尻，處也。从尸得几而止。《孝經》曰：'仲尼尻。'尻，謂閒居如此。"段玉裁《注》："凡尸得几謂之尻。尸即人也。引申之尻凡處之字。既又以蹲居之字代尻，別製踞爲蹲居字，乃致居行而尻廢矣。"

李零先生云："尻，乃'處'字。'處'與'居'音義相近，但不是一字，似不必注爲'居'。"

"安"字，借爲"焉"。

此段意謂：在物的表達之域中，有四個向度的獨一成立者，而"王"是四者之一。

⑧ "人法陞，陞法天，天法道，道法自狀"：

"法"，指取法。王弼曰："用智不及無知，而形魄不及精象，精象不及無形，有儀不及無儀，故轉相法也。道順自然，無故資焉；天法於道，地故道焉；地法於天，人故象焉。"

"人、地、天、道"指"國（域）中"成立的四大要素。

"自然"爲萬物存在的本然。王弼曰："自然者，無稱之言，窮極之辭也。"

此段意謂："人"取法於"地"〔，而成立爲"人"。〕"地"取法於"天"〔，而成立爲"地"〕"天"取法於"道"〔，而成立爲"天"〕"道"取法於"域"的邊際性"自然"〔，而成立爲"道"。〕

【資料研究】

此章寫於竹簡編號第 21 簡至第 23 簡上段，屬於甲本第 2 組竹簡。全文對應王弼本第 25 章。關於此章資料的問題，下面分兩點來說明：

第一、簡文 "𦥑" 字顯示的意義：

"𦥑" 字，《郭店楚墓竹簡》釋文中，僅將原字形以正楷刊出，而於注中曰："从 '𦥑' '百' 聲，疑讀爲 '道'"。但該書〈五行〉篇 36 行也有 '𦥑' 字，裘先生比較此二處的情況，認爲此字："疑讀爲 '狀'。" 帛書甲、乙本與今通行各本均作 "物"。因此，《老子》此句，就出現作 "道"、"狀" 與 "物" 的三種可能。雖然，"𦥑" 字，就字形來說，一般認爲應讀作 "狀"。我們還是先從通行本作 "物" 的方向，來思索三者間是否具有觀念上的聯繫。

《老子》此章，是談論天地萬物始源問題的章節之一。其他的有第 1 章、 4 章、 14 章、 21 章、 32 章、 34 章、 37 章、 40 章、 42 章、與第 51 章等。這些《老子》的資料，均瀰漫著一種神祕、幽隱、玄遠的思想特性。它們所表述的內容，與當時受到周禮制度影響下的思想傳統，是非常不同的。可是，《老子》思想的發生，畢竟是在周文化的建立與完成之後。這種 "不同"，就不能僅從二者對立的層面來比較，而必需從它們之所以各別成立的始源根基上，來加以分析與說明。

在上述的章節中，均以 "道" 的觀念來指涉 "始源"。其實，周禮之所以得以建構與推衍，同樣是建基在屬於周文的始源上。這便是以 "文王之德" 獲取天命的 "天" 或 "帝"。《老子》這些章節中所提到的 "道"，必須回應著相同於 "天" 或 "帝" 所發生的意義與作用來瞭解。只是因爲在 "文王之德" 的觀念中，"德" 表現著深刻人倫的價值，因此，以 "天" 或 "帝" 所顯出的宗教意含，就必然帶有濃厚的人文特性。而《老子》思想中的 "德" 與 "文王之德" 的 "德" 不同，它是一種消除了人倫性質之後，純粹指涉著萬物自 "得" 的本質，與自 "立" 的本然。因此，以 "道" 所可能彰顯的意含，就應當追溯到人文之前的原始狀態中去。《老子》第 25 章的資料，提供我們思考這個問題極佳的一個線索。因爲，在哲學性的要求中，這種 "原始的狀態"，並非人類學、或民族學意義上的原始宗教，而是一種始源之 "物" 的呈顯。而面對這種始源之“物”的呈顯狀態，形成了所謂古典哲學的探討方式——“思辨”。

我們提到，《老子》中有部份資料，清楚地表現了一種與之前文獻不同的純粹思辨性。如以“無名”、“有名”或“無”、“有”爲哲學觀念，就是一種新的哲學探索方式。我們思考：這種純粹觀念的思辨性是如何形成的？它來源於何處？針對著何事？

假如中國哲學的發生與《老子》一書的形成，有著不可分隔的緊密關係，那麼，這種藉諸思辨的觀念來進行思想探索的方法，就應當是中國“哲學”建構的根基。我們稱之爲“思辨”。“思辨”不是人倫間的道德驗證，它也不是“敬受天命，撫育萬民”之“王”的體現方式。因此，“思辨”是“爲道者”，以“人”的身分，不再以“周禮之德”的方式，重新面對曾經以“天”或“帝”在周人建國之初所顯現於前的那個事物。“那個事物”，或許就是帛書兩本抄寫之《老子》原本，以“物”字所指涉的那個“物”。

那個“物”的發生就是始源的展現，如同周人所得“天命”之“天”爲其立國建制的根基一樣。但“物”不是宗教性的“天”或“帝”，它具有思辨的觀念性質。面對那個“物”的方式，也不再是保天之命的德政，祭天之禮的“對越”，而是我們所稱的“思辨”。

因此，“思辨”具有幾個特性：首先，它超離了人倫價值體現的規制，而回到“人”本質反省的可能；第二，它不再以“王”的身分，而以“人”來思索與反省人文始源的可能；第三，它以呈現“人”的意義的新方式，重新建立起人文規劃的可能。

就此種“思辨”的性質來看，似乎“簡文”的“䌙”字，更引發我們對於“思辨”發生時所處理問題的考慮。“䌙”，不太可能是“道”字，因爲它違反了此章極爲嚴謹的辨析與說明的結構。若“有道混成”在先，又說“不知其名，字之曰道”，這種論述是不合常理的。裘先生認爲疑讀爲“狀”，則頗合於此處的說明。“有狀混成”，指一種混成無形的情狀，具有神祕，不可知測的性質。但“䌙”字，很難從文字學的了解上，關連到通行本中的“物”字。因此，我們認爲《老子》的古時傳本，可能至少用了“狀”或“物”等字，來指涉天地萬物的始源。既然用來指涉“始源”的字有多種的可能，我們甚至可用“X”來思索它所發揮的意義與作用。（拙著〈古典時代“道原”問題探析〉，收於輔仁大學《哲學論集》第 30 期）從文字學方面既然不能確定《老子》對於“始源”的指稱，

145

是否我們可以從其他的方向來探索這個問題？下面嘗試提出一種不太成熟的看法。

在簡文《老子》中，使用了"趙"與"衍"二字，它們的結構都與"行"的偏旁有關。"趙"字，是衍生自金文的"衛"字，從行，首聲。一般文字學家認為，"首"是聲符，與"道"字的組成義理無關。"道"是以"首"作為聲符的緣故，而寫出此字的。但以"首"作為聲符，"首"與"道"在發音之時，不是仍可能有意義上的關連？《說文》解釋"道"字曰："所行道也。"又謂"一達謂之'道'"。因此，從字義上來了解，"道"就是指"人行之路"並且是"通達無歧"之路。這不就與"行"相關，而且是從"通達"的方向來了解的嗎？能"通達"不就隱含著"引領"的意思？"引領"就有了與"首"的關連性了。"首"字有"始"的意義，《爾雅·釋詁上》："首，始也。""首"也有"首領"的意思，《戰國策·齊策六》："一匡天下，九合諸侯，為五伯首。"似乎"首"與"行"的結合，表現出"行"之"首"的意含來。

作為表達哲學中始源觀念的"道"字，是與"行"有關係的，而"始源"可以用"首"來指稱。這樣，以"道"的觀念取代了"天"或"帝"，就不只是僅藉著以"道"觀念所表達的思想來說明了。"道"字之為"天"或"帝"的取代者，就因為"道"字的意含，一方面與"天"或"帝"不同，另一方面又具有與它們相同指涉的可能。"道"字中的"行"，不就說明著，它與"天"或"帝"的不同，是在其非宗教意含的"自然運行"上，而其中的"首"字，不就是共同指向了"始源"的引領？

"衍"字是"行"字與"人"字的結合。簡文"衍"字，被釋讀為"道"，這種"人"在"行"中的字形，雖然可能只是"道"字的異體，或是當時人們書寫時隨意性的替換，但以之作為"道"觀念的表達，不也正強調著人當依據自然而行進的義理？

以"人所踐蹈者"指稱始源的"道"，說明這種"行"是人必須遵循的"行"。《老子》思想強調"法天道"，因此，這個"行"應當源自於"天行"，也就是自然的運作。自然運作中的主導者稱為"趙"，我們是否也可以設想，自然運作中的顯示的方式就稱為"衍"？由此，是否可接著推論說，"盾"字的組合與此種思考的方向是相關連的？

《望山楚簡》的〈一號墓竹簡釋文與考釋〉中，有一則為："己栖（酉）

之日，苟愴以牗"（《望山楚簡》頁 69），對於此字所從的"首"字的字形，考釋者稱："信陽楚墓竹簡 105 號'君子之道'與 116 號'行又（有）道'，'道'字所從之'首'作'百'，可證簡文此字是'首'字。《說文》'首'字小篆'百'與此形近。"《說文》即言："首，百同，古文百也。"所以，簡文"牗"字右邊之可釋爲"首"，是與"趙"字的組成有關連的。那麼，"牗"字中的"首"，是否在此字指涉"始源"的作用中，發揮了"首"的意含？

"牗"字的左邊是"爿"。孫海波《甲骨文編》曰："《說文》有'片'無'爿'，《六書故》云：'唐本有《片部》……。'古文一字可以反正互寫，'片'、'爿'當是一字。"《說文·犬部》曰："狀，犬形，從犬爿聲。"因此，"牗"字的"爿"，被視爲聲符，而把"牗"字釋讀爲"狀"。這相當符合《老子》的哲學用語。《老子》第 14 章，在說明始源的不可知性之後，將它的發生標顯爲"混一"，而稱之爲"無狀之狀，無物之象，是謂惚恍。""無狀之狀"的"混一"，與此章"混成"的"有狀"，是可以相互呼應。

《老子》此章，不但標顯出始源之"首"，同時展現出一個思辨的名域。以"不知其名"作爲邊際的限定，以"強字之曰"、"強名之曰"展現著"名"的作用，再以"域中有四大"的遞相法效，而導向於"自然"。是否因爲此章關涉著對"名"的分析，而特意地使用了像"牗"這個特殊的字形？

趙建偉先生在其近作中更以"象"來釋讀"牗"字，並提出"狀"、"象"與"物"三者間，哲學意義的關連。他說：

> "狀"與"象"音義本相通。"物"可訓爲"象"，如《易略例》："物，象也。""物"與"象"亦常互作，如《老子》第十四章："復歸於無物"，蘇轍本作"復歸於無象"；同章"是謂無狀之狀，無物之象"，作"無象之象"。由於這個緣故，所以竹簡本作"有象混成"而帛書本、今本作"有物混成"。……在《老子》中，"象"、"物"對舉或連言時，"象"均在前。如第二十一章"惚兮恍兮，其中有象。恍兮惚兮，其中有物。"之所以"象"在"物"前，按照吳澄的解釋是"形之可見者曰物，氣之可見者曰象。"《繫辭》"在天成象，在地成形"，可感知的資始之氣在前而能觸覺的資生之物在後，亦是此理。因此，"有象混成"似較"有物混成"更爲準確，更爲原始，更接近《老子》原本。

趙先生的解釋，同樣使我們注意著古典哲學始源之事的表達。因此，"狀"字寫成"牆"，應當重新激發我們對於《老子》思想中"始源"問題表達方式的思索。使"始源"之物，得以成爲始源，這是古典哲學思辨語言的創造與發生。因此，不論是將之稱爲"道"，或指爲"物"，或寫爲"牆"以作爲"狀"、"象"的假借，這不都是一種創造性的發生？

從哲學思索的要求來看，如果我們只是將"牆字"釐訂爲"狀"，我們就藉著"狀"的明確字義，範限了"牆"字多向指涉的可能。簡文的"牆"字，原先或許是意指著"狀"，或與"道"相通。但當我們所面對的是"有狀混成"這種始源之情狀時，似乎"狀"或"道"字的界定意含，不如從"牆"字所呈現的思辨性多元指向，更能開顯著"始源"的始源性設想。因此，我們必須警覺到，在古典哲學純然的大想像之中，"牆"與"道"的作用是相通的，同樣地，它也是那個以"物"、"象"的"混成"性徵所指涉的始源者。

第二、"國中有四大"的問題：

"四大"、"域"與"自然"，是《老子》哲學中一組根基性的思辨觀念。"四大"之"大"具有相當特殊的意含，我們試從《老子》書中關於"大"字的不同用法來加以分析。

"大"字，在《老子》書中一般是指與"小"相對之"大"，如"大國"、"大軍"、"大患"等。有時，也引申爲一種推崇的敬詞，如"大丈夫"、"大匠"等。

但《老子》書中的"大"字，卻時常被賦予了哲學的意義，用來表達一種"極致性"的指涉作用。這種用法的"大"字，主要表現爲：

第一、以"大"消除個別性質成立的條件，如："大制不割"、"大象無形"、"大器免成"、"大方無隅"等。因爲，有"制"，則必有"割"；有"象"，則必有"形"；有"器"，則必有"成"；有"方"，則必有"隅"。以"大"加於這些"字"前，是爲著消除這些個別性質的限制，而指向一種"極致性"的特殊狀態。

第二、以"大"否定了個別性質的相對關係，如："大白若辱"、"大成若缺"、"大盈若沖"、"大直若屈"、"大巧若拙"、"大辯若訥"。

"白"、"辱","成"、"缺","盈"、"沖","直"、"屈",
"巧"、"拙"、"辯"、"訥",是相互對立的。以"大"加於這些"字"
前,是爲了消除這些個別性質的相對關係,同樣指向一種"極致性"的特殊狀
態。

在這種極致性狀態的指向中,就出現如"大道"、"大順"等對於"始
源"的說明。同時,也在這兩種"大"意含之上,進一步出現了以"大"的形
容來指涉實體性的事物。如,將"大"作爲萬物的歸趨:"萬物歸焉,而不爲
主,可名爲大。以其終不自爲大,故能成其大。"(《老子》第34章)。這種"成
其大"的"大",具有可"名"爲"大"的實體性內涵。

《老子》此章"大"字的用法,是建立在上述幾種意義的使用之上,直接
指涉著極致性的實體。它一方面用來指稱"又牆蟲成",一方面用來表徵"國
中四大"中的"四者"。我們把前一"大"字,解釋爲"獨一的自有、自立、
自存者",後一"大"字,解釋爲"分別確立於不同向度的獨一成立者"。"獨
一"是說"大"的唯一性,即,不在殊多的對立關係中;而"自有、自立、自
存"是指"大"的自足性,也就是,不具有形物相待相生的性質。"四大"的
"大",因爲是分別確立於不同向度的獨一者,所以它的唯一性只屬於其所在
層面中的"唯一"。同樣地,它的自足性只屬於其所在層面中的自足。

以"大"作爲"又牆蟲成"的稱名,就形成兩個推衍的方向:

一是"字之曰大",所以"大曰澨,澨曰遚,遚曰反"。"字之曰大"的
推衍是:"大"是"自有、自立、自存而獨一"者,因此,它周流不息,運作
而不已;此種不已的運作,指向了無垠無際,包容而周遍;但周遍的運作,卻
是自顯自爲,恆常復返於終始一如的環周。這是對以"大"的稱名來顯發"混
成之牆"的情狀。

一是"國中有四大",因"稱名"而確定"國中"範域構成因素的解析。
"國"或"域"是一個哲學性的語詞。《說文‧囗部》:"國,邦也。"又《戈部》:
"域,邦也。"又"或"字《說文》:"邦也。從囗,從戈以守一。一,地也。
'域',或又從土。"因此,"國"、"域"、"或",三字同義,異體而同
源。"或"字在以"保卣"爲名的銅器銘文中,保存了古時完整的寫法,其左
爲"回",右爲"戈"。"回"即"或"字的初文,其中間部份的"囗"形,象

人居住的區域，其外面的“□”形，是用來指示對“口”的確定。“回”即有“區域、範圍、圍守”之義。“域”字古僅作“回”，後增“戈”強調“守衛疆域”。（參閱《金文形義通解》下卷頁 2249）因此，《老子》此章使用“國中”一詞的哲學性作用，是以“強爲之名”的方式，確定了“道”的探索領域。這種方式，是在“稱名”之域，以思辨的方法來解析天地萬物的運作。而“人”、“地”、“天”、“道”，就表現著四個向度的成立者。

　　所謂“國中有四大”，“天”、“地”、“道”三者之外，《老子》或用“人”字，或用“王”字來指稱第四者。“人”與“王”，二者本質上是相同的。“人”是指面對“天”、“地”與“道”，那個顯示著“人”之存在意義的獨一者，而“王”是指在“天”、“地”之間，如同周人所稱能夠“對越在天”的“王”般，作爲承擔萬民之任的中介者。

　　“人”、“地”、“天”、“道”，四者具有一種遞相轉換的遵循的關係。在遵循取法的程序中，所取法者，分別成爲各自存在的根由。“人”因爲取法於“地”以成就了“人”的本質，也就是說，人在“地”的存在之上，而能得其處位。“地”因取法於“天”，以成就了“地”的本質，也就是說，“地”在“天”的覆罩之下，而能得到安止。“天”因取法於“道”，以成就了“天”的本質，也就是說，“天”在“道”的環周恆常之中，而能運行不息。“道”因取法於“域”的邊際性標誌——“自然”，而成就了以“道”爲“名”的論述，也就是說，“道”之所以界定爲始源的運作，必須以“域”來作爲邊際性的限定。“道法自然”之“法”，就是發揮著邊際性的作用。爲了顯示這個邊際性的作用，《老子》創造了“自然”這個語詞，與這個語詞所指涉的那種邊際的作用。

　　《老子》此章的說明結構，實際上就在標示“邊際”的作用：

<pre>
有脂混成   可以為天下母
      未知其名   字之日 “道”
                吾強為之名日   “大”
                          大日遠，……
                          國中有四大
                          人法地……道法（自然）
</pre>

　　"可以"、"字之"、"強爲之名"，這種表達的方式，可視爲是對"有
牆混成"所提出"邊際"性設定的肇端。而"自然"則是"邊際"終結的限定。
因此，"道法自然"句，一方面回應著"可以爲天下母"的要求，以"道"顯
現"始源"的作用，另一方面也符應著"字之"與"強爲之名"的始端界定，
限制在"域"中所稱名的四大之一。這樣，所謂"自然"一詞的作用，就在邊
際的終止處，指向以"有牆混成"與"未知其名"兩句所指涉的非稱名性內容。

　　"自然"之"然"，是一個表示肯定的語詞，而肯定性的回覆，也就是探
問展現的結束。"自"既然可以用作萬物各自的稱呼，以"自"所表現的"然"，
就應該排除一切探問的可能，而指向著萬物自身的運作。"自然"不是"稱名"，
"自然"不是實有所指的對象，它顯示著一切稱名之域的邊際，並在邊際的作
用中，指向著萬物自然而他然的恆常運作。

　　"自然"的邊際性質，與"有牆混成"的發生情狀，相互映照。二者間所
顯示的是：它"先天地生"，以此展現了涵容萬物的"天地"之域。它"可以
爲天下母"，以此開啓了探析萬物基礎的"道論"。在"道論"的探索中，"道"
與"大"的稱名得以界定，並形成了整個稱名之"域"。這個稱名之"域"，
就是中國古典哲學得以展現的根基。

　　"四大"之"大"、"域"與"自然"，是《老子》哲學的核心觀念。它
們的作用是哲學性的，因此，這些字詞的意義，或許也就要從哲學的思辨結構
上來瞭解。

☆

19；66；46 中下；30 上中；15；64 下；37；63；2；32；／25；

5中；／16 上；／64 上；56；57；／55；44；40；9

天陞之勿，其猶囧籥與？
虛而不屈，蓮而愈出。（二十三）

（竹簡文字）

天陞（地）之刃（間）①，其猷（猶）囙（橐）籠（籥）與②？虛而不屈，邅（動）而愈出③。

〔天地不仁，以萬物爲芻狗。聖人不仁，以百姓爲芻狗。〕**天地之間，其猶橐籥乎？虛而不屈，動而愈出。**多言數窮，不如守中。（王弼本）

〔天地不仁，以萬物爲芻狗；聲（聖）人不仁，以百省（姓）〔爲芻〕狗。〕天地□□，□猶橐籥與？虛而不溫（屈），躥（動）而俞（愈）出。多聞數窮，不若守於中。（帛書甲本）

〔天地不仁，以萬物爲芻狗；耴（聖）人不仁，〔以〕百姓爲芻狗。〕天地之間，其猶橐籥與？虛而不溫（屈），勭（動）而俞（愈）出。多聞數窮，不若守於中。（帛書乙本）

天地不仁，以萬物爲芻狗。聖人不仁，以百姓爲芻狗。**天地之間，其猶橐籥乎？虛而不詘，動而俞出。**多言數窮，不如守中。（傅奕本）

【文字釋析】

① "天陞之刃"：

此句之前，帛書甲本有"天地不仁，以萬物爲芻狗；聲人不仁，以百省〔爲芻〕（據乙本補）狗"。

"刃"，帛書甲、乙本均殘，王弼本作"間"。原注稱："間，簡文寫作'羽'。曾姬無卹壺銘文'間'字作'關'，簡文則省去'門'，仍讀爲'間'。"

② "其猷囙籠與"：

"囙籠"，帛書本與通行本，均作"橐籥"。

原注曰："'囡'，从'口''乇'聲，讀作'橐'。"

"籚"字，假爲"籥"。吳澄曰："橐，治鑄所以吹風熾火之器也。爲函以周罩於外者，橐也；爲轄以鼓扇於內者，籥也，天地間由橐籥者，橐象太虛，包含周遍之體；籥象元氣，絪縕流行之用。不屈，謂其動也直；愈出，謂其生不窮。"

《莊子·大宗師》曰："以天地爲大鑪，以造化爲大冶。"似出自《老子》此處。

③ "虛而不屈，蓮而愈出"：

"蓮"，帛書甲本作"躘"，乙本作"勭"，王弼本作"動"。"蓮"、"躘"與"勭"三字，均假借爲"動"。

《禮記·樂記》："陰陽相摩，天地相盪，鼓之以雷霆，奮之以雷雨，動之以四時，煖之以日月，而百化興。"〈樂記〉篇所言"相摩"、"相盪"、"鼓之"、"奮之"，發揮簡文《老子》此章意旨。

此句之後，帛書甲、乙本有"多聞數窮，不若守於中"，王弼本"聞"作"言"，而無"於"字。

此章意謂：上天與大地之間，就像似風箱的運作一般。在其空曠的虛無之中，涵藏著永不竭盡的潛能，而在其興起的發動之中，運發著承續不已的生存。

見於古典文獻者：

> 王壽負書而行，見徐馮於周。徐馮曰："事者，應變而動，變生於時，故知時者無常行。書者，言之所出也，言出於智者，知者不藏書。"於是王壽乃焚其書而舞之。故老子曰："多言數窮，不如守中。"（《淮南子·道應訓》）

上段《淮南子·道應訓》資料，襲自《韓非子·喻老》。〈喻老〉篇用《老子》"學不學，復歸眾人之所過也"句，來解證"王壽復之，是學不學也"。〈道應訓〉此處文字，也見於《文子·道原》，但於"多言"句後，另引《老子》兩節，"絕學無憂"與"絕聖棄智，民利百倍。"這些跡象顯示，

《老子》解經傳承的資料，似乎前後分別保留在上述三書中。〈道應訓〉中"言"的意義，與《老子》"多言數窮"之"言"不同。前者指原創性的思想，而後者指人文性的規劃。

【資料研究】

此章寫於竹簡編號第 23 簡，章尾有墨點。全文對應王弼本第五章中段。由於此章資料僅爲王弼本第五章的部份，我們試比較二者前後文之間的關係。

簡文接於對應通行本《老子》第 25 章之後。簡文這兩章的資料連續寫於竹簡編號 21 至 23 的四枚竹簡上。二者之間以墨點區隔。因爲編號 21 的竹簡，以"有狀蟲成"開始，而編號 23 的竹簡，"蓮而愈出"之後有墨點，且餘有五、六字的空白，因此，這兩章的竹簡被分成一組。這一組原來可能不只四枚竹簡，"有狀"之前或許接續其他竹簡。但就資料的編排型式來看，它極可能是甲本中的一篇。由於竹簡的殘損，可惜已無法復原。

假如此章原來就接於今本 25 章之後，那麼在帛書本與王弼本中，就顯示出後人整理時的增衍或闡釋。此章與其前後文的資料，帛書兩本與王弼本的差異不大，我們引用王弼本此章的前後文，來做些分析。

> 道沖而用之，或不盈。淵兮似萬物之宗。挫其銳，解其紛，和其光，同其塵，湛兮似或存。吾不知誰之子，象帝之先。（以上〈第四章〉）天地不仁，以萬物爲芻狗。聖人不仁，以百姓爲芻狗。天地之間，其猶橐籥乎？虛而不屈，動而愈出。多言數窮，不如守中。（以上〈第五章〉）谷神不死是謂玄牝。玄牝之門是謂天地根。綿綿若存，用之不勤。（以上〈第六章〉）

王弼本的前後兩章，同樣是說明"道"的自然情態，與其爲萬物始源的運作。可是，"天地不仁，以萬物爲芻狗。聖人不仁，以百姓爲芻狗"、"多言數窮，不如守中"兩段，卻表現出一種告誡似的作用。"聖人"與"言"（帛書作"聞"）涉及著人文性事物的處置，"聖人不仁"與"多言數窮"強調著以始源性的復返來面對人文的世界。這種說明的方式，類似《老子》中"是以聖人……"的表達語法。因此，我們或許可以假設，通行本《老子》第五章的資料經過了增添，而編入到第四章之後，第六章之前。

那麼，簡文此章是否也與這種情形一樣？

首先，簡文此章並未出現 "仁" 字。簡文《老子》全部資料，僅乙本之 "古大道發，安有悬（仁）義"，出現過 "仁" 字一次。此句一般解釋為： "大道廢"，然後出現 "仁義"。但這並不是正面地批判著 "仁義"，而是說明：在人文建構的過程中， "仁義" 是對始源性自然的離逸。但它也可能意謂：大道廢棄了之後，哪裡還有仁義作用的可能？（參見簡文《老子》丙本對應王弼本第 18 章說明。）帛書與通行本中的 "絕仁" 與 "不仁" 等觀念，均未出現於簡文《老子》。當然，這種資料或許載錄於簡文缺失的部分中，但從簡文對應今通行本 19 章不見 "絕仁棄義" 來看，簡文似乎屬於《老子》較原始的文本。這種思想當是隨著道家後來的發展，逐步地摻入到《老子》一書之中。

其次，簡文此章在義理上，直接連續著前文對應王弼本第 25 章的思想。前章中 "天"、 "地"，雖僅為域中四大的兩個組成因素。但 "天地" 一詞連用時，《老子》書中，時常指萬物運作之域。前章既然提出 "自然"，接續談到天地運作的功效，這在資料的安排上是相當連貫的。至於帛書與通行本多出的文字，或許是不同《老子》傳本的記載。

帛書老子與今通行本的關係較密切，二者間文字的差異不大。但帛書兩本的分篇而未分章，曾經引其我們極大的注意。若只就文字資料，大體說來，簡文與帛書等的文本，也不具本質性的差異。簡文的文字，幾乎全見於帛書等文本。但，簡文資料的編排，與其不同於其他各本的句序，卻顯現出一些重要而凸出的問題。其中關涉到《老子》思想的發展，與《老子》文本的流傳。

何謂《老子》的原始文本？我們實際上無法作答。但不論是簡文《老子》，或是其他見於今日的各種文本，都在戰國期間，經過後人的增衍改編。簡文《老子》的出土，更增加對於此事的認知。簡文此章僅對應今通行各本第五章的中段，而其前後的文字，極可能就是編輯者所加的一種闡發。

雖然我們提出這種設想與猜測，簡文的資料仍然可能僅是一種節錄。也就是，簡文此章的抄寫是摘錄了類似帛書《老子》文本第五章的資料。只是這種可能性比較小些。

☆

19；66；46中下；30上中；15；64下；37；63；2；32；／
25；5中；／16 上；／64上；56；57；／55；44；40；9

至虛，亙也；獸中，篤也。

萬勿方复，居以須復也。

天道員員，各復其堇。（二十四）

至虛，亙（恆）也；獸（守）中，箅（篤）也①。萬勿（物）方（旁）复（作），居以須復也②。天道員員，各復其葷（根）③。

致虛極，守靜篤。萬物並作，吾以觀復。夫物芸芸，各復歸其根。〔歸根曰靜，是謂復命。復命曰常，知常曰明；不知常，妄作，凶。知常容，容乃公，公乃王，王乃天，天乃道，道乃久，沒身不殆。〕（王弼本）

至（致）虛，極也；守情（靜），表（篤）也。萬物旁（並）作，吾以觀其復也。天（夫）物雲雲，各復歸於其〔□。〔□□□〕靜，是胃（謂）復命。復命常也，知常明也；不知常，帝（妄），帝（妄）作，凶。知常容，容乃公，公乃王，王乃天，天乃道，〔道乃久〕。沕（沒）身不怠（殆）。〕（帛書甲本）

至（致）虛，極也；守靜，督（篤）也。萬物旁（並）作，吾以觀其復也。天（夫）物祜祜，各復歸於其根。〔曰靜，靜，是胃（謂）復命。復命常也，知常明也；不知常，芒（妄），芒（妄）作，凶。知常容，容乃公，公乃王，□□天，天乃道，道乃□。沒身不殆。〕（帛書乙本）

致虛極，守靖篤。萬物並作，吾以觀其復。凡物魴魴，各歸其根。〔歸根曰靖，靖曰復命。復命曰常，知常曰明；不知常，妄作，凶。知常容，容乃公，公乃王，王乃天，天乃道，道乃久，沒身不殆。〕（傅奕本）

【文字釋析】

① "至虛，亙也；獸中，箅也"：

"至"，與帛書甲、乙本同，王弼本作"致"。"至"字，當讀作"致"。

原注曰："'亙'，各本均作'極'。簡文'恆'（即《說文》'恆'字古文），與'亟'字形近易混。'恆'，常也。"

李零先生云："'亙'，戰國秦漢時期往往與'極'混用，應是'極'的錯字。"

"獸"字，假爲"守"。

"中"字，帛書甲本作"情"，乙本與今本作"靜"。簡文"守中"似來自不同傳本。

帛書乙本第 4 章曰："道沖，而用之有弗盈也。"第 5 章有"多聞數窮，不如守中。"。第 45 章曰："□盈如沖，其□□□。"帛書甲本："大盈若浊，其用不窮。""中"可假爲"盅"或"沖"，而"浊"又爲"盅"的別體，因此，"中"可以解釋爲"盅"，《說文·皿部》："盅，器虛也。"可是，此處"中"與"虛"二句，相互對稱，不當語意重複。"守中"之"中"，不是指"虛"，而當如第 5 章"不如守中"的"中"。"中"指出一個處所或位置，也就是本質的所在。萬物各有所在，即各守其"中"，以得其本然。

"篤"，帛書甲本作"表"，乙本作"督"，王弼本作"篤"。帛書整理小組認爲"'表'或是'裻'字之誤。"

《說文·衣部》："裻，被縫。"段玉裁《注》："此則與上'褍'義同。〈深衣〉'負繩及踝'注云：'謂裻與後幅相當之縫也。'按'後幅'當是'裳幅'之誤，衣與裳正中之縫相接也。"《國語·晉語一》："（晉獻公）使申生伐東山，衣之偏裻之衣，佩之以金玦。"韋昭注："裻在中，左右異，故曰偏。"《說文·竹部》："篤，厚也。從篤竹聲。讀若篤。"段玉裁《注》："篤，篤亦古今字。"

簡文"篤"字，疑假借爲"裻"。"守中，篤也"，意指"以守中爲處正"。

簡文與帛書兩本均有"也"字，王弼本無。一般多讀作"致虛極，守靜篤"，而解爲"聖人持守虛靜之道，守之極篤而勿失耳"（蔣錫昌《老子校詁》頁 100）。但王弼注曰："言致虛，物之極篤；守靜，物之真正也。"顯然王弼所注的文本，與簡文、帛書思想相近，恐原亦有兩"也"字。

此兩句意謂：致虛是恆常的情狀，守中是處正的樣式。

162

② "萬勿方爯，居以須復也"：

"方"，帛書甲、乙本均作"旁"，今本作"並"。《說文・方部》：
"方，併船也。"徐灝《說文解字注箋・方部》："方之引申爲凡相併
之稱。"《儀禮・鄉射禮》："方足履物，不方足。"鄭玄注："方，
猶併也。"此處"方作"，意指"萬物共同表現的情勢"。《老子》51
章："道生之，德畜之，物形之，勢（帛書作"器"）成之。""方作"，
似指在"勢"或"器"兩條件中的展現。

"居"字，各本均作"吾"。"居"雖可能是誤字，但就簡文全章義理，
疑"居"爲本字。《玉篇・尸部》："居，安也。"《史記・秦始皇本
紀》："豈世世賢哉，其勢居然也。"因此，"居"有"安而得處"之
義。

"須"，待也，各本均作"觀"。《書・多方》："天惟五年，須暇之
子孫。"孫星衍《疏》："須者，《釋詁》：'待也。'"《楚辭・九
歌・少司命》："夕宿兮帝都，君誰須兮雲之際。"洪興祖補注引李周
翰云："須，待也。"

李零先生曰："居以須復也，意思是坐待其復。馬王堆甲、乙本和王弼
本作'吾'，皆'居'之誤。"

此兩句意謂：萬物並起興作，安然處之，則可待其始源性的復歸。

見於古典文獻者：

聖人忘乎治人，而在乎自理。貴忘乎勢位，而在乎自得，自得即天下
得我矣。樂忘乎富貴，而在乎和。知大己而小天下，幾於道矣。故曰：
"至虛極也，守靜篤也，萬物並作，吾以觀其復。"（《文子・道原》）

上段《文子・道原》資料，強調"自理"與"自得"，應當源自《老子》
"至虛"、"守靜"的觀念。其中"樂乎和"與"知大己"，與《老子》
強調"貴身"的思想相近。

＊

尹需學御，三年而無得焉，私自苦痛，常寢想之。中夜夢受秋駕於師。
明日，往朝，師望之，謂之曰："吾非愛道於子也，恐子不可予也。

今日將教子以秋駕。"尹需反走,北面再拜曰:"臣有天幸,今夕固
夢受之。"故老子曰:"致虛極,守靜篤,萬物並作,吾以觀其復也。"

(《淮南子‧道應訓》)

上段《淮南子‧道應訓》資料,見於《呂氏春秋‧博志》。所引《老子》
經文是作爲解證尹需篤志的專注,但其"寢想"、"夢受"的觀點,卻帶
有類似小說家的性質。這與先秦仙道家將《老子》思想中"致虛"與"守
靜"的觀念,看作修煉成仙的功夫,有著相同發展的方向。

③ "天道員員,各復其堇":

"天道員員",帛書甲本作"天物雲雲",乙本作"天物祛祛",王弼
本作"夫物芸芸"。傅奕、范應元二本均作"凡物賦賦",《莊子‧在
宥》引作"萬物云云"。簡文此句或有兩解:

其一:《說文》:"員,物數也。"又云:"賦,物數紛賦亂也。"段
玉裁《注》:"'紛賦'謂多,多則亂。"因此,"員"當爲"賦"字
之假。"賦賦"、"雲雲"、"祛祛",意義相同,均可通假,均指"紛
然雜陳"。這樣,簡文"天道"二字,就是"夫物"之誤。簡文此句,
當讀作"夫物賦賦",或"天(夫)物芸芸",與帛書同。李零先生曰:
"員員,簡文'詩云'之'云'作'員',應讀'云'。"

其二:"員"字,疑與"運"字相通。《墨子‧非命中》:"若言而無
義,譬猶立朝夕於員鈞之上也。"孫詒讓《墨子閒詁》:"員,上篇作
'運',聲義相近。"因此,"員員"或可解爲"循環的周轉",即"環
周"。"天道"二字不誤,意指"天道的環周運作"。若此爲《老子》
原意,則"雲雲"、"祛祛""芸芸",可能均因"賦賦"而假借爲"員
員"。

"堇",帛書甲、乙本與王弼本,均作"根",釋文以括號寫入"根",
似音近通假。

此章義理乃在提示:自然的運作,循環而往復,萬物雖然並起興作,但
均安然復歸其始源之根。此實指"天道"的運作。疑此"天道"二字,
恐不誤。簡文與它本的差異,或爲輾轉傳抄而有別。

【資料研究】

　　此章寫於竹簡編號第 24 簡。全文對應王弼本第 16 章前段。簡文之後，帛書與通行各本均有 "歸根曰靜……沒身不殆" 段。此簡章尾有墨點，並餘有五、六字間格的空白。簡文似把所抄寫資料作爲完整的一章。簡文此章文字與帛書或通行本差異較大。我們先將簡文全章的結構作一說明：

　　　A：至虛，亙也；獸中，篤也
　　　B：萬勿方复，居以須復也
　　　C：天道員員，各復其堇

我們用現代的語詞翻譯如下：

　　　A：致虛爲〔萬物存在的〕恆常；守中爲〔萬物存在的〕處正。
　　　B：萬物〔雖然〕並起而興作，若安然處之，則待其本質性的復歸。
　　　C：天道環周而運行，〔因此〕，萬物均各自復歸於它們的始源。

　　在這三層的結構中，A 句是說明 "萬物存在的本然性狀"。萬物以 "致虛" 爲恆常的展現，以 "守中" 爲處正的操持。所謂 "虛"，意謂無限包容的涵藏，而所謂 "中"，是指萬物運化遷變的準據。因而，萬物的 "達致於虛" 與 "護守於中"，就成爲它們存在的根本原理，也就是 "恆" 與 "篤"。B 句是說明 "萬物生存的樣式與其運作的本質指向"。萬物的 "方作"（並起興作）是指他們生存的領域，它們彼此關連，建立起個別物的殊異存在。"居" 是安處，說明萬物在其個別運作中的止息與安處。它是外向展現的反顧，也指一種本質性的回歸。在 "居" 的安止中，萬物方能有所 "待"。也就是說，萬物安然處於其本質，等待著、指向著它們發生的始源。C 句是說明 "天道環周的運行即體現爲萬物復歸的運作"。天道的運行，終而復始，萬物的興作，"方" 而有 "居"，"居" 而有 "復"。萬物的興作與復歸，也就是 "天道" 的環周。而 "天道" 的運行與 "萬物" 的運作，一爲萬物的始源，一爲 "天道" 的展示。在 "環周" 的運行中，表現著 "自然" 的本質。萬物體現著 "天道"，各自行其所然，各自得其所然，也就是以 "自" 表現其所 "是" 與所 "在" 的 "然"。

　　簡單地說，這個結構是以 "自然" 的觀念，來說明它在哲學中所發揮的三向作用。它指出：萬物自然之原理，萬物自然之運作，與萬物自然之實狀。

　　與簡文相比較，似乎帛書兩本與王弼本的資料，有了更多的闡釋與發明。其中的情況，爲：

> 致虛極……。吾以觀其復。
> 夫物芸芸，各復歸其根。
> 歸根曰靜，是謂復命。復命曰常。
> 知常曰明；不知常，妄作，凶。知常容，容乃公，公乃王，王乃天，天乃道，道乃久，沒身不殆。

　　簡文的“居”字，帛書等文本均改成“吾”字。“居”是指萬物的運作來說，而“吾”則成爲“爲道者”或“聖人”的自稱。這樣，順著“我”，原先屬於萬物運作的“須”，就變成聖人所操持的“觀”。這種文本，顯然把簡文所說明的自然原理，轉化爲聖人面對萬物運作時靜觀的領會。因此，在“復其根”之後，就接著增衍了雙向的闡釋與發揮。

　　“歸根曰靜……曰常”段，這對“歸根”的意義做了較爲詳細的說明。“歸根”是“復命”，復歸於“天道”所發生之萬物存在的根源。“曰常”，體現著“天道”環周運作的恆常。

　　“知常”段，以“知”開端，這說明了人對存在原理的一種認知。因此，接著就提到，“知常”則得存身的澄明，“不知常”，則陷入處身的凶亂。由“認知”的問題，發展到“倫理”的操持，極可能就是一種始源觀念之後的推演。而“容”、“公”、“王”、“天”、“道”所說明的人復歸性轉化的程序，更顯示出是對簡文所表達之“自然”觀念的應用與發揮。我們或許可將簡文與王弼本的思想結構，對應如下表：

> A：　吾以觀其復→　　　　　至虛，亙也；獸中，篤也。
> 　　　　　　　　　　　萬勿方复，居以須復也
>
> 天道員員，各復其堇　→　　　“夫物芸芸……復命曰常”　：B
> 〔至虛，亙也；獸中，篤也。
>
> 萬勿方复，居以須復也。　　　←“知常……沒身不殆”　：C
> 天道員員，各復其堇。〕

　　在 A 項中，“吾…觀”說明對於簡文中“自然之理”的領會。B 項，是對

簡文"歸根"意義的闡釋。C 項，是以倫理性的操持，建立起人之存身的原理。

我們這種解釋，是按照簡文資料所引發的一種哲學性探析。因為，仔細思考著簡文的文字，它的結構相當清晰而簡要，似乎表達著一種更為素樸的哲學思索。而帛書之後的文本，卻顯見推衍的痕跡。當然，簡文或許只是對於《老子》抄本的摘錄。若真是如此，則簡文中與今通行本文字與內容的差異，就可能僅是一些誤字、抄漏的問題了。尤其是"天道員員"句，早在《莊子‧在宥》，即引作"萬物云云"。而"員員"二字，一般的解釋均認為是"云云"之假。可是我們仍然感到一些不解的疑惑。"天道"、"萬物"、"天物"與"夫物"，這些不同的寫法，除了可能是誤字之外，是否還隱藏著某種思想內容解釋上的變化？其中，"道"、"物"二字的關連又當是如何？這些問題或許是不存在的。但若是從中確實顯露了一些對《老子》遠古傳本的可能設想，這就將改變了我們過去對於《老子》思想的既有瞭解與釋讀了。

＊

案：本書初版時，提出"天道員員"可能有"天道環周"之義。提出"員"可以釋讀為"運"，"員員"意謂："循環的周轉"，但並未獲得文字學方面的認同。後見魏啟鵬、趙建偉兩先生均持相同看法，經他們同意後，謹將兩人意見引述如下：

> 員，古圓字。《淮南子‧天文訓》："天道曰員，地道曰方。"同書〈原道訓〉："員者常轉，……自然之勢也。"員員：言其圓轉不已，周而復始，此天道環周之旨。參見帛書《十大經‧姓爭》："天稽環周。"《經法‧四度》："周遷（案：遷讀為旋）動作，天為之稽。天道不遠，入與處，出與反。"《經法‧論》："極而不反，天之姓也。"帛書本作"天物云云（乙本作"枟枟"），今本作"夫物云云"。案：《尚書‧武成》："暴殄天物。"孔疏："天物之言，除人外，普謂天下百物鳥獸草木。"今本訛為"夫〈天〉物"。皆與簡本文義差異極大。
>
> （魏啟鵬：《郭店楚簡老子柬釋》）

> "天道"，帛書本作"天物"，今本作"夫物"，《莊子》（〈在宥〉）、《文子》（〈上禮〉）作"萬物"。疑作"天道"是。"員"同"運"。（《墨子‧非命上》"譬若運鈞之上而立朝夕者也"，〈非命中〉"運"作"員"）。"員

167

員"蓋即運而不已之義。此言天道環周（《黃帝四經》‧姓爭），運而不已，萬物亦隨之各復其根。

（趙建偉：郭店竹簡《老子校釋》）

☆

19 ； 66 ； 46 中下 ； 30 上中 ； 15 ； 64 下 ； 37 ； 63 ； 2 ； 32 ；／ 25 ；
5 中 ；／ 16 上 ；／ 64 上 ； 56 ； 57 ；／ 55 ； 44 ； 40 ； 9 ；

其安也，易苽也。其未菆也，易悔也。

其毚也，易畔也。其幾也，易後也。

爲之於其（三十五）亡又也，

絅之於其未亂。合□□□□□困，

九成之臺甲□□□□□□□□（二十六）足下。

其安也，易枲（持）也①。其未菲（兆）也，易悔（謀）也②。其毚（脆）也易畔（判）③。其幾也，易後（散）也④。爲之於其亡又（有）也。絧（治）之於其未亂⑤。合□□□□□□困⑥，九成之臺，甲□□□，□□□□，□□足下⑦。

其安易持，其未兆易謀。其脆易泮，其微易散。為之於未有，治之於未亂。合抱之木生於毫末。九層之臺，起於累土。千里之行，始於足下。〔爲者敗之，執者失之。是以聖人無爲，故無敗，無執，故無失。民之從事，常於幾成而敗之。慎終如始，則無敗事，是以聖人欲不欲，不貴難得之貨。學不學，復眾人之所過，以輔萬物之自然，而不敢爲。〕（王弼本）

其安也，易持也。□□□□，□□□。□□□，□□□。□□□，□□□。□□□□□□，□□□□□□。□□□□，□□毫末。九成（層）之臺，作於羸（藥）土。百仁（仞）之高，台（始）於足□。〔□□□□□，□□□□□。□□□□□也，□无敗□，无執也，故无失也。民之從事也，恆於其（幾）成事而敗之，故慎終若始，則□□□□。□□□□欲不欲，而不貴難得之臏（貨）；學不學，而復眾人之所過，能輔萬物之自□，□弗敢爲。〕（帛書甲本）

□□□，□□□。□□□□，□□泮。□□□，□□□。□□□，□□□。□□□□□□，□□□□□□。□□□木，生於毫末。九成（層）之臺，作於虆土。百千（仞）之高，始於足下。〔爲之者敗之，執之者失之。是以耵（聖）人无爲□，□□□□；□□□，□□□□。民之從事也，恆於其（幾）成事而敗之，故曰：慎多（終）若始，則无敗事矣。是以耵（聖）人欲不欲，而不貴難得之貨；學不學，復眾人之所過；能輔萬物之自然，而弗敢爲。〕（帛書乙本）

其安易持，其未兆易謀，其脆易泮，其微易散。為之乎其未有，治之乎其未亂。合袌之木，生於豪末，九成之臺，起於累土，千里之行，始於足下。〔為者敗之，執者失之。是以聖人無為，故無敗；無執，故無失。民之從事，常於其幾成而敗之。慎終如始，則無敗事矣。是以聖人欲不欲，不貴難得之貨。學不學，以復眾人之所過。以輔萬物之自然而不敢為。〕（傅奕本）

【文字釋析】

① "其安也，易枲也"：

"枲"字，帛書甲、乙本與王弼本均作"持"。原注稱："'枲'，從'木''之'聲，讀作'持'。"

簡文《老子》甲本對應王弼本第9章，有"枲而涅之，不（不）若已。""枲而涅之"，王弼本作"持而盈之"，但帛書甲、乙本，"持"均作"揰"，《老子》第9章原文疑作"殖"。兩處"枲"字，用法不同。

"其"字，與下文三處"其"字，似均指萬物的個別運作。

"安"，指在萬物始源的安止狀態。"持"，指持守其本然。

通行本《老子》第67章，有"我有三寶，持而寶之。"

見於古典文獻者：

昔晉公子重耳出亡過鄭，鄭君不禮，叔瞻諫曰："此賢公子也，君厚待之，可以積德。"鄭君不聽。叔瞻又諫曰："不厚待之，不若殺之，無令有後患。"鄭君又不聽。及公子返晉邦，舉兵伐鄭，大破之，取八城焉。晉獻公以垂棘之璧假道於虞而伐虢，大夫宮之奇諫曰："不可。脣亡而齒寒，虞、虢相救，非相德也。今日晉滅虢，明日虞必隨之亡。"虞君不聽，受其璧而假之道。晉已取虢，還，反滅虞。此二臣皆爭於膝理者也，而二君不用也。然則叔瞻、宮之奇亦虞、鄭之扁鵲也，而二君不聽，故鄭以破，虞以亡。故曰："其安易持也，其未

兆易謀也。"（《韓非子·喻老》）

"其安也"兩句，原先極可能是諺語或格言，《老子》用來作為"始源"問題的辨析。《韓非子·喻老》仍將《老子》引文當作箴言似的意含來解證。《老子》書中有多處類似的文句，而一般也多從立身處事的角度來瞭解。但是《老子》表現著一種完整的哲學結構，並顯示出獨創性的思辨探索。因此，所謂格言或箴言似的資料，在這種思辨要求的哲學結構中所發揮的作用，應不限於僅為處世的準則或訓誡。

② "其未茪也，易悔也"：

"茪"，帛書甲、乙本殘，王弼本作"兆"。"茪"字，假為"兆"。

通行本《老子》第 20 章，曰"我獨泊兮其未兆，如嬰兒之未孩。"

"悔"字，假為"謀"。

"未兆"，指在萬物始源的潛藏狀態。"謀"，指思謀深慮。

③ "其霏也易畔"：

據原注稱："'霏'，王弼本作'脆'，《經典釋文》：'一作脆'，與簡文'霏'同聲旁。"

《遂州道德經碑》，此字作"毳"。"毳"，《說文·毳部》："獸細毛也，從三毛。""霏"字，意指"柔細的狀態"。"霏"可通"脆"，但將"霏"解為"脆弱"之"脆"，恐與《老子》義理有別。

"畔"，帛書兩本均殘，王弼本作"泮"，景龍、御注、景福、敦煌庚辛壬諸本作"破"。范應元注："王弼、司馬光同古本。""泮"與"畔"二字，似均假為"判"。《廣雅·釋詁一》："判，分也。"《國語·晉語一》："今君起百姓，以自封也。民外不得利，而內惡其貪，則上下既有判也。"韋昭注："判，離也。"此處，"畔"，指分辨。

④ "其幾也，易後也"：

"幾"字，王弼本作"微"。《說文·丝部》："幾，微也。"《易·繫辭下》：" 子曰：'知幾其神乎？君子上交不諂，下交不瀆，其知

173

幾乎？幾者，動之微，吉之先見者也。君子見幾而作，不俟終日。’”
韓康伯注：“吉凶之彰，始於微兆。”“幾”與“微”，均指始源的精
微。

“後”，帛書甲、乙本殘，王弼本作“散”。“後”同“踐”。《說文·
彳部》：“後，迹也。从彳，戔聲”。“易踐”，指易於履行。

以上數句意謂：在萬物始源的安止狀態之中，易於持守本然；在萬物始
源未見兆端之中，易於思謀籌慮；在萬物始源的柔細質樸之中，容易辨
別判析，在萬物始源的精微情狀之中，易於動作履行。

⑤ “爲之於其亡又也。紓之於其未亂”：

兩“其”字，通行各本均無。

“紓”，帛書甲、乙本殘，王弼本作“治”。“紓”字，似假爲“嗣”，
“嗣”，治也。

“爲”與“治”，均指對於運作的操持。“亡有”與“未亂”，均指處
於始源而未有興作之時。

見於古典文獻者：

善不可謂小而無益，不善不可謂小而無傷。非以善爲一足以利天下，
小不善爲一足以亂國家也。當夫輕始而傲微，則其流必至於大亂。是
故子民者謹焉。彼人也，登高則望，臨深則窺。人之性非窺且望也，
勢使然也。夫事有逐奸，勢有召禍。老聃曰：“爲之於未有。治之於
未亂。”（《新書·審微》）

上段《新書·審微》資料，“善不可以謂小”兩句，襲用《易·繫辭傳》
“小人以小善爲無益而弗無也，以小惡爲無傷而弗去也”的義理。並引用
《老子》文句來解證“慎小”與“審微”。這仍是漢人將《老子》的經文
作爲箴言性的雋語來領會。

⑥ “合□□□□□□困”：

原注曰：“簡文所缺之字，據帛書本與今本可補作‘抱之木生於毫’。”

⑦ "九成之臺，甲□□□，□□□□，□□足下。"：

《呂氏春秋·音初》："有娀氏有二佚女，爲之九成之臺，飲食必以鼓。"
高誘注："成，猶重也。"

原注曰："'甲'，疑爲'作'之誤。"

簡文缺字，依帛書甲本可補"於嬴土百仁（仞）之高台（始）於'。"

李零先生云："'成'字原文作'城'，讀爲層。'甲'，整理者以爲是'作'之誤。疑'甲'以音近讀爲'起蓋'之'蓋'。出土扁壺自名'鉀'或'榼'，是二字讀音相近之證。"

此段王弼本作："九層之臺，起於累土，千里之行，始於足下。""千里之行"，帛書甲本作"百仁之高"，乙本作"百千之高"。甲本假"仁"字爲"仞"，乙本誤寫爲"千"，均當作"百仞之高"。馬叙倫云："言遠易得稱仞，然古書言仞，皆屬於高。疑上'九層'句，蓋有作'百仞'者，傳寫乃以誤易'千里'耳。"（《老子校詁》頁 172）

見於古典文獻者：

夫道者，原產有始，始於柔弱，成於剛強，始於短寡，成於眾長，十圍之木，始於把，百仞之臺，始於下，此天之道也。聖人法之，卑者所以自下也，退者所以自後也，儉者所以自小也，損者所以自少也，卑則尊，退則先，儉則廣，損則大，此天道所成也。（《文子·道德》第 1 章）

上段《文子·道德》資料，未見於《淮南子》，定州竹簡《文子》有殘文可以對應：

"產于有始于弱而成于強，始于柔而"（編號 0581）"于短而成于長，始寡而成于眾，始"（編號 2331）"之高始於足下，千方之群始於寓強"（編號 1178）"聖人法于天道，民者以自下"（編號 0871）"卑、退、斂、損，所以法天也。……"（編號 0912）（定州竹簡《文子》釋文）

〈道德〉篇此處說明"道"之爲"始源"的性狀。其中"十圍之木，始於把，百仞之臺，始於下"與《老子》此處文句相近。此種說法，均來自於當時流傳的格言。但《文子》中"柔弱"與"剛強"的意義與《老子》不同。《老子》認為"柔弱勝剛強"（第36章）、"故堅強者死之徒，柔弱者生之徒"（第76章）。而《文子》卻說"始於柔弱，成於剛強，始於短寡，成於眾長"。《老子》強調"始源"的復歸作用，《文子》著重在"天道"運作的"始終"過程。因此，二者所引用的格言，就發揮著不同的作用。竹簡《文子》"產於有始"後似脫"始"字的重文符號。"有始"的觀念與"道原"相通，是《老子》哲學一項重要的發展。

【資料研究】

此章屬於甲本第四組，寫於竹簡編號第 25 簡至第 27 簡上端。全文對應王弼本第 64 章前段。對應王弼本第 64 章後段資料，分別出現於簡文《老子》的甲本與乙本，且文句並不完全相同。

簡文此章屬於甲本第四組，它與第三組的簡文是否有聯繫關係，並不可知。因為《文物》版釋文對應王弼本第 16 章的資料之後，有數字的空白，不太可能下接簡文此章。由於出土時竹簡的錯亂，我們不能確定簡文此章之前接於何章。但觀《老子》此章全文，是論述"始源"所表現的"虛"、"中"作用。這樣，雖然在資料上無法證實它承接簡文上章，在哲學的說明上，仍然可以回應簡文上章說明的"致虛"與"守中"思想。

在竹簡《老子》甲本第一組對應王弼本此章後段簡文的分析中，我們曾經說過，"其安也"等四句具有諺語或格言的形式。這種形式的資料，可以作多方向的解喻。我們認為《老子》是引用來說明"始源"的作用。因此，四句中的"其"字，應當指個別事物的運作。"安"、"未兆"、"脆"與"幾"，具有一種共通的性質，似乎與萬物運作時居於"虛"、"中"所呈現出的狀態之事有關。而"易持"、"易悔"、"易畔"與"易後"，則可能分別以四個運作的指向，來說明對於"始源"的把握。

由於"安"是運作的根基，所以"易持"，易於持守；"未兆"，是顯發前的蔽藏，所以"易謀"，易於謀慮。"脆"，是運作開始的肇端，所以"易畔"，易於分辨；"幾"，是運作中的隱微，所以"易後"，易於履行。

因此，下文就明確地說："為之於亡有"、"絎之於未亂"。"亡有"與"未亂"，是萬物居於"始源"中的狀態。只有在"始源"之中，才能涵攝了一切展現的可能發展。

簡文前段的資料，我們用思辨性的觀念來加以解釋。但在戰國時代的思想中，似乎將之瞭解為一種實際政務的操作。《戰國策·楚策》："蘇秦為趙合從，說楚威王曰：……臣聞治之其未亂，為之其未有也，患至而後憂之，則無及已。" 賈誼《新書》："人之性非窺且望也，勢使然也。夫事有逐奸，勢有召禍。老聃曰：'為之於未有，治之於未亂。' 管仲曰：'備患於未形，上也。'" 甚至《尚書·周官》也做這樣的解釋。"若昔大猷，制治于未亂，保邦于未危。" 也許這兩句話，本是古訓。但是不論此處資料是依照竹簡文的次序，或是王弼本的句序，這種瞭解都於前後文的思想脈絡不太相合。

簡文的後段，由於竹簡殘缺兩塊，不能完全釋讀。但就其所剩餘的文字與空缺的字數來看，簡文似乎與帛書注本，並無太大差異。這幾句仍像似諺語，所以能有不同的解釋。尤其王弼本的 "千里之行" 句，似改造了《老子》"千仞之高" 的文字。因此，一般的釋義大多認為此段的義理是說明："任何大的成就，都由小處做起。" 如：

> 合抱的大木，是從細小的萌芽生長起來的；九層的高臺，是從一堆泥土建築起來的；千里的遠行，是從腳下舉步走出來的。（陳鼓應；《老子註譯及評介》頁 311 ）

以帛書補足的《老子》文句，疑為："合抱之木生於毫末。九成（層）之臺，作於虆土。千仁（仞）之高，始於足下。" 其中 "合抱之木"、"九層之臺"、"千仞之高"，或許具有另外考慮的特殊含意。

簡文此段的資料，承接上文 "為之於未有，治之於未亂"，後接下文說明 "玄同" 的文字，似乎是將 "合抱之木"、"九層之臺" 與 "千仞之高" 作為 "有為" 與 "有亂" 的發展，而反向地說明 "始源" 的重要。在王弼本中，簡文所無的部份是："為者敗之，執者失之"。這同樣表現出對於 "無為" 與 "無執" 的強調。如果此數句是談論 "遠大的事情，必須有毅力和耐心一點一滴去完成。"（《老子注釋及評介》頁 311 ）這與 "為者敗之" 段的義理不甚相合了。

"合抱之木" 的結果，或許就如同《莊子》所言："直木先伐，甘井先竭。"（〈山木〉篇）"夫柤梨橘柚，果蓏之屬，實熟則剝，剝則辱；大枝折，小枝泄。此以其能苦其生者也，故不終其天年而中道夭，自掊擊於世俗者也。"（〈人間世〉

177

篇）《老子》是強調 "毫末" 的作用，並以此來導向 "始源" 的復歸。而《莊子》的說明卻是指 "至人" 承擔著既成 "大木" 的事實，表現著 "不材" "散木" 的無用，以 "盡其天年"。

"九層之臺" 與 "百仞之高"，似乎也有否定性的意指。《楚辭・天問》："厥萌在初，何所意焉？璜臺十成，誰所極焉？" 王逸注曰："紂果作玉臺十重，糟丘酒池，以止於亡。" "九層之臺"，象徵著奢侈與淫亂，這樣，所謂 "百仞之高"，也應指追求人世間的高位。這些失誤而外向的追逐，都是因為不能把握 "始源" 的精微本質。因此，《老子》此處應當是強調作為 "始源" 象徵的 "作於虆土" 與 "始於足下"。

簡文此章資料的安排，與後文所言 "玄同" 的義理，是可連貫的，也可在思想上回應簡文 "至虛"、"守中" 的思想。這都是集中在 "始源" 問題的說明。此處簡文資料，在王弼本中後接 "為之者敗之，執之者失之"，同樣是強調 "無為" 的始源作用。因此，我們提出與傳統說法不太相同的解釋。當然，"為之於未有，治之於未亂" 句，可以用來說明處事時的一種操持，《韓非子・喻老》就做這樣的闡釋。

但我們仍認為，《老子》資料本身就具有格言的性質。因此，可以做多方向的發揮與解喻。可是，《老子》資料的抄寫，時常賦予了某種哲學思索的結構性安排。按照這種編排的前後內容來考慮，似乎原先所引用的資料，就不再拘限於格言或諺語本身，而有了哲學性意含的發揮。

☆

19 ； 66 ； 46 中下 ； 30 上中 ； 15 ； 64 下 ； 37 ； 63 ； 2 ； 32 ；／ 25 ；
5 中 ；／ 16 上 ；／ 64 上 ； **56** ； 57 ；／ 55 ； 44 ； 40 ； 9 ；

智之者弗言，言之者弗智。

閔其逸，賽其門，和其光，迵其塵＝，

剉其纇，解其紛，（二十七）是胃玄同。

古不可得天新，亦不可得而疋，

不可得而利，亦不可得而害；（二十八）

不可得而貴，亦不可得而戔，

古為天下貴。

智（知）之者弗言，言之者弗智（知）①。閔（閉）其逆（兑），
賽（塞）其門②，和其光，迥（同）其斲（塵）＿③，剷其𩕳，
解其紛，是胃（謂）玄同④。古（故）不可得天〈而〉新（親），
亦不可得而疋（疏）⑤；不可得而利，亦不可得而害⑥；
不可得而貴，亦可不可得而戔（賤）；古（故）爲天下
貴⑦。■

知者不言，言者不知。塞其兑，閉其門，挫其銳，解其分，和其光，
同其塵，是謂玄同。故不可得而親，不可得而疏；不可得而利，不
可得而害；不可得而貴，不可得而賤；故爲天下貴。（王弼本）

〔知者〕弗言，言者弗知。塞其悶（垸），閉其□，□其光，同其塹
（塵），坐（挫）其兑（銳），解其紛，是胃（謂）玄同。故不可得而親，
亦不可得而疏；不可得而利，亦不可得而害；不可□而貴，亦不可
得而淺（賤）；故爲天下貴。（帛書甲本）

知者弗言，言者弗知。塞其垸，閉其門，和其光，同其塵，銼（挫）
其兑（銳）而解其紛，是胃（謂）玄同。故不可得而親也，亦□□□而
□；□□□而利，□□□得而害；不可得而貴，亦不可得而賤；故
爲天下貴。（帛書乙本）

知者不言也，言者不知也。塞其兑，閉其門，挫其銳，解其紛，和
其光，同其塵，是謂玄同。不可得而親，亦不可得而疏；不可得而
利，亦不可得而害；不可得而貴，亦不可得而賤；故爲天下貴。（傅
奕本）

【文字釋析】

① “智之者弗言，言之者弗智”：

“智之”、“言之”，帛書乙本與王弼本，均無兩“之”字。簡文兩“之”字，分別指出所知與所言之物，語意較清楚。但先秦資料引用此兩句時，也多無“之”字。如《莊子‧天道》曰：“夫形色名聲果不足以得彼之情，則知者不言，言者不知，而世豈識之哉！”〈知北遊〉篇曰：“夫知者不言，言者不知，故聖人行不言之教。”

此兩句意謂：真知〔始源之精微〕者，不能以稱名加以表述；以稱名表達〔始源之精微〕者，並非真能有知。

② “閔其逃，賽其門”：

原注認爲“閔”乃‘閉’字的誤寫。帛書甲、乙本與王弼本均作“塞”，“塞”、“閉”意義相同，均指“禁絕”。

李零先生曰：“閔，是‘闆’之誤，非‘閉’之誤。”

“逃”，帛書甲本作“悶”，乙本作“垸”，原注認爲此字當讀作“兌”。《淮南子‧道應訓》：“王若欲久持之，則塞民於兌。”高誘注：“兌，耳目鼻口也。”《子華子‧大道》：“謹窒其兌，專一不分，其氣乃存。”孫詒讓《札迻》卷四：“兌，當讀爲隧，二字古通用。”

“賽”字，假爲“塞”。帛書與王弼本均作“閉”。

此兩句意謂：阻絕意欲的通道，關閉意欲的門徑。〔也就是節制人爲運作發起的端倪。〕

③ “和其光，迵其𡍼_”：

此二句，帛書兩本與簡文句序相同，而王弼本則在“解其紛”句之後。

“迵”，帛書甲、乙本與王弼本作“同”，意指“混同”。

原注曰：“‘𡍼’，簡文多用作‘慎’，此處則借爲‘塵’，‘慎’、

'塵'音近。簡文'斬'下重文號衍。"

"光"指"顯明";"斬"指"隱晦"。二者指出人為興作的兩極。

此兩句意謂:渾同並涵容人為興作的一切可能。

④ "劃其籥,解其紛,是胃玄同":

"劃其籥",帛書甲本作:"坐其閱",乙本作"銼其兌",王弼本作
"挫其銳。"原注稱:"簡文待考。""籥",或許為"攖"的假借字。
《廣雅·釋詁三》:"攖,亂也。"

此段意謂:"銳"與"紛",指人為操作中各別殊異而紛擾的表現,而
"劃其籥,解其紛",是說明消融並渙解一切人為操作的方式。這就是
"玄同",幽深隱蔽的渾同。

⑤ "古不可得天新,亦不可得而疋":

"天"為"而"字之誤。

"新"通"親"。帛書甲本作"親"。《韓非子·亡徵》:"親臣進而
故人退,不肖用事而賢良伏。""親臣"與"故人"對舉。王先慎《集
解》:"'親'讀為'新'。"

"疋"、"疏"二字,同音假借。帛書甲、乙本均作"疏"。

⑥ "不可得而利,亦不可得而害":

帛書甲本與簡文同。王弼注:"可得而利,則可得而害。"

《莊子·齊物論》:"茲不知利害,則至人固不知利害乎?"〈田子方〉
篇:"何假至乎人貴人賤哉?""利、害","貴、賤"是相對成立的,
此句指出一種"不涉及'利'與'害'相對關係的情況"。

⑦ "不可得而貴,亦可不可得而戔;古為天下貴。■":

原注曰:"'亦'下'可'字為衍文。"

"戔"字,帛書甲本作"淺",此二字均假為"賤"。

以上三句，簡文均各有"亦"字，與帛書同，王弼本無。"新（親）"與"疏"，"利"與"害"，"貴"與"賤"，三組是對立的說明，有"亦"字較佳。

《老子》書中另有類似"爲天下貴"的文字，如：竹簡《老子》乙本對應王弼本第 45 章曰："喿（燥）勑（勝）蒼（滄），青（清）勑（勝）然（熱），清清（靜）爲天下定（正）。"通行本第 78 章曰："是以聖人云：受國之垢是謂社稷主，受國不祥是爲天下王。"

以上幾句意謂：在幽深隱蔽的渾同之中，所以不涉及一切相對的"利、害"，"貴、賤"關係，而爲天下所珍貴。

【資料研究】

此章寫於竹簡編號第 28 簡至 29 簡中段，章尾有墨點。全文對應王弼本第 56 章。簡文此章似乎直接承襲上章來立說。

"知之者弗言，言之者弗智"，兩"之"字均未出現帛書《老子》或今通行各本。因爲通行本此章不易聯繫其前後章的思想，一般均將此章資料，孤立而凸出地加以文字的解釋。"知者"與"言者"，就成爲一種普遍性的指涉，有把"知者"解釋爲"知道之君"或"智者"，把"言者"解釋爲"有爲之君"或"多言之人"。王弼的注即以"因自然也"解釋"知者不言"句，而以"造事端也"說明"言者不知"。

簡文此章，是回應竹簡〈甲本〉此組的思想來論說的。全章似乎具有一個展現"始源"觀念的內在結構。

首先，"知之者"與"言之者"，兩"之"字均指萬物所復歸的"始源"。此處兩個"之"字，是與上章所說的"其"字，相互呼應的。"其"指萬物處於"始源"時運作的指向，說明萬物興作的問題；而"之"指始源本身，說明對於"始源"的領會。簡文這兩章的資料，應當是闡發著"始源"的觀念，可能共同源自對應於王弼本第 16 章前段的思想。

簡文此章的"知"與"言"，分別指涉兩種不同的人爲操作。蔣錫昌曾認爲《老子》書中的"言"，並不是指"言語"，而是指"政教號令"，這是相當重要的一種見解。但“言”不僅只是指“政教法令”的具體措施，而是說明人爲的展現。也就是以因人而有的因素所展示的作爲。簡文所說的“知之”，是人對於“始源”的領會，而“知之者不言”，是強調在此種領會中，必要消除了因人而有因素的作爲。“知”是屬於人的作爲，而“不言”卻消除了此種因人而有之作爲。這樣，只有藉“知之者不言”的說明，才真正顯示出對於始源作用的領會。“言之”的“之”是指“始源”，但卻是以人的因素所展現而論述的始源。“言之者不知”，就說明以因人而有的人爲論述方式，不能契合於始源之“道”的本然運作。

此章前兩句，是回應前章所說萬物之根的原理性闡發。作爲“始源”領會的原理，它的作用就表現在：“閟其逸，賽其門；和其光，迵其䐜；銼其硎，解其紛。”這六句在思想上也聯繫著前章。前章後段補足的資料爲：“合抱之木生於毫末。九成（層）之臺，作於蔂土。千仁（仞）之高，始於足下。”我們曾解釋說，這是對“無爲”所作的一種反證，它的主旨是強調以“毫末”、“蔂土”與“足下”所象徵的“始源”。

因此簡文“閟其逸”等六句話，是說明對人爲措施興起與操作的處置。“閟其逸，賽其門”，指節制人爲操作發起的端倪；“和其光，迵其䐜”，指渾同一切人操作的兩極；“銼其硎，解其紛”，指消解各種人爲操作的殊異表現。這種人爲操作的最大發展，當然表現於爲政的處理上。因此，高明先生曰：“‘塞垸’、‘閉門’、使民無知無欲。‘挫銳’、‘解紛’，使民無事無爭。‘和光’、‘同塵’，使民無貴無賤，無榮無辱。”（《帛書老子校注》頁 99）但簡文此四句中的“其”，應當聯繫簡文前兩章的思想，它應當指“人爲操作”的興起，而不必然僅限制在“人民”的作爲上。“閟其逸，賽其門”，指出人爲操作的兩種門戶，一是人所具有的官能，一是人所交接的世域。對此人爲操作興起的開端，需要審慎地加以禁閉。“和其光，迵其䐜”，是以“光”（顯明）與“䐜”（隱晦），指出人爲運作展現的兩極，而“和”與“同”，是渾同而涵容一切人爲操作的可能基礎。“銼其硎（暫解作‘挫其銳’），解其紛”，以“銳”與“紛”說明人爲操作的各別殊異表現，而“挫”與“解”，是消融而渙解一切人爲的殊異操作。這就是所謂的“玄同”，也就是寂寞、隱蔽、不以人爲而發生的渾同於“弗言”。

因此，簡文的第三段，就是以“弗言”之“知之”，來作爲“天下貴”。

因為，它"不可得而親，亦不可得而疏；不可得而利，亦不可得而害；不可得而貴，亦可不可得而賤"。"親"、"疏"，"利"、"害"，"貴"、"賤"，是在人為操作的世域中所顯示的價值系統。它以兩兩對立的方式，建立起"天下"之中的判斷準據。而"不可得"於前者，"亦不可得"於後者，就消除了這種人為的相對判斷。因此，為"天下"所"貴"者，而復返於一切人為操作之前的"玄同"。

以"弗言"之"知之"為"貴"。這個絕對性的價值，回應了"致虛，極也；守中，篤（篤）也"。"極"與"篤"，確立了"人"在天道環周運作中的位置，也就是"人"在"道"與"天下"之中的真實處所。同樣地，這也標示出"人"與"天""地"之間，以哲學所建立起人文反省的根基與始源。這樣，"虛"與"中"，就成為"人"之存在所持守的本質性準據。"虛"與"中"，並不是消極性無所作為，而是在以它們所顯示的人文發生基礎上，不但徹底反省了既有人文事物的復歸，同時也確立了一種新人文面對的可能。《老子》思想之能成為戰國哲學探索的基礎，這種具有標竿作用的觀念發生了決定性的影響。

簡文此章與其前兩章所組成的一系列解說，似乎更能體現了《老子》這種哲學思想的結構。簡文的章序與今通行本差異極大，而簡文中資料的安排，時常較今通行本更有條理。這就使我們注意到，《老子》資料在傳抄之時，就已經具有闡釋與發揮了。抄寫時資料的安排，或摘要記錄的重點，都有可能表現出抄寫者自己思想的特殊要求。尤其在早期的流傳過程中，這種情形更有可能發生。在章次的順序上，帛書本與通行各本的差距較小，是否這種傳本，因為某種今已不可知的原因，直接流傳後世？類似簡文的這種《老子》文本，是否以其多樣的形式，廣為流傳於先秦的時代？還是說，《老子》的資料有種基本的文本，它的原先內容要多於現有的文本？當然也有可能，由春秋末葉到戰國中期，《老子》的資料不斷地有所變動，形成各種通行的文本。或許，今後再次出土更早的《老子》文本，可以回答了這種困惑我們的問題。

☆

19；66；46 中下；30 上中；15；64 下；37；63；2；32；／25；5 中；／16 上；／64 上；56；57；／55；44；40；9

以正之邦，以欹甬兵，以亡事（二十九）取天下。

虖可以智其肰也。夫天多期韋，而民爾畔。

民多利器，而邦慈昏。人多（三十）智

天敂勿慈起。法勿慈章，覲惻多又。

是以聖人之言曰：

我無事爲而民自福。（三十一）我亡爲而民自蟲

我好青而民自正。我谷不谷而民自樸。（三十二）

以正之（治）邦，以敧（奇）甬（用）兵，以亡事取天下①。
虗（吾）可（何）以智（知）其狀（然）也。夫天多期（忌）韋
（諱），而民爾（彌）畔（叛）②。民多利器，而邦慈（滋）
昏③，人多智（知）天〈而〉敧（奇）勿（物）慈（滋）记（起）④。
法勿（物）慈（滋）章（彰），䙷（盜）惻（賊）多又（有）⑤。
是以聖人之言曰⑥：我無事而民自褔（富）⑦。我亡爲而
民自蠱（化）⑧。我好青（靜）而民自正⑨。我谷（欲）不谷
（欲）而民自樸⑩。

以正治國，以奇用兵，以無事取天下。吾何以知其然哉？以此。天
下多忌諱，而民彌貧。民多利器，國家滋昏。人多伎巧，奇物滋起。
法令滋彰，盜賊多有。故聖人云：我無爲而民自化。我好靜而民自
正。我無事而民自富。我無欲而民自樸。（王弼本）

以正之（治）邦，以畸（奇）用兵，以无事取天下。吾何□□□□也哉？
夫天下□□□，而民彌貧。民多利器，而邦家茲（滋）昬。人多知，
而何（奇）物茲（滋）□。□□□□，□盜賊□□。□□□□□□：
我无爲也而民自化，我好靜而民自正、我无事而民□□，□□□□
□□□□。（帛書甲本）

以正之（治）國，以畸（奇）用兵，以無事取天下。吾何以知其然也才
（哉）？夫天下多忌諱，而民彌貧。民多利器，□□□□昬。□□□
□，□□□□□□。□物茲（滋）彰，而盜賊□□。是以□人之言曰：
我无爲也而民自化，我好靜而民自正，我无事而民自富，我欲不欲
而民自樸。（帛書乙本）

以政治國，以奇用兵，以無事取天下。吾奚以知天下其然哉？以此。

天下多忌諱，而民彌貧。民多利器，國家滋昏。民多知慧，而衺事滋起。法令滋章，盜賊多有。故聖人云：我無爲而民自化。我好靖而民自正。我無事而民自富。我無欲而民自樸。（傅奕本）

【文字釋析】

① "以正之邦，以敧甬兵，以亡事取天下，虗可以智其狀也"：

"之"，帛書甲、乙本均作"之"，王弼本"治"。馬叙倫認爲河上公注本原亦作"之"，奈卷館本引河上公《注》曰："之，至也。"（《老子校詁》頁157）

"敧"，帛書甲、乙本均作"畸"，"敧"、"畸"二字，均假爲"奇"。

"甬"，帛書甲、乙本與今本均作"用"，"甬"爲"用"之假。

通行本《老子》另有多處提到"治國"、"取天下"之事，如"愛民治國，能無知乎？"（第10章）"故以智治國，國之賊；不以智治國，國之福。"（第65章）"將欲取天下而爲之，吾見其不得已。天下神器，不可爲也，爲者敗之，執者失之。"（第29章）"取天下常以無事，及其有事，不足以取天下。"（第48章）

"可"字，假爲"何"。

"之邦"、"用兵"、"取天下"，指對於"天下"三種重大事情的處置。

"狀也"之後，王弼本有"以此"二字，簡文與帛書兩本均無。

此段意謂：以正直的心態，應對邦國的施政；以智巧的戰術，應對用兵的處置；但要以無事的態度，才能應對天下歸服的事功。我怎能知道這種情況？

見於古典文獻者：

老子曰："以政治國，以奇用兵，以無事取天下。"政者，名法是也；

> 以名法治國，萬物所不能亂。奇者，權術是也；以權術用兵，萬物所
> 不能敵。凡能用名法權術，而矯抑殘暴之情，則己無事焉。己無事，
> 則得天下矣。故失治則任法，失法則任兵，以求無事，不以取彊，取
> 彊則柔者反能服之。（《尹文子·大道下》）

上段《尹文子·大道》資料，可視爲齊法家對於《老子》引文的注釋。以
"名法"、"權術"解釋《老子》的"政"、"奇"，以"能用名法權術，
而矯抑殘暴之情"，來說明"無事"，這與《老子》原義是有相當出入的。
這種解釋近於《韓非子·解老》的觀點。

＊

> 老子曰："以正治國，以奇用兵。"先為不可勝之政，而後求勝於敵。
> 以未治而攻人之亂，是猶以火應火，以水應水也。同莫足以相治，故
> 以異為奇。奇，靜為躁，奇，治為亂，奇，飽為飢，奇，逸為勞，奇
> 正之相應，若水火金木之相伐也，何往而不勝。故德均則眾者勝寡，
> 力敵則智者制愚，智同則有數者禽無數。（《文子·上禮》）

上段《文子·上禮》資料，也見於《淮南子·兵略訓》。"先爲不可勝之
政"整段文字，均在解釋所引《老子》經文。或許同樣是保留在《文子》
中的解《經》資料。〈上禮〉篇把"以正治國，以奇用兵"合爲一事來
看，以前者作爲"用兵"的憑藉，不但與此處的原義有別，更與《老子》
對於"用兵"的看法迥然不同。

② "夫天多期韋，而民爾畔"：

原注曰："據各本，簡文'天'下脫'下'字。"

"期韋"，帛書乙本與今本作"忌諱"。"期韋"、"忌諱"，音近通
假。"忌諱"，指苛令的禁忌。《淮南子·謬稱訓》曰："水濁者魚喻，
令苛者民亂，城峭者必崩，岸崝者必陀。"《管子·輕重己》："天子
之所以主始而忌諱也。"

"爾"字，爲"彌"字之省，《小爾雅·廣詁》："彌，益也。"《論
語·子罕》："仰之彌高，鑽之彌堅。"邢昺疏："彌，益也。"

"畔"、"叛"二字，同音通假。"畔"字，帛書兩本與王弼本均作：

"貧"。簡文作"畔",指民亂。《老子》此處所提到的數事,均與"亂"有關,因此,簡文作"畔"爲佳。

此兩句意謂:設於天下的禁令愈多,人民就愈會干犯亂紀。

③ "民多利器,而邦慈昏":

"慈",帛書甲本作"茲",乙本殘。"慈"、"茲"二字,均假爲"滋"。《說文·水部》:"滋,益也。"

"利器",是《老子》思想的特殊用語。王弼注:"凡所以利己之器也",似與《老子》義理有別。《老子》36章有"國之利器,不可以示人。"河上公注曰:"利器,權道也。"因此,"利器"應當指治國權宜之術,也就是針對特殊效用而採行的權術。

此兩句意謂:人民受到施政的安排愈多,邦國的政事就愈會昏亂。

④ "人多智天敫勿慈𢨬":

"天",各本均作"而","天"當爲誤字。

"智",帛書甲本作"知",傅奕本作"智慧",王弼本作"伎巧"。

"敫",帛書甲本作"何",王弼本作"奇"。"敫"、"何"二字,似均爲"奇"字之假。

"𢨬"同"起"。《說文》曰:"能立也。"

此句王弼注曰:"民多智慧,則巧僞生,巧僞生,則邪事起。"王弼將"物"視爲"事"。"奇物",指怪異的論說。

此兩句意謂:個人學知的智慧愈多,怪異的論說愈是興起。

⑤ "法勿慈章,覜惻多又":

"法物"二字,帛書甲本殘壞,乙本僅存"物"字,王弼本作"法令"。"法"有制度之義,因此,"法物"意指"典章制度之事"。由"法物"演變成"法令",雖然意含更爲明確,但意義卻較狹窄。

"章",爲"彰"的省字,指彰顯。

"規惻"二字，帛書甲、乙本與王弼本均作"盜賊"。"規"，透母，宵部；"盜"，定母，宵部。而"惻"為莊母，職部，"賊"，從母，職部。可能因韻部相同，聲母相近，"規惻"為"盜賊"之假。

"盜"，此處意指"詐偽"，如《莊子・庚桑楚》所言："舉賢則民相軋，任知則民相盜。"

"賊"，此處意指"毀敗"。《說文・戈部》曰："賊，敗也。"段玉裁注："敗者，毀也。毀者缺也。"《左傳・文公十八年》："毀則為賊。"杜預注："毀則，壞法也。"《淮南子・主術訓》曰："若欲飾之，乃是賊之。"

"又"通"有"。"有"意指"發生"。

此兩句意謂：典章制度的建構愈是彰顯，詐偽毀敗的舉動就愈加猖獗。

見於古典文獻者：

所謂大寇伏尸不言節，中寇藏於山，小寇藏於民間。故曰："民多智能，奇物滋起，法令滋章，盜賊多有。"去彼取此，天殃不起。故"以智治國，國之賊；不以智治國，國之德。"（《文子・道原》第十章）

上引《文子》屬於〈道原〉篇第 10 章部份文字。〈道原〉篇此章資料相當雜亂，此段似解釋《老子》經文的殘文。

*

文子問曰：為國亦有法乎？老子曰：今夫挽車者，前呼邪軦，後亦應之，此挽車勸力之歌也。雖鄭衛胡楚之音，不若此之義也。治國有禮，不在文辯。"法令滋彰，盜賊多有。"（《文子・微明》）

惠子為惠王為國法，已成而示諸先生，先生皆善之。奏之惠王，惠王甚說之，以示翟煎，曰："善！"惠王曰："善，可行乎？"翟煎曰："不可。"惠王曰："善而不可行，何也？"翟煎對曰："今夫舉大木者，前呼邪許，後亦應之，此舉重勸力之歌也。豈無鄭、衛激楚之音哉？然而不用者，不若此其宜也。治國有禮，不在文辯"。故老子曰："法令滋彰，盜賊多有。"此之謂也。（《淮南子・道應訓》）

上兩段引文，雖然《淮南子》說明語意較爲清楚，《文子》中"文子問－老子答"的體例，似也當有所據，二者資料的歸屬不易判定。二書均強調"治國有禮"，與《老子》思想並不相合。所引《老子》經文，僅從字面上來解證"法"不如"禮"。

⑥ "聖人之言曰"：

帛書乙本作："是以□人之言曰"。其他傳世本皆作"聖人云"。《老子》古本當如簡文與帛書，"曰"後爲引述之語。《老子》書中 78 章亦作"聖人云"，按此處體例，原當爲"聖人之言曰"。此兩處是直接引述前人箴言或雋語。其他用"是以聖人"者有：2，3，7，12，22，26，27，29，47，58，63，64，66，70，72，77，79等章。這些"是以聖人"句後，似非直接引用其言，而是引述聖人的作爲，來加以解證《老子》所說明的義理。

⑦ "我無事而民自福"：

"福"字，假爲"富"。"富"，似不當解爲"富足"。《說文·宀部》："富，備也。"徐灝曰："富，古音讀如備。""備"，有"完成齊備"之義，《詩·小雅·楚茨》："禮儀既備，鐘鼓既戒"。此處"福"似指萬物各自所完成而齊備者，即各自所處的定位，與下文"自化"、"自正"、"自樸"，意含相稱。

此句意謂：我不立設施，而人民各得其所，各居其位。

⑧ "我亡爲而民自蟲"：

"蟲"，帛書甲、乙本與今本均作"化"。

《文子·微明》："故曰：'上無事則民富，上無爲則民化。"《莊子·在宥》："汝徒處無爲，而物自化。"

此句意謂"我不引導作爲，而人民各得其自有的運作。

⑨ "我好青而民自正"：

"青"字，假爲"靜"。

"正"，指合於規範。《論語・子罕》："吾自衛反魯，然後樂正，《雅》、《頌》各得其所。"因此，"正"有歸趨於恆常之義。

通行本《老子》第 37 章曰："不欲以靜，天下將自定。"第 45 章曰："清靜，爲天下正。"

此句意謂：我呈顯著靜寧，而人民各得其自然的歸趨。

⑩ "我谷不谷而民自樸"：

"我欲不欲"，帛書乙本同，而王弼本作"我無欲"。"欲不欲"與"無欲"，義理有別。王弼注："上之所欲，民從之速也。我之所欲唯無欲，而民亦無欲而自樸也。"因此，王弼本原當作"我欲無欲"。嚴遵《老子指歸》："人主誠能欲不欲之欲，則天下心虛志平，大身細物，動而反正，靜而歸足，不拘不制，萬民自樸。"其所見《老子》當與簡文，帛書同。《老子》此處之義理，與其書 64 章"欲不欲，不貴難得之貨。學不學，復眾人之所過"相近。今本似皆有脫誤。

此句意謂：我表現著無所意向，而人民各自得其本然的質樸。

見於古典文獻者：

夫人從欲失性，動未嘗正也，以治國則亂，以治身則穢。故不聞道者，無以反其性，不通物者，不能清靜。原人之性，無邪穢，久湛於物即易，易而忘其本，即合於若性。水之性欲清，沙石穢之，人之性欲平，嗜欲害之，唯聖人能遺物反己。是故聖人不以智役物，不以欲滑和，其爲樂不忻忻，其於憂不惋惋。是以高而不危，安而不傾。故聽善言便計，雖愚者知說之；稱聖德高行，雖不肖者知慕之。說之者眾而用之者寡，慕之者多而行之者少。所以然者，牽於物而繫於俗。故曰："我無爲而民自化，我無事而民自富，我好靜而民自正，我無欲而民自樸。"（《文子・道原》第 7 章）

上段引文資料，部份見於《淮南子・原道訓》。〈原道訓〉並未引用《老子》。〈道原〉篇此處似文子學派的思想資料，論述人性的本源，衍釋《老子》"守靜"、"無爲"的義理。以《老子》經文解證其說，合於《老子》的思想。

*

> 民之所以生活，衣與食也。事周於衣食則有功，不周於衣食則無功。事無功德不長。故隨時而不成，無更其刑，順時而不成，無更其理，時將復起，是謂道紀。帝王富其民，霸王富其地，危國富其吏，治國若不足，亡國囷倉虛（此句《太平御覽》742 引作："治國若不足，亂國若有餘，存國囷倉實，亡國囷倉虛。"今本《文子》有脫文。）。故曰："上無事而民自富，上無為而民自化。"（《文子・微明》第 19 章）

上段引文，不見於《淮南子》，屬古本《文子》。〈微明〉篇保留《老子》解經資料殘文，此段爲其中之一。雖然文義有些混雜，基本上仍在闡發《老子》引文的思想。其中強調人民衣食的生活，是間接推衍了"民自富"的說法，但將"富"理解爲"富足"。

*

> 故吏不以多斷為良，毉不以多刺為工。子產刑二人，殺一人，道不拾遺，而民無誣心。故為民父母以養疾子，長恩厚而已。自首匿相坐之法立，骨肉之恩廢，而刑罪多矣。父母之於子雖有罪猶匿之，其不欲服罪爾。聞子為父隱，父為子隱，未聞父子之相坐也。聞兄弟緩追以免賊，未聞兄弟之相坐也。聞惡惡止其人，疾始而誅首惡，未聞什伍之相坐。老子曰："上無欲而民樸，上無事而民自富。"（《鹽鐵論・周秦》）

上段資料顯示出《老子》思想對於漢人的影響。文中反對秦法家的苛令酷刑，認同儒家哲學人倫價值的意義，具有黃老之學的特徵。所引《老子》經文來解證，表現一種黃老治術的要求。

【資料研究】

簡文此章寫於竹簡編號第 29 簡下段至第 32 簡，章尾有符號"乚"，可能標明是一篇之末。全文對應王弼本第 57 章。雖然二章文字的差異，看似不大，但簡文卻透露出一種哲學思想始源性的考慮。這與後人在注解中所表達的了解，產生了很大的差距。

　　本章可分爲三段：

　　首先，提出面對天下三項重要之事的操持是："以正之邦，以奇用兵，以無事取天下"。

　　"之"字，今通行各本均作"治"。但帛書甲、乙本與簡文卻均作"之"。一般認爲"之"字當假爲"治"。但若是僅將"之"字改爲"治"字來解釋，就可能掩蓋了一種相當深刻的哲學性考慮。

　　馬叙倫認爲，今河上公注本《老子》中的"治"字爲後人所改，其原先當作"之"字。他說：

> 諗河上注曰："以，至也。"似以"至"字釋句首"以"字。"以"字古無"至"訓，《奈卷》引河上《注》曰："之，至也。"則"以"爲"之"字之僞，是河上"治"字作"之"。今作"治"者，後人據別本改也。（《老子校詁》頁 157）

　　馬叙倫所發現的這件事情，也許不只是考據上的問題。其中透露出《老子》此處作"之"字文本的思想，可能一直流傳下來，甚至保留在河上公注的原始文本中。這樣，以"治"改動了"之"字，當在西漢之後。

　　河上公對此句注曰："治（原當作"之"），至也。天使正身之人，使至有國也。"他所解釋的"之"字，不是"治"的意含。同時，古典文獻中，"之"字有"作"、"爲"之義，意謂著對某種事物的處理。《孟子·滕文公下》曰："有楚大夫於此，欲其子之齊語也，則使齊人傅諸，使楚人傅諸？"此章的"之"是指學習齊語的"爲學"。《淮南子·兵略訓》曰："有逆天之道，帥民之賊者，身死族滅。"後一"之"字，指率領人民做賊的"作爲"。因此，簡文"之邦"的"之"字，雖然一般解釋爲"治"字的假借，但在哲學的考慮中，它是否更應該指一種具有更爲廣泛意含的"作爲"，也就是指面對並思索著對於邦國之事的處理。這樣，所謂的"治"，就只不過是一種確定而狹義的"作爲"。

　　我們認爲，"以正之邦"，並不是直接界定出"以正治邦"的準則，而是說明，以"正"的態度去應邦國之事的處理。假如"之"字具有這種作用的考慮，那麼，"以奇用兵"，就包含著以"奇"的方式去應對"用兵之事"的處置。"以無事取天下"，也蘊涵著以"無事"的心態去應對"天下"的"取"。

因此，"之"、"用"與"取"的意義，必須從對於問題考慮的態度上來理解，而不能單純把它們限定為三種處置事物的方略。

我們試舉出王弼與河上公的兩種注解，來看它們的說明：

> 以道治國，則國平；以正治國，則奇〔正〕（兵）起也；以無事，則能取天下也。上章云其取天下者，常以無事，……故以正治國，則不足以取天下，而適致以奇用兵也。夫以道治國，崇本以息末；以正治國，立辟以攻末。本不立而末淺，民無所及，故必至於以奇用兵也。
>
> （王弼注）

> 天使正直之人，使至有國也。……天使詐為之人，使用兵也。……以無事無為之人，使取天下為之主。（河上公注）

王弼與河上公，均不把"以正之國"等三者，視為治理天下的三個原理。王弼的注聯繫著通行本《老子》上章來解釋，與此章文字本來的義理是有些差距的，但他並不沒有將三者平列對等地來說明。河上公的注，更把它們分為三件不同事情的處置來看。上天"使正直存身之人來處理邦國之事；使詐偽奇術之人，來操作兵戰之事；使無事無為之人，來面對取天下之事。"雖然，這種解釋或許與《老子》此章的思想有出入，但他也不認為三者是治國的原理。若是把"之"解釋為"治"，而將它與"用兵"、"取天下"並列，就會導致了如下的一種了解：

> 以正道治理國家，以奇術用兵作戰，以無所事事取得天下。
>
> （張松如譯文，見《老子說解》頁353）

> 以清靜之道治國，以詭奇的方法用兵，以不擾人民來治理天下。
>
> （陳鼓應譯文，見《老子註譯及評介》頁286）

這樣的解釋，似乎將"治"、"用"、"取"三者，均當作實際的操持，這就不再是從哲學的問題上來考慮，而成為一種治天下之事的原則。哲學的考慮發生在哲學的問題上，而對於中國古典哲學而言，"天下之事"又是其問題的核心。因此，"邦國之事"、"用兵之事"與"取天下之事"，應該是當時涉及"天下"問題時，所遭遇的三種重要事項。對於這三種事情的處置，是"以正"、"以奇"與"以無事"的態度來面對。這是三種處置的態度，似乎不是三項制定的策略。

　　《老子》此處所提及的“邦國之事”、“用兵之事”與“天下之事”，也不能平列來看待。對於邦國之事，以“正直”處之，對於兵戰之事，以“奇術”用之。這是應對這兩種事情的處置方式。以正直處於邦國之中，則可得處身之宜，以“奇術”用於兵戰之事，則可得兵事之功。但對於取“天下”之事，就不能用上述兩種方式，或本著這兩種方式處置時的態度。何謂“取天下”？它顯然與“之邦”、“用兵”不同。它不是人所面對的個別事務，而是“天下”之事的整體性的關照。在中國古典哲學的思想中，“天下”不但指現實生存領域的整體，同時也是哲學問題發生的所在。它是一切事物運作的事實環境，也是一切事物存在的真實境域。因此，在哲學的意義上，所謂“取天下”，不是把它當作一種個別性的事務來處理，也不是把它當作一統天下奠基爲王的取得。它涉及了如何完整、全面、真實地安置天下的一切事物，使人與萬物均得到各自本然的展現。

　　因此，《老子》所稱的“取天下”，是哲學問題徹底而完整的處置，而其中的“取”字，也具有特殊的意義。《老子》書中“取”字分爲兩類：

　　一是指“擇取”，如“是以聖人爲腹不爲目，故去彼取此。”（第12章）“善者果而已，不敢以取強。”（第30章）“是以大丈夫處其厚，不居其薄；處其實，不居其華。故去彼取此。”“是以聖人自知不自見，自愛不自貴。故去彼取此。”（第72章）《說文》：“取，捕取也。”這種意義，指出一種強力的作爲。因此，以“取得”、“獲得”來解釋“取”，表現了積極的性質。以“無事取天下”的“取”，應該不是這種“取得”的意義。

　　一是指“聚合”。“取”可通“聚”。《說文通訓定聲·需部》：“取，假借爲聚。”《左傳·昭公二十年》：“鄭國多盜，取人於萑符之澤。”“取”即“聚”之義。因此，“聚”字，可以用來說明客觀事物的聚合。以某種方式，使客觀的事物自動聚合，在其聚合中而能夠獲取，這種獲取或取得，就不再是藉著積極性的作爲而達致的了。《老子》書中所謂的“取天下”似乎均帶這種意含，如：“將欲取天下而爲之，吾見其不得已。”（第29章）“取天下常以無事及其有事，不足以取天下。”（第48章）“故大國以下小國，則取小國；小國以下大國，則取大國。故或下以取，或下而取。”（第61章）“以無事取天下”就應該是這種方式的取得。

　　“吾何以知其然”句中的“吾”，是指沈浸於哲學性考慮中的“爲道者”。他回顧前人論述面對“天下”之事的三種處置態度，對於“邦國的政事”用“正”來應對即可，對於“用兵的策略”用“奇”來處理即可。而對於“天下事功的完成”，卻要用“無事”來應對。因爲，以“有事”處置“天下”，是朝著否定方向發展而不能“取”的。

　　因此，第二段中“夫天（下）多忌諱……盜賊有”之後，就從反向的思考來解證“無事取天下”。天下苛令愈是繁多，則人民愈加地叛亂；人民愈被施予便宜行事的權術，則國家愈是混淆。人民的智辨愈是精細，則怪異的論說愈是紛擾；典章制度愈是日益彰顯，則詐僞毀敗的舉動愈加地猖獗。這都是以“有事”處置天下的結果，也是當時天下政治混亂的實際情況。

　　而第三段中“是以聖人之言曰”之後，就引用了前人的話，來說明“無事”何以能“取天下”。“我無事”、“我無爲”、“我好靜”、“我欲不欲”，這是以“無事”的方式面對天下，這種方式是使人民自然地按其本然的處境在運作，因此它們各自得到應處的居所；各得到應有的運作；各得到自然的歸趨；各自得到本然的質樸。“無事”、“無爲”是不以作爲來加以擺置；“好靜”、“欲不欲”，是以始源的復歸以作爲自然的映照。《老子》引用“聖人之言”，來總結“天下”之事的處理。

　　此章的整個結構，是從哲學所涉及的關鍵性問題，分層說明對於“天下”之事的處理。文字是思想的記錄，而思想是在哲學的考慮下所形成的。三者的區別，就在文字的記錄中，藉著某些關鍵字詞的特殊意義，與其深刻的哲學作用，透過整個哲學問題的結構顯發出來。或許簡文“之邦”的“之”字，雖然可假爲“治”字，但就“之”本身的意含來思索，卻提供我們設想面對哲學問題處置之時的考慮與態度。

☆

19；66；46 中下；30 上中；15；64 下；37；63；2；32；／25；
5 中；／16 上；／64 上；56；57；／ 55 ；44；40；9

含惪之厚者，比於赤子。

蟲蠆蟲它弗蠚，攫鳥獸獸弗扣，

骨溺菫秌而捉（三十三）固，未智牝戊之合然惹，

精之至也。終日虖而不憂，和之至也。

和曰禀，智和曰明，（三十四）

脍生曰羕，心貞燹曰弶，

勿臧則老，是胃不道。

酓（含）悳（德）之厚者，比於赤子①。蟲（蜾）蠆蟲它（蛇）弗蠚（蓋）②，攫鳥猷（猛）獸弗扣③，骨溺（弱）堇（筋）秫（柔）而捉固④。未智（知）牝戊（牡）之合然惹（怒），精之至也⑤。終日虐（乎）而不憂（憂），和之至也⑥。和曰禀〈祟=常〉⑦。智（知）和曰明；賹（益）生曰兼（祥）；心叓（使）煲（氣）曰弜（強）⑧。勿（物）壓（壯）則老，是胃（謂）不道⑨。■

含德之厚，比於赤子。蜂蠆虺蛇不螫，猛獸不據，攫鳥不搏。骨弱筋柔而握固，未知牝牡之合而全作，精之至也。終日號而不嗄，和之至也。知和曰常，知常曰明，益生曰祥，心使氣曰強。物壯則老，謂之不道，不道早已。（王弼本）

□□之厚□，比於赤子。逢（蜂）㾺（蠆）蜾（虺）地（蛇）弗螫，擢（攫）鳥猛獸弗搏。骨弱筋柔而握固，未知牝牡□□□□□，精□至也。終日號而不发（嚘），和之至也。和曰常，知和（常）曰明，益生曰祥，心使氣曰強。□□即老，胃（謂）之不道，不道□□。（帛書甲本）

含德之厚者，比於赤子。螽癘（蠆）虫（虺）蛇弗赫（螫），據（攫）鳥孟（猛）獸弗捕（搏）。骨筋弱柔而握固，未知牝牡之會而朘怒，精之至也。冬（終）日號而不嚘，和□□□。□□□常，知常曰明，益生□祥，心使氣曰強。物□則老，胃（謂）之不道，不道蚤（早）已。（帛書乙本）

含德之厚者，比之於赤子也。蜂蠆不螫，猛獸不據，攫鳥不搏。骨弱筋柔而握固，未知牝牡之合而朘作，精之至也。終日號而嗌不㪁，和之至也。知和曰常，知常曰明，益生曰祥，心使氣則彊。物壯則

老，謂之不道，不道早已。（傅奕本）

【文字釋析】

① "酓惪之厚者，比於赤子"：

"酓"帛書乙本與今本作"含"。"酓"，音義同"飲"。《正字通·酉部》："飲，本作酓。"《陝西扶風出土西伯戜諸器》："複底銘文五字：'白戜乍酓殼'。""酓"，飲也。"飲"有"含"的意思，也有"隱沒"之義。《呂氏春秋·精通》："養由基射兕，中石，矢乃飲羽，誠乎兕也。"高誘注："飲羽，飲矢至羽。"《漢書·遊俠傳·朱家》："然終不伐其能，飲其德。"顏師古注："飲，沒也，謂不稱顯。"此處，"酓"字引申為"涵藏隱沒"。

"惪"，《說文·心部》："惪，外得於人，內得於己也。从直从心。"《玉篇·心部》："惪，今通德。"

《老子》多用"嬰兒"或"赤子"作為"始源"的象徵，如"專氣致柔，能嬰兒乎？"（第10章）"我獨泊兮其未兆，如嬰兒之未孩。"（第20章）"為天下谿，常德不離，復歸於嬰兒。"（第28章）

此兩句意謂：涵藏隱沒於深厚之德者，如同不會特意表露自己的初生之子。

② "蚰蠆蟲它弗蜇"：

"蚰蠆蟲它"，裘先生曰："疑……當釋為'蜪蠆蟲（虺）它（蛇）'"。

此四字帛書甲本作"逢（蜂）俐（蠆）蜭（虺）地（蛇）"，帛書乙本作"蠢瘌（蠆）虫（虺）蛇"，王弼本為"蜂蠆虺蛇"。高明先生曰："甲本'逢'字，當從乙本作'蠢'，《玉篇·蚰部》：'蠢，螫人飛蟲也。'今多寫作'蜂'。甲本'俐'字與乙本'瘌'字，均假為'蠆'，《廣雅·釋蟲》：'蠆，蝎也。'……甲本'蜭'，字乃'虺'字別體。乙本'虫'字乃'虺'古文。"（《帛書老子校注》頁91）原釋文"蚰蠆"二字，當依裘先生說作“蝟蠆”。“蝟”同“猬”，其毛如針。“蠆”字，假爲“蠆”。

據原注稱：“‘蠆’，‘蠆’字異體。《說文》：‘螫也’。字亦作‘蠆’。”

通行本《老子》第 50 章曰：“蓋聞善攝生者，陸行不遇兕虎，入軍不被甲兵，兕無所投其角，虎無所措其爪，兵無所容其刃，夫何故？以其無死地。”

此句意謂：蝟蝎虺蛇等的害蟲，不會顧忌他的存在而來螫傷他。

③“攫鳥猷獸弗扣”：

“攫”，鳥獸用爪抓取。《禮記・儒行》“鷙蟲攫搏。”孔穎達疏：“以腳取之謂之攫。”

“猷”，帛書乙本作“孟”，甲本與今本均作“猛”。

原注曰：“‘扣’，疑讀作‘敂’。《說文》：‘擊也’”。

此句謂：攫鳥猛獸般的野獸，不會感到他的存在威脅而來攻擊他。

④“骨溺堇秫而捉固”：

“溺”借爲“弱”，“堇”字，假爲‘筋’，“秫”，帛書甲、乙本與今本均作“柔”。

“捉”，帛書甲、乙本與今通行本均作“握”。《說文・手部》：“捉，搤也。一曰握。”《廣雅・釋詁三》：“捉，持也。”

此句意謂：赤子的筋骨雖然柔弱，但手中握持東西時，卻相當牢固。

⑤“未智牝戊之合然苾，精之至也”：

“戊”字，假爲“牡”。

“然”字，裘先生曰：“此字之義當與帛書本等之‘朘’字相當，似非‘然’字。”李零先生認爲：“然，原作‘豸’，與簡文常見‘然’字不同，疑是‘豕’字。‘豕’與‘朘’、‘全’古音相近。”《說文新附・肉部》：“朘，赤子陰也。”男孩的生殖器。

“苾”，帛書乙本作“怒”，今本作“作”。“怒”，指氣勢勝而奮起。

《莊子‧逍遙遊》："怒而飛。"

此兩句意謂：不知男女交和的事情，但小生殖器卻有時挺起，顯示精氣的充盈。

⑥ "終日唬而不嚘，和之至也"：

"唬"，帛書甲、乙本與通行諸本均作"號"。

"嚘"，同"憂"，《說文‧心部》："憂，愁也，從心，從頁。"徐鍇《繫傳》："憂心形於顏面，故從頁。"《正字通‧心部》："憂，憂本字。"帛書乙本作"㥑"，帛書整理小組云："'㥑'當為'憂'之省……此讀為'嚘'。"簡文"憂"字，證明帛書整理小組所言確鑿。"憂"當借為"嚘"，《玉篇‧口部》："嚘，氣逆也。"《太玄‧夷》："柔，嬰兒于號，三月不嚘。"王涯注："嚘，氣逆也。"王弼本作"嗄"，似為"嚘"之誤。高明先生曰："'不嚘'即不氣逆，正與下文'和之至也'相一致。'和'指氣言，如第四十二章'沖氣以為和'。由於赤子元氣淳和，故而終日號哭，而氣不逆滯。"（《帛書老子校注》頁95）

此兩句意謂：赤子雖然整日哭嚎，但氣息不逆，顯示著至柔的淳和。

見於古典文獻者：

老子曰："衛生之經，能抱一乎？能勿失乎？能無卜筮而知吉凶乎？能止乎？能已乎？能舍諸人而求諸己乎？能翛然乎？能侗然乎？兒子終日嗥而嗌不嗄，和之至也；終日握而手不掜，共其德也；終日視而目不瞚，偏不在外也。行不知所之，居不知所為，與物委蛇，而同其波。是衛生之經已。"（《莊子‧庚桑楚》）

上引資料，是《莊子‧庚桑楚》記載老子答南榮趎問道的"衛生之經"。《文子‧精誠》與《淮南子‧修務訓》均載有"昔南榮趎恥聖道而獨亡於己，南見老子"之事。〈庚桑楚〉篇稱庚桑楚為"老聃之役者"，南榮趎為庚桑楚的弟子。這雖是傳說，但不盡然全是虛構，似與老子學術的傳承有關。將老子"含（飲）德之厚，比於赤子"的觀念，發展成"衛生之經"，確實是一種哲學推衍的成果。相似的文字也出現在《管子》中，"能專乎？能一乎？能毋卜筮而知凶吉乎？能止乎？能已乎？能毋問於人，而自得之於己乎？"（《管子‧心術下》）馬王堆帛書也有"形恒自定，是我愈靜。事恒自施，是我無爲。靜翳（壹）不動，來自至，去自往。能一乎？能止乎？能毋有己，能自擇（釋）而尊理乎？"（《十大經‧名刑》）"衛生之經"與"精氣"的觀念，應當是相互配合形成的，它們都源自於"人"之本質問題的探索。也就是說，《老子》所提出"德"的新內容，取代了周文中"文王之德"的作用，而成爲戰國哲學"人"義的始源。"衛生之經"就是將此種"人"的本質意含，完成了結構性的論述。

⑦ "和曰禀"：

原釋文以括弧寫入"裳（常）"字，認爲"禀"爲"裳"字之誤，"裳"字，假爲"常"。帛書甲、乙本與通行諸本均作"常"。

魏啓鵬先生云："禀讀爲同，'和曰同'，其義可通。"（詳見其書解釋）

王弼本"和"字前有"知"字，帛書甲本，無，與簡文同。王弼本似因下句而衍"知"字。

此句意謂：能淳和，於是渾同〔泰初〕。

⑧ "智和曰明；賹生曰恙；心叓熮曰弱"：

"智"，知也。

《老子》書中另有兩處談到"常"與"明"的關係，"歸根曰靜，是謂復命；復命曰常，知常曰明。"（第16章）"見小曰：明，守柔曰：強。用其光，復歸其明，無遺身殃，是爲習常。"（第52章）

"賹"假爲"益"。《莊子‧德充符》曰："常因自然，而不益生。"

"叓"、"熮"，帛書甲、乙本與通行諸本均分別作"使"、"氣"。

"恙"，帛書甲、乙本與通行諸本均作"祥"。奚侗云："'祥'當訓'眚'。《易》'復有災眚'，子夏《傳》：'妖祥曰眚'。是'祥'有'眚'誼。'災眚'連語，'眚'亦'災'也。"（《老子集解》卷下頁14）原釋文認爲"恙"字爲"祥"字之假。但或許此處"恙"字爲本字。《說文‧永部》："恙，水長也。……詩曰：'江之恙矣。'"《廣雅‧釋詁上》："恙，長也。"《廣韻‧樣韻》："恙，長大也。""恙"，意謂由於"益生"而凸顯出自己,這樣的發展,就會造成下文所說"心蚤燮曰弼"。

"弼"字,假為"強"。《史記‧律書》:"故曰:'神使氣,氣就形。'"

《老子》重"柔弱"而反對"堅強",書中提到"堅強"都是負面的意義,如"強梁者,不得其死。"（第 42 章）"故堅強者死之徒,柔弱者生之徒。"（第 76 章）此處"弼"字指逞強。

此三句似衍釋上句"和曰常",意謂:領會著淳和,就能自然地顯明;增益地取生,就會突出了個己;以心縱使著氣,就將逞發著剛強。

見於古典文獻者:

中山公子牟謂詹子曰:"身處江海之上,心在魏闕之下。為之奈何?"詹子曰:"重生。重生則輕利。"中山公子牟曰:"雖知之,猶不能自勝。"詹子曰:"不能自勝則從之。""從之,神無怨乎!""不能自勝而強弗從者,此之謂重傷。重傷之人,無壽類矣!"故老子曰:"知和曰常,知常曰明,益生曰祥,心使氣曰強。"是故"用其光,復歸其明也。"（《淮南子‧道應訓》）

上段《淮南子‧道應訓》資料,所用事例取自《莊子‧讓王》與《呂氏春秋‧審為》。〈道應訓〉文字,也見於《文子‧下德》。〈下德〉篇引《老子》作"故曰:'知和曰常,知常曰明,益生曰祥,心使氣曰強。'是謂玄同,'用其光,復歸其明'。"這都是引《老子》經文來解證所言的事理,與《老子》原義有出入。

⑨ "勿壐則老,是胃不道■":

"壐",通行諸本均作"壯"。

此句帛書甲本作"□□即老,胃之不道,不道□□",乙本作"物□則老,胃之不道,不道蚤已。"均與王弼本同,"不道"後有"不道早已"四字。"物壯……早已"段,另出現於今通行本第 30 章。"物壯則老,是謂不道,不道早已。"

此兩句意謂:一切的事物,如果強求著自身意欲的增長,就導向於自己的終老，這不是"道"的運作方式。

【資料研究】

　　此章寫於竹簡編號第 33 簡至 35 簡中段，章尾有一墨點，屬於甲本第五組竹簡第一部分資料。全文對應王弼本第 55 章。因爲上章最後一句所載錄的竹簡尚餘有六、七字間距的空白，並且章尾記有 "ㄟ" 型的分章或分篇的符號，因此簡文此章，與前面對應王弼本第 56 ， 57 兩章的資料並不連屬。簡文此章之後的墨點，與下章間也有兩字間距的空白，與下章似乎也不相連。簡文此章之前如無缺失的竹簡，則原來即可能單獨成篇。實際上，簡文此處的資料顯示出一個極爲清楚而完整的思想結構。

　　此章的章尾說："勿（物）臷（壯）則老，是胃（謂）不道。"簡文無 "不道早已" 四字，因此，這兩句更像是全章述說的歸結。似乎這也就是此章說明的中心問題。"壯" 與 "老" 與此章首段所言 "赤子"，相互對反。因而，以 "赤子" 爲譬喻，說明的 "含德之厚"，與 "壯"、"老" 所說的 "不道"，二者之間就形成 "德" 與 "不道" 之間的相對結構。

　　何謂 "壯"？"壯" 有壯盛之義，而物的壯盛是指向自身的長大，也就是標顯出自身個體的存在。何謂 "老"？"老" 有 "衰落" 之義，而物的衰落是指向自身的老死，也就是自身個別的消亡。

　　簡文以 "赤子" 爲譬喻。赤子經過成長壯大以至於老死，這是人的自然過程。《老子》當然不是僅就此事來取喻。那麼，"壯" 與 "老"，就該有其他的意義與作用。"老" 則 "不道"。"不道" 意謂甚麼？此章首段說 "嗇悳之厚者，比於赤子"，既然 "老" 爲 "赤子" 之反，"不道" 即應指 "含德" 之反。因此，我們可以這樣說：

　　　　　嗇德之厚＝（比於赤子） ← → （物壯則老）＝不道

　　仔細思考這種說法，"不道" 不是單純地指 "無德"，而是指不能 "嗇德之厚"。也就是針對 "嗇德之厚" 的反面來說。那麼，"嗇……厚" 的語式表現了何種哲學的意義與作用？"嗇"，可以解爲 "含"，但它卻與 "飮" 字同音同義，"飮" 引申有 "隱沒" 之義。因此，"嗇" 指一種含蓄，一種含容與積蓄，一種隱沒於"德"中的涵藏。這種深幽的涵藏，是"厚"。"盍……厚"的語式，表達了"德"的隱蔽與涵藏的性質。這樣，所謂"不道"的意義，就指不能隱蔽涵藏於"德"中，而外向彰顯於取得，也就是"壯"。

全章使用了赤子的譬喻：因爲赤子無知無覺，不顯出與外在事物的對峙，所以，惡虫猛獸，在無抵逆的對象前，不會有傷害與襲擊的意圖。赤子的筋骨柔弱，但手中持物則會牢固不放，生殖器隨著精氣的充盈而堅硬，哭啼竟日，順服著元氣的淳和而不會氣逆。

赤子的譬喻說明了隱蔽於"德"的涵藏。"德"是萬物的本質，在本質中的運作《老子》稱之爲"和"。因此，赤子之和，顯示出相對於"壯"的外露而爲內在隱蔽的淳和。這種淳和是萬物存在的恆常，所以"和曰常"。萬物的存在保持著淳和的恆常，也就映照著"道"的運作而自得其所然。

相對於"盍德之厚"的隱蔽，"不道"就是一種彰顯與建立。"益生"是增長。簡文"羕"字，今通行各本均作"祥"，而解爲災異之"祥"。但"羕"的本義爲"長"。從簡文的哲學結構來看，因爲"益生"是指向於"壯"，所以被稱爲"羕"。此處"羕"字所說明的是萬物運作的方式，而不是一種價值的判定。"羕"指"增長"，這被視爲是"不道"的運作，而不是直接指出它爲"災異"。以"羕"字的本義來了解，當更能合於此處的解析。"益生"與"心使氣"，都是增長與壯大的原因。"心使氣"則"強"（強大），"益生"則"羕"（增長），二者的意思是相同的。"益生"是赤子漸次地成長而彰顯爲個體的人，"心使氣"是赤子意欲的形成而建立起逞強的作爲。這便是"壯"。"物壯則老"，物的自爲成長，必定導向一物的終老，"是謂不道"。

"物壯"是"不道"，則"不道"之"不"，也就成爲"道"之"反"。"道"之"反"，同時顯示出只有消除"物壯"之"壯"，才能合於"道"的本然。因此，"反"的作用同時也就表現爲"返"。"不道"回應著"盍"，復返於"盍德之厚"的隱蔽與涵藏。

赤子因成長而歸趨於"壯、老"，但"壯、老"的始源是"赤子"。由這種取喻說明著：由隱蔽的涵藏中，因爲"益生"與"使氣"的展示，而導致了"不道"之"不"的結果。但在"不"的"反"與"返"中，又回復到"盍德之厚"的隱蔽與涵藏。這種說明的結構，清楚地展現了"道"與"德"兩觀念同時具有內在的分離與終始的復歸。因爲，萬物的運作爲"道"，萬物之所以運作者爲"德"。萬物之爲物者爲"德",萬物之所以爲物者爲"道"。二者在其推展的分離中,而相互地繫聯著。

　　帛書兩本與王弼本,"含"字均作"含",王弼注曰:"含德之厚者,不犯於物,故無物以損其全。"這種了解強調著"全",應合了河上公注曰:"謂含懷道德之厚也。"但若承襲著這種注解的義理,《老子》此處"隱蔽"與"反"的多向作用,就隱晦而消失了。或許也就因爲這樣的了解,今通行本連綴著像似注解性的"不道早已"四字。

☆

19；66；46中下；30上中；15；64下；37；63；2；32；／25；
5中；／16上；／64上；56；57；／55；**44**；40；9

名與身箸新？身與貨（三十五）箸多？

貴與貨箸疠？甚忑必大賀，

厇臧必多貨。

古智足不辱，智止不怠，

可（三十六）以長舊。

名與身籌（孰）新（親）？身與貨籌（孰）多？貲（得）與賣（亡）籌（孰）疠（病）①？甚惡（愛）必大費（費），厚（厚）賹（藏）必多賣（亡）②。古（故）智（知）足不辱，智（知）止不怠（殆），可以長舊（久）③。■

名與身孰親？身與貨孰多？得與亡孰病？是故甚愛必大費，多藏必厚亡。知足不辱，知止不殆，可以長久。（王弼本）

名與身孰亲（親）？身與貨孰多？得與亡孰病？甚□□□□，□□□□亡。故知足不辱，知止不殆。可以長久。（帛書甲本）

名與□〔以下全毀〕（帛書乙本）

名與身孰親？身與貨孰多？得與亡孰病？是故甚愛必大費，多藏必厚亡。知足不辱，知止不殆，可以長久。（傅奕本）

【文字釋析】

① “名與身籌新？身與貨籌多？貲與賣籌疠”：

　　“籌”與“孰”音近通假。“新”，帛書甲本與王弼本作“親”。

　　“貲”，從“貝”“之”“聲”，與“得”音近通假。

　　“賣”，“亡”字之異體。

　　“疠”讀作“病”。“疠”，帛書甲本與王弼本均作“病”。

　　此三句意謂：聲名與存身，何者為親近？存身與財貨，何者為貴重？得利與毀身，何者為患害？

② “甚惡必大費，厚賹必多賣”：

　　“惡”，王弼本作“愛”。《說文・心部》：“惡，惠也。”《玉篇・

心部》：“㤅，今作愛。”

“資”，王弼本作“費”。

“厉”字，从“厂”，“句”聲，讀作“厚”。

“贎”，王弼本作“藏”。“亡”，王弼本作“亡”。

此兩句意謂：過分地強調仁惠，必定〔使質樸的本性〕受到耗損；豐富地積藏財貨，必定〔使自然的存身〕受到殘害。

③ “古智足不辱，智止不怠，可以長舊■”：

“怠”，王弼本作“殆”。此句之後有分章的墨點。

通行本《老子》第 32 章曰：“始制有名，名亦既有，夫亦將知止，知止可以不殆。”

《老子》“長久”的意含，可參照書中其他章節，如“天地所以能長且久者，以其不自生，故能長生。”（第 7 章）“治人事天莫若嗇。夫唯嗇是謂早服，早服謂之重積德，重積德則無不克，無不克則莫知其極，莫知其極可以有國，有國之母可以長久，是謂深根固柢，長生久視之道。”（第 59 章）

此段意謂：所以知道內在的充盈，就不會遭受存身的屈辱，知道外向的終止，就不會導致存身的危難，這樣可以保持存身的恆長與久遠。

見於古典文獻者：

今學者皆道書筴之頌語，不察當世之實事……老聃有言曰：“知足不辱，知止不殆。”夫以殆辱之故而不求於足之外者老聃也，今以為足民而可以治，是以民為皆如老聃也。故桀貴在天子而不足於尊，富有四海之內而不足於寶。君人者雖足民，不能足使為天子，而桀未必為天子為足也，則雖足民，何可以為治也？（《韓非子·六反》）

上段《韓非子·六反》資料，說明治國必須重賞罰，講事功，有過受罪，以功致賞。不能期盼人民“皆如老聃”，因為遭受到危險與屈辱的緣故，而不求足於外。晉法家重視治國的法制，用嚴謹的制度積極地管制人民生活的作為，以求富國強兵。這種只求實效的政治思想，與《老子》此處的哲學思想無關。所引用的《老子》經文，似乎僅作爲一種反例來說明。

＊

> 昔者智伯驕，伐范中行而克之，又劫韓、魏之君而割其地。尚以為未
> 足，遂興兵伐趙。韓、魏反之，軍敗晉陽之下，身死高梁之東，頭為
> 飲器，國分為三，為天下笑。此不知足之禍也。老子曰：“知足不辱，
> 知止不殆，可以修久。”此之謂也。（《淮南子·人間訓》）

上段《淮南子·人間訓》資料，是引用《老子》經文來解證智伯“不知足
之禍”。這是將《老子》的經文當作箴言來領會。

【資料研究】

簡文此章寫於竹簡編號 35 簡下段至 37 簡上端。全文對應王弼本第 44 章。
基本上，二者文字的義理，差異不大。但我們發現一個頗有趣味的事情，今通
行本的“得”、“亡”、“費”、“藏”等字，簡文作“貴”、“貣”、“賷”、
“贓”，均從“貝”。我們雖然不從文字學上來思考這種情形牽涉的問題，但
因其著重在“貝”上，而以“貝”字形爲偏旁的字，均與“價值”相關，或許
此種現象提供我們一些線索，來辨析“名”、“身”與“貨”三字所指向的哲
學問題。

此章說明的重點在“身”，也就是“存身”與“處身”的哲學問題。“存
身”在“知足”與“知止”。“足”，指內在的充盈，“止”，指外在的終止。
而所謂的“內在”與“外在”，表現在“身”的主體性回顧，與“名”、“貨”
的外向性追求上。

此章前段，王弼注曰：“尚名好高，其身必疏；貪貨無厭，其身必少，得
多利而亡其身，何者爲病也？”河上公的注爲：“名遂則身退也，財多則害身
也。好得利則病於行也。”

這兩種注，均將“名”、“貨”，分別解釋爲“聲名”與“財貨”，因此，
“得”就指“得利”，而“亡”指“害身”。但是，此章的結語是“知足不辱，
知止不殆，可以長久。”何謂“長久”？它必定與“身”相關。“身”的“長
久”說明了甚麼？河上公的注透露出一些消息，他說：“人能知止足，則福祿

在己。治身者神不勞，治國者民不憂，故可長久。"因此，所謂的"長久"是與人的"處身"有關。但哲學思想的結構來看，"處身"又說明了甚麼？簡文"甚悉必大賷（費），帀（厚）賮（藏）必多貞（亡）"兩句，向我們顯示了重要的指向。

此句"甚（或厚）……必"的語式，說明著一個發展的方向。"甚（厚）"，指過度的發揮，而"必大費"與"必多亡"，指趨向於毀壞。而這個發展的開端，是"悉"（惠）與"賮（藏）"。

"悉"，今通行各本均作"愛"，而此字的本義為"惠"。"惠"與"愛"，意含相近，"惠"、"愛"均具有"仁"的意含。"惠"或"愛"，應當指涉"仁惠"或"仁愛"，也就是人文性的價值。這種價值表現在"名"的觀念上。

"賮"，王弼本作"藏"。此處所說的"厚藏"，當指"貨"。"貨"，當然是財物，於是一般就了解為"豐富積藏的財貨"。但《老子》說"身與貨孰多？""貨"與"身"的差別在那裡？"貨"是一種"得"，而且是由"身"外獲取的"得"。"得"的古字形所象的形狀，就是"手中持貝"形。"貝"曾經被古人當作貨幣，因此，"手中持貝"是在說明"以所持者為財富"。"財富"具有價值的意義，而且是由"身"之外所取得的價值。

"貨"指出一種取得於外的價值，而"名"是指形發於內的價值取向。這都是一種"得"。"得與亡孰病？""得"與"亡"，是二個相互對反的語詞。此章前兩句是區分"名、身"與"身、貨"，比較二者的親貴與得亡。因此，以"名、貨"為"得"，則"身"為"亡"。但這卻隱含著以"身"為"得"，則"名""貨"為"亡"。

以"身"為主體，"名"與"貨"的"得"是甚麼？顯然，它不是"身"所本有者。它們來自於"悉（惠）"與"賮（藏）"，也就是人文價值的仁惠與取得於外的積累。以"身"為"得"的"得"，即是存身的"長久"，但這卻是"知足"與"知止"，也就是"名"與"貨"的"亡"。在人文發生的始源中，保持著自然的存身。

今本《老子》中，有九章之多提到了"身"的觀念，其重要性要高過於"心"。"身"指出一種存身的處境，它不但是思辨性的哲學觀念，也真確地體現為人存在的事實。此章以"可以長久"結束，"可以"一詞不正表達了身處人文世域之中，“存身”之事的艱困與無奈。

　　“知足不辱，知止不殆”，這已成爲極其平凡的格言。但面對這類箴言的告示，我們是否需要復返到哲學的考慮上去，而在這種考慮的領會之中，真實地發現那種箴言的意義與作用？

☆

19；66；46 中下；30 上中；15；64 下；37；63；2；32；／25；
5 中；／16 上；／64 上；56；57；／55；44；40；9

返也者，道僮也；溺也者，道之甬也。

天下之勿生於又，生於亡。

（竹簡文字）

返也者，道僮（動）也①。溺（弱）也者，道之甬（用）也②。天下之勿（物）生於又（有），生於亡③。■

反者，道之動；弱者，道之用。天下萬物生於有，有生於無。（王弼本）

□□□，道之動也；弱也者，道之用也。天□□□□□，□□□□。（帛書甲本）

反也者，道之動也；□□者，道之用也。天下之物生於有，有□於无。（帛書乙本）

反者，道之動；弱者，道之用。天下之物生於有，有生於無。（傅奕本）

【文字釋析】

① "返也者，道僮也"：

"返"，帛書乙本與王弼本作"反"。"反"可訓爲"返"，但"反"也有"相反"、"循環"等義。簡文作"返"，當更清楚表達了《老子》此處的本義。

"僮"，帛書甲、乙本與王弼本均作"動"。"僮"字，假借爲"動"。《馬王堆漢墓帛書・經法・論》："一曰觀，二曰論，三曰僮，四曰轉，五曰變，六曰化。"

《老子》書中"返"與"復"的作用相同，均指向於"始源"的復歸。簡文對應王弼本第16章："萬勿（物）方（旁）复（作），居以須復也。天道員員，各復其堇（根）。"

此兩句意謂：在"復返"之中，體現了"道"的運作。

② "溺也者，道之甬也"：

"溺"，帛書甲本與王弼本作"弱"。

此兩句意謂：道的作用顯發在"柔弱"之中。

見於古典文獻者：

> 故道者，虛無、平易，清靜、柔弱、純粹素樸，此五者，道之形象也。
> 虛無者，道之舍也；平易者，道之素也；清靜者，道之鑒也；柔弱者，
> 道之用也；反者，道之常也；柔者，道之剛也；弱者，道之強也。 純
> 粹素樸者，道之幹也。虛者，中無載也，平者，心無累也。(《文子·
> 道原》)

上段《文子·道原》資料，不見於《淮南子》，屬古本《文子》。《文子》
將"虛無、平易，清靜、柔弱、純粹素樸"作爲道的五種形象，是《老子》
哲學的一項重要發展。對於"道"這些形象性的描述也見於《莊子》"故
曰：夫恬惔、寂漠、虛無、無爲，此天地之平而道德之質也。"(〈刻意〉篇)
而《莊子》以"故曰"引用，或許即來自古本《文子》的資料。《淮南子》
有多處引用了這些"道"之形象的說明，如〈俶真訓〉即曰："是故：虛
無者、道之舍，平易者、道之素。"但作爲"道"之形象的"柔弱"觀念，
與《老子》此處以"柔弱"一詞所發揮的作用不同。《老子》是就"道"
的發生性狀來說，"柔弱"是指"道"的運作方式，而《文子》卻將它納
入到"道論"的解說中，成爲一種"道"觀念的性徵。這顯然是哲學推衍
性的闡釋。

③ "天下之勿生於又，生於亡"：

此句帛書甲本殘，僅留"天"字，乙本作"天下之物生於有，有□於無。"
王弼本作"天下萬物生於有，有生於無。"《老子》古本似應作"天下
之物"。

原注曰："簡文此句句首脫'有'字，即上句句末'又'字脫重文號，
可據帛書乙本補。"

"生於又有，生於亡"，其中是否脫"又"字的重文號，對《老子》此
章思想的瞭解，影響極大。雖然此事很難加以判定，但就《老子》思想
的整體結構來說，簡文有可能記錄《老子》資料的原樣。詳細的說明，
參閱下文分析。

此兩句意謂：天下的個別事物，發生於"有"、"無"的交互作用之中。

見於古典文獻者：

> 無形而有形生焉，無聲而五音鳴焉。無味而五味形焉，無色而五色成焉。故有生於無，實生於虛。（《文子·道原》）

上段《文子·道原》資料，也見於《淮南子·原道訓》。"有生於無"與簡文文句不同，而合於通行各本。全文發揮"始源"的觀念，應承襲《老子》的思想。至於"有生於無"的問題，見下文分析。

【資料研究】

簡文此章寫於竹簡編號第 37 簡中段。全文對應王弼本第 40 章。簡文首句，"反也者，道僮（動）也"，各本"道"字後，均有"之"字。而簡文末句，"生於亡"，各本"生"字前，均有"有"字。此二處差異，極可能是簡文的脫漏。但若簡文原本即如此，並無脫漏，那麼，簡文《老子》就表現了另一種哲學思考的方向。我們分兩點來說明：

第一、"道僮"與"道之動"：

此章首二句，帛書乙本作"反也者，道之動也；〔弱也（據甲本補）〕者，道之用也。"簡文作"返也者，道動也；弱也者，道之用也。"二者表面上似乎並無太大的不同，"反"本來就可假借為"返"，而"道（僮）動"與"道之動"，若不是脫漏了"之"字，二者的意含仍是相同的。因此，一般對於首二句的解釋為：向著相反的方向變化，是"道"的運動；保持著柔弱的狀態，是"道"的作用。根據這樣的解釋，此二句的結構是：

反 ＝ 道之動

弱 ＝ 道之用

這是以"反"、"弱"來說明"道之動"與"道之用"。"反"與"弱"均表達著某種狀態或性質，"道之動"與"道之用"也就成為以此兩種狀態對"道"的描述。可是，這樣的解釋，僅將"道"作為對象來加以描述，而不是透過這兩句話顯發了“道”的運作。因此，我們要考慮，假如簡文“返也者，道動也”，這句話並沒有脫“之”字，那麼它可能表現了甚麼？

首先，它不是與下句對稱，以作爲對“道”的描述。

其次，“返也者”與“道動也”二句的關係，並不是文字上句序的安排，而是事情發生的前後聯繫。

再次，“返也者”實際所表現的是一種“返”的要求，或是開啓一種進入“返”的狀態。在這個狀態中，彰顯了“道之動也”，即“道”的運作。

“返也者”，強調著“返”的動作，即復返；在此復返之中，“道動也”，“道”的運作於是彰顯。“返也者”不是描寫著“道”的狀態，它的說出是一種“要求”，而在要求中，“道”的運作被顯發而揭示出來。“道”是恆常環周的運作，在其環周的運作中，“始”與“終”是一如的。但萬物則由其各別興作的“始”，單向發展地導向其“終”。因此，“返”的作用是要復返到這種“終始一如”的環周運作之中。“反也者”是就萬物的復返來說的，因爲萬物個別的“始終”運作，只有“長”，而不是“返”，它只完成了個別的運作。只有在萬物的“返”中，也就是在“各復其堇（根）”中，作爲一切運作之始源的“道”，才能作爲“始終一如”的運作而彰顯出來。

“返”與“道動”是相互呼應的，它不是描述著或說明了“道之動”。“返”的運作發生了，於是“道”的運作得以彰顯。而作爲二者相應的根基狀態，是“道”恆常環周的始終一如。在“始終一如”的環周中，萬物之個別“始”與“終”的對立被消除。所以，“返”實際上即蘊涵著“反”的向度。簡文作“返”，而帛書乙本作“反”。就哲學問題的發生來看，帛書的“反”字，表現了更多思辨的作用。因爲，就文字的應用來說，我們認爲像“返也者，道動也”這種顯示著哲學問題發生情狀的語句，要比思辨解析的“反也者，道之動也”，更表現了問題發生的實情。

我們將“弱也者，道之動”瞭解爲：在“返也者，道動”中，“弱”成爲“道之用”，即“道”運作的效用。我們不認爲此句的意含是：“弱”爲“道之用”，也就是以“弱”來指涉“道”的作用。萬物的“返”揭示了“道”的運作，於是這種“返”的運作就體現在“弱”中，成爲“道之用”。“道之用”，雖然發生在“道動”之中，但“弱”的作用仍是就萬物來說的，只有在“弱”

中，萬物的“返”才應和著“道”的運作。

　　萬物並非離開了“道”而自存，同樣地“道”並不是與萬物的運作無關。萬物的各別運作成就了個別的存在，就此個別性來說，只有“返”的發生，才顯示了“道”為一切運作的始源。我們可以用一圖示，來說明這種萬物與“道”之間的運作關係：

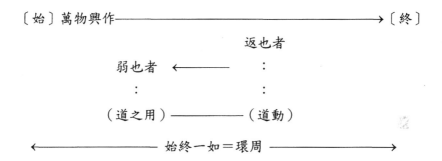

　　在“返也者，道動也”的言說中，萬物始源的復返發生了。繼而，“道”的效用就表現在“弱”中。作為“道之用”的“弱”，是“道”所施展於萬物的效用。“返”揭示著“道”始終一如的環周運作。萬物的“弱”即體現著在“道”環周運作之中，“始”與“終”渾同而如一。

　　簡文的首句無“之”字，因而有了上述的設想。假如這只是因為抄寫時的疏忽，遺漏了此字，我們設想性的說明不就失去了解析的意義了嗎？但是，我們是否也可說，即便是簡文脫漏了“之”字，對於《老子》這二句意義的瞭解，也需要從哲學思想結構的展示上來思索呢？帛書乙本在“反”與“弱”字之後，均有“也者”二字。“也”這個助詞，已經不見於今通行各本。難道這個助詞根本不發揮任何表達的作用？或許，今通行本中所省略的“之”字，實際上隱蔽了那個在文字表達之後哲學思索的意義與作用。能考慮著這種哲學表達的性質，簡文中“之”字的有無，就不限制在文字校勘的問題上了。或許，如帛書乙本的文句，雖然有著“之”字，仍然是在這種哲學作用的說明中來陳述的。

第二、“生於無”與“有生於無”：

　　簡文的末段為：“天下之勿（物）生於又（有），生於亡。”“天下之勿”，王弼本作“天地萬物”，“天下”與“天地萬物”的意含相近，二者並無多大的差異。但"生於亡"之前是否脫"又"字的重文號,也就是簡文是否說"有生於無",這在哲學的意義上,就顯出了根本的不同。

按照簡文的釋文,它所要表達的思想是:"天下之物生於有,同時天下之物也生於無。"

帛書乙本與今通行各本,它們均在說明:"天下之物生於以'有'指涉的基礎,而'有'卻生於以'無'所指涉的根源。"

在簡文中,"有"與"無",二者是相生的,但在帛書與今通行各本中,二者並不是相生,而是"有"生於"無"。這種觀念上的差異,不但對《老子》此章的思想會產生不同的解釋,就是對《老子》全書思想的瞭解,也會出現不同思索的方向。到底簡文此處是不是真的脫漏了"又"字的重文符號?而"有"、"無"是否以其實體性指涉的性質,表現了二者存在上的先後發生關係?在回答此種問題之前,我們試從《老子》書中關於"有"、"無"觀念的用法上來預做些分析。

首先,我們分析簡文《老子》三本中,對於"無"字的使用情況。"無"字,在簡文中寫作"無"者有7次,而寫作"亡"者有30次。二者的使用,並沒有特別的區分,如"我無事而民自福,我亡爲而民自蠱。"一寫作"無",一寫作"亡",意含一致。簡文中"無"或"亡",多用作否定詞,如"亡又"、"亡爲"、"亡敗"、"亡執"、"亡名"等。僅有此章與對應王弼本第2章的"又亡之相生也"句,"亡"字是當名詞來用。在今通行各本中,除極少數幾處外,"無"字也均作否定詞使用。而這幾處當作名詞用的地方,是值得我們特別注意的。

> 三十幅共一轂,當其無,有車之用。埏埴以為器,當其無,有器之用。鑿戶牖以為室,當其無,有室之用。故有之以為利,無之以為用。(《老子》第11章)

上引文中,"有"與"無",是指兩個具有實體性的觀念。萬物以"有",取得其個別的存在,同時,萬物以"無",發生其所呈現的作用。但"有"、"無"之所以分別提出,是爲著說明"利"、"用"二者的構成。"三十幅共一轂"、"埏埴以爲器"與"鑿戶牖以爲室",都是完成了個別器物的"有"。

而“有”的成立在於“利”，“利”就是“取得”。因爲，萬物的個別成立，必然具有它之爲“有”的意義，此種“有”的意義，就是它的“利”，它的“取得”。但“利”來自於“用”，也就是藉諸於“用”而成就其爲“利”。“利”是一種完成的“用”，“用”表現在“利”中，透過“有”呈現出來。但又因“利”而達致其“用”的“用”不來自於“利”，“用”不能來自於“有”，它來自於使“有”之所以爲“有”者。使“有”之所以爲“有”者，或使“利”得以爲“用”者，就是相對於“有”的“無”。

因此，“有”、“無”兩觀念是對立相生的，並且是在“利”、“用”的關係中呈現出來。“無”在“有、無”與“利、用”的相對關係中，因爲它不是“有”，所以能發揮著與“有”不同的作用。“有”之爲“利”，並不能僅藉著“有”而發生，它必須在“無”中，以取得其“用”。反過來說，“無”之能爲“用”，並不在“無”中彰顯，它是透過“有”的取得，以發揮其“利”。我們認爲《老子》第 11 章，並不是藉“有”、“無”的實體性指涉，來表達“‘有’是生於‘無’”的思想。

　　無名萬物之始，有名萬物之母。（帛書甲、乙本第 1 章）

《老子》第一章涉及極爲複雜的斷句問題。帛書本《老子》下句作：“故恆無欲也，以觀其眇，恆有欲也，以觀其噭。”以“無欲也”、“有欲也”斷句。王應麟曰：“首章以‘有’、‘無’斷句，自王介甫始。”魏源曰：“‘無名’、‘無欲’四字，司馬溫公、王安石、蘇轍皆以‘有’、‘無’爲讀，河上公諸家皆以‘名’字、‘欲’字爲讀。”帛書既然說“無欲也”、“有欲也”，其前的文句就不應當將“無名”與“有名”分開。我們認爲《老子》此處應當是以“無名”，“有名”來斷句的。這樣也就不存在以“無”爲實體性指涉的問題。或者，即便是《老子》原來確實標立出“有”、“無”兩觀念，此處以“無”指“萬物之始”，以“有”指“萬物之母”，“有、無”是因“始、母”的探析而提出的。它們仍然也是一組相生共存的觀念。不可能表達“有生於無”的思想。

因此，就現有《老子》資料，“有”、“無”的觀念似乎都是以二者相生並舉的。可是在今通行本的第 40 章中，卻出現了“天下萬物生於有，有生於無。”所以王弼注才說：“天下之物，皆以有爲生。有之所始，以無爲本。”而河上

公也注曰："萬物皆從天地生，天地有形位，故言生於有也。天地神明，蜎飛
蠕動，皆從道生。道無形，故言生於無。"這樣，"有"與"無"，就成爲"末"
與"本"的關係，一爲"在後"，一爲"在先"。這也就是王弼所說："《老
子》之書，其幾乎可一言而蔽之。噫！崇本息末而已矣。"（《老子指略》，見《王
弼集校釋》頁198）。這種"本末"的關係不是相對的，而是"末"生於"本"，也
就是"有"生於"無"。

魏晉人對《老子》的瞭解，是以"無"爲"本"，而所謂"崇本"即是對
於"始源"的復歸。《老子》確實強調著"始源"的復歸，也就是"返"。但
《老子》書中是否明確地以在"有"之先的"無"，來指涉"始源"？

"有"、"無"既然與萬物存在的始源有關，我們首先來看一下《老子》
第51章對此類"始源"作用所解釋的內容。

> 道生之，德畜之，物刑之，器成之。是以萬物尊道而貴德。道之尊也，
> 德之貴也，夫莫之爵也，而恆自然也。

上段《老子》的資料，說明萬物的存在條件爲"道、德、物、勢"。"物"
的條件賦予萬物以"界定"，即"刑（形）"，而"器"或"勢"（王弼本作'勢'），
成立了萬物個別的殊異關係。"物"與"器"兩條件，均爲萬物之"得"，所
以均可統含在"德"的觀念中。因此，萬物的存在基本上來自於"道"與"德"。
萬物由"道"而生，而"德"是萬物之各有其得的條件，因此，在"道生之、
德畜之、長之、育之、亭之、毒之、養之、覆之"中，展現它們各自的存在。
這樣，若是萬物無"得"，即無"德"，無"德"就沒有"生"的事情發生。

按照這樣的解釋，若是以"德"爲本質的"有"，以"道"爲始源的"無"，
萬物就應當說是"生於有，生於無"。所謂的"無"就不在"有"之先，而是
與"有"共同作爲萬物存在的"始源"。《老子》第43章曰："天下之至柔，
馳騁天下之至堅。無有入無間。"而若是據《淮南子·原道訓》所引與傅奕、
范應元本，則後句均作"出於無有，入於無間"。"無有"與"無間"更清楚
地說明著"無"與"有"是相生並起的兩極，而"出"與"入"也顯示著萬物
的所出與所在。

《老子》的原始文字是"天下之物生於有，有生於無"嗎？假如我們以"無"
來喻"道"，以"有"來喻"德"，"有生於無"的問題，就成爲"德生於道"。

《老子》書中的"道"是否是在"德"之先而爲絕對自存的"無"？我們試將今通行本《老子》全書中，除去上引第 51 章外，關於"道"、"德"同時出現的資料整理如下：

1. 孔德之容，惟道是從。（第 21 章）
2. 從事於道者，同於道。德者同於德。失者同於失。（第 23 章）
3. 故失道而後德，失德而後仁，失仁而後義，失義而後禮。（第 38 章）
4. 明道若昧、進道若退、夷道若纇、上德若谷、……廣德若不足，建德若偷。（第 41 章）
5. 含德之厚比於赤子。……物壯則老，謂之不道，不道早已。（第 55 章）
6. 早服謂之重積德，……是謂深根固柢，長生久視之道。（第 59 章）
7. 古之善爲道者，……常知稽式是謂玄德。（第 65 章）
8. 有德司契，無德司徹。天道無親，常與善人。（第 79 章）

第 2 處引文，"德"字假爲"得"。第 4 處引文，"道"與"德"僅並列陳述，並無二者間關連的說明。第 8 處引文"德"與"天道"則分別陳述，與我們此處的考慮無關。其他 5 處引文雖談及"德"與"道"的關係，而其中第 1 與第 3 處引文值得我們特別地重視。

第 1 處引文的句子出自《老子》第 21 章。"孔"或訓爲"大"（河上公注），或訓爲"空"（王弼注）。"大"與"空"，在表達上均有極致性的作用。因此，"孔德"應當指"德"的本質。"容"，又有"動"的意含。此句的意思是說："德"的本質性的運作，惟有順從著"道"。而第 4 處引文來自《老子》第 38 章。《老子》第 38 章解析人文建構中"禮"的發展程序，及其衍生的根源。因此，"失道而後德"，是說：離開始源自然的"道"，即形成人文基礎的"德"。這兩處引文，是從不同的方向，說明了"道"與"德"的內在關聯。

在這《老子》這兩章的思想中，"道"與"德"的觀念是否以"有生於無"的方式，來說明"德生於道"？

《老子》第 21 章在"孔德之容，唯道是從"之後，說："道之爲物，惟恍惟惚。"因此，"道"可說是惚恍而無形。《老子》第 32 章也說"道常無名。"但"道"之爲"惚恍"或"無名"，不是以"無"的實體性指涉來界定"道"，而是就人的尋索方式來說明"道"的不定性。也就是如《老子》第 14 章所說：

視之不見名曰夷，聽之不聞名曰希，搏之不得名曰微。三者不可致詰，故混而為一。一者（據帛書與傅奕本補），其上不皦，其下不昧，繩繩不可名，復歸於無物。是謂無狀之狀，無物之象，是謂惚恍。

"無名"是"不可名"，"惚恍"是"無狀之狀，無物之象"。"道"不能以"名"來界定，不能以"物"或"狀"來成形。"無"的作用是消除著"有"的限制，以指向於"道"，而不是以"無"界定了"道"。這樣看來，《老子》第21章中"德"所順從的"道"，是映照與協同著"道"的始源運作，不是以"有生於無"的關係來說明的。

《老子》第38章所說明的"道"、"德"關係，是從"上德不德，是以有德，下德不失德，是以無德"來說的。"上德不德"之"德"，指人文建構之前的"道"，所以"有'德'（始源自然運作之'得'）"，而"下德不失德"之"德"，指人文建構根基的"德"，所以"無'德'（失去始源自然運作之'得'）"。"失道"之後，才出現了"德（人文建構定向之'得'）"。這種"上"、"下"的關係，將"道－德"的作用安置在徹底人文導源的考慮上。"道"指向"自然"之域，而"德"就指向"人文"之世。相對於人文的建構，"道"是非人文的原始。"道"表現著"質樸"的作用，而一切"形器"的建制均在"德"的基礎上來展現。因此用否定性的"無德"，消除人文的性質，來指向於以"道"所說的"自然"。此處"道"字所指涉的，是統含了一切建構可能的始源，"德"緣起於"道"。所以，"道"、"德"的關係也並非"有生於無"。

從上述《老子》中"有"、"無"觀念的使用，與相應的"道"、"德"相互的關係，似乎說明《老子》書中，並未以"有"、"無"的實體性指涉，來表達著二者間存在上的先後發生關係。因此，我們很難說，簡文確實脫漏了"有"字。或許簡文"生於有，生於無"的文句，確實屬於《老子》古本所有。而其中"有"、"無"觀念的個別出現，使得在較後的流傳過程中出現了"有生於無"的解釋。

在《文子‧道原》有一段未見於《淮南子》的資料，它說：

夫道，"有無相生也，難易相成也。"是以聖人執道虛靜、微妙以成其德。故有道即有德，有德即有功，有功即有名，有名即復歸於道，功名長久，終身無咎。王公有功名，孤寡無功名，故曰："聖人自謂孤寡。"歸其根本，功成而不有，故有功以為利，無名以為用。

此處首段文字所表現的思想相當特殊。"有無相生，難易相成"，見於《老子》第 2 章，它的原意是解釋稱名的相對性質。也就是任何稱名的界定，必落入相對的關係之中。但是，《文子》卻將"道"與"有無相生，難易相成"的性質連繫起來，這是否意為著《文子》書中也保留著以"有、無"的相互關係，來解釋"始源"之"道"的思想？《文子‧微明》中另有一段資料談及"道"與"德"的關係：

> 德之中有道，道之中有德，其化不可極；陽中有陰，陰中有陽，萬事盡然，不可勝明。福至祥存，禍至祥先；見祥而不為善，則福不來；見不祥而行善，則禍不至。

上段資料並未出現於《淮南子》，其中"道"、"德"二者仍是相生互起的。可是由於《文子》一書的駁雜與錯亂，其中也有與此種思想不同的相關資料，如：

> 無形而有形生焉，無聲而五音鳴焉。無味而五味形焉，無色而五色成焉。故有生於無，實生於虛。（《文子‧道原》）

此段資料同時也出現在《淮南子‧原道訓》中。由於《淮南子》的殘篇曾經混入《文子》書中，或許這不是原本《文子》所有的資料。但也有可能是文子學派後來發展出的思想。

趙建偉先生在其近作〈郭店竹簡《老子》校釋〉一文中，提出三點理由，說明"有生於無"可能不是《老子》經文的原來形式。他說：

> 仔細考察會發現帛書本、今本重出的"有"字可能是有意識增出的，原本"有"字不重。理由如下：
>
> 首先，"天下之物"是兩個"生"字句的形式主詞（即"受事主詞句"，也叫做被動句，即天下之物既"被有生"，也"被無生"），多一"有"字，則兩個"生"字句已被割裂。
>
> 其次，如果是"天下之物生於有，有生於無"，便是有意將"有"降格，被"無"所領屬；而實際上老子明言"有無相生"（第 2 章），

二者是並列的。

第三，老子說"無，名天地之母；有，名萬物之母"（第1章），又
說"天地有始，以為天下母"，可知"始"與"母"是並列的，因此
"無"與"有"也是並列關係。（收入輔仁大學主辦"本世紀出土思想文獻與中
國古典哲學研究"論文集，199年1月15-17日）

雖然趙先生的說法，可能仍有商榷的餘地，譬如"有生於無"句，"有"
可以是另句的主詞，而他對於《老子》第一章的斷句，也似與帛書本不同。但
趙先生認為"重出的"有"字可能是有意識增出的"，這是從中國古典思想的
發展來思索問題，值得我們重視。因此，假如《老子》的思想是萬物"生於有，
生於無"，則"有生於無"的觀念又是如何興起的？

我們在《莊子·天地》中發現一段資料，它說：

> 泰初有無，無有無名；一之所起，有一而未形。物得以生，謂之德；
> 未形者有分，且然無間，謂之命；留動而生物，物成生理，謂之形；
> 形體保神，各有儀則，謂之性。性脩反德，德至同於初，同乃虛，虛
> 乃大。合喙鳴；喙鳴合，與天地為合。其合緡緡，若愚若昏，是謂玄
> 德，同乎大順。

所謂"泰初有無"中的"無"，就不再是"有、無"相對的"無"了，它
是"無有無名"。這種以"無"界定"始源"的說法，也就在《莊子·齊物論》
中，該篇的作者，提出了辨析性地批判。他說：

> "有始"也者，有未始"有始"也者，有未始有夫"未始有始"也者。
> 有"有"也者，有"無"也者，有未始"有無"也者，有未始有夫"未
> 始有無"也者。俄而有"無"矣，而未知"有無"之果孰"有"孰"無"
> 也。

這說明"始源"界定的不確定性。有"始"，則必有"未始有始"，而後
者必來自"未始有夫未始有始"，這種無限後退的論證，是不能窮竭的。因此，
以"有"生於"無"，則"無"必起於"未始有無"，這同樣是不可窮盡的。
〈齊物論〉的作者認為"無"的提出需要一種限制，這種限制來自於兩個條件，
一是指"未知'有無'之果孰'有'孰'無'"的覺識，另一則是"有、無"

的成立基礎就在它的相對性上。

　　就〈齊物論〉的批判來看，"有生於無"應是當時流傳的一種說法。是否這種思想與道家後續發展出的"道原"觀念有關？還是說，它就表達在某種當初流傳的《老子》文本中？這樣，《老子》所說的"有生於無"，其中的"生"字原具有特殊的意含，並非指"無"與"有"的斷離，而是以"生"所顯示的本質性關連，強調著二者相互的關係？但《老子》全書就只有第 40 章出現"有生於無"，而簡文的文字卻與帛書或今通行各本均不同。其中的差異，僅在"有"字重文符號的有無上。這就使《老子》文本的釐訂變得相當困難。或許簡文資料的出現，並不是要使我們在《老子》文本的考訂上確定了甚麼，而是引發我們重新思考古典哲學涉及問題的多向探索可能。

☆

19；66；46中下；30上中；15；64下；37；63；2；32；／25；
5中；／16上；／64上；56；57；／55；44；40；9

耑而涅（三十七）之，不不若已；

湍而羣之，不可長保也；

金玉涅室，莫能獸也。

貴福喬，自遺咎（三十八）也。

攻述身退，天之道也。（三十九）

枲而湼(盈)之，不不若已①；湍而羣之，不可長保也②；
金玉湼(盈)室，莫能獸(守)也③；貴福(富)喬(驕)，
自遺咎也④。攻(功)述(遂)身退，天之道也⑤。

持而盈之，不如其已；揣而梲之，不可長保；金玉滿堂，莫之能守；
富貴而驕，自遺其咎。功遂身退，天之道。（王弼本）

揁(持)而盈之，不□□□；□□兌(銳)□之，□可長葆(保)之；金
玉盈室，莫之守也；貴富而騙(驕)，自遺咎也。功述(遂)身芮(退)，
天□□□。（帛書甲本）

揁(持)而盈之，不若其已；掖(揣)而兌(銳)之，不可長葆(保)也；
金玉□室，莫之能守也；貴富而驕，自遺咎也。功遂身退，天之道
也。（帛書乙本）

持而盈之，不如其已；敲而梲之，不可長保；金玉滿室，莫之能守；
富貴而驕，自遺其咎。成名功遂身退，天之道。（傅奕本）

【文字釋析】

①"枲而湼之，不不若已"：

"枲"，帛書甲、乙本均作"揁"，王弼本作"持"。

趙建偉先生云："按：此字當從今本釋為'持'（手旁、木旁簡本常常
不別。'止'即音'寺'。）

原注曰："'枲'，從'木''之'聲，疑讀作'殖'。《廣雅·釋詁
一》：'殖，積也。'"

帛書之"揁"字，張松如先生解釋曰："'揁'乃'殖'之異體，謂貨
殖也。"（《老子說解》頁65）《集韻·職韻》："殖，興生財利曰殖。"

段玉裁《說文解字注‧歹部》：“殖，脂膏以久而敗，財用以多藏而厚亡，故多積者謂之殖貨，引申假借之義。”《書‧仲虺之誥》：“惟王不邇聲色，不殖貨利。”孔傳：“殖，生也。”此處“米”字，意指“積藏”。

“浧”字，今本作“盈”，趙建偉先生云：“按：此字與2章‘高下相浧’之‘浧’同訓讀爲‘呈’，顯現、顯示。……‘持而呈之’謂執持其德而彰顯之。24章‘自是者不章’、58章‘光而不耀’可與此相發揮。”

原注曰：“簡文衍‘不’字；‘若’字下脫‘其’字。”

此兩句意謂：積藏貨物而充盈之，不如中止不爲。

② “湍而羣之，不可長保也”：

“湍”，帛書乙本作“掄”，王弼本作“揣”。

趙建偉先生云：“按：疑‘湍’、‘掄’、‘揣’皆當讀爲‘摶’（二章“長短相形”簡本“短”作“湍”，《史記‧屈原賈生傳》索隱：‘摶本作揣’。），訓爲收聚。（《管子‧內業》注：“摶，結聚也。”）‘羣’是積聚眾多之義。帛書‘允’字爲簡本‘羣’字之音假（允、羣皆爲文部字）；今本‘銳’又爲‘允’之形訛（《書‧顧命》：“執銳”，《說文》引作“執銃”）；‘兌’字亦有積聚之義（《荀子‧議兵》注“兌猶聚也。”），其義與‘羣’字接近。”

“揣”字，《說文‧手部》曰：“揣，量也。度高曰揣。”段玉裁《說文解字注》：“揣，量也。量者，稱輕重也。”《左傳‧昭公三十二年》：“士彌牟營成周，計丈量，揣高卑，度厚薄。”杜預注：“度高曰揣。”“揣”意指“衡量”、“估價”。

原注曰：“‘羣’，簡文從‘羊’‘君’省。”

《荀子‧非十二子》：“若夫總方略，齊言行，壹統類，而羣天下之英傑，而告之以大古”楊倞注：“羣，會合也。”

李零先生則認爲：“羣，應讀‘允’。馬王堆乙本作‘允’，王弼本作‘梲’。古書允、兌，往往混用，如被堅執銳的‘銳’字，《說文解字》卷十四作‘銃’。”

此處 "羣" 字,意指 "蒐集聚合"。

此兩句意謂:揣度、蒐集貨物而集聚之,不能保證長久獲利。

見於古典文獻者:

> 白公勝得荊國,不能以其府庫分人。七日,石乞入曰:"不義得之,又不能布施,愚必至矣。不能予人,不若焚之,毋令人以害我。"白公弗聽也。九日,葉公入,乃發太府之貨以予眾,出高庫之兵以賦民,因而攻之,十有九日而擒白公。夫國非其有也,而欲有之,可謂至貪也矣。不能為人,又無以自為,可謂至愚矣。譬白公之嗇也,何以異於梟之愛其子也?故老子曰:"持而盈之,不如其已。揣而銳之,不可長保也。"(《淮南子·道應訓》)

上段《淮南子·道應訓》資料,主要文句也見於《文子·微明》。〈道應訓〉用 "白公" 貪愚而敗亡的事例,來解喻《老子》經文。

③ "金玉涅室,莫能獸也":

"涅" 字,假為 "盈"。"獸" 字,假為 "守"。

此兩句意謂:〔盈利所得的〕金玉珍寶,堆滿整屋,無法絕對地看守。

④ "貴福喬,自遺咎也":

原注曰:"帛書本作 '貴富而驕',簡文於 '福' 下脫 '而' 字。"

原注曰:"'咎',簡文从 '刃',與《說文》从 '人' 有別。《古文四聲韻》引《古老子》'咎' 从 '刀',與簡文近。裘按:此 '咎' 字疑是訛體。""咎",禍害。

此兩句總結說:〔積蓄充盈的貨物,臆度貨物的價值,獲取滿室的盈利,〕得到了 "富貴",因而〔認為這種行為值得〕自傲,實際上這是自己招徠著禍害。

⑤ "攻述身退,天之道也":

"攻" 字,借為 "功"。此句帛書甲本作 "功述身芮",乙本與王弼本均作"功遂身退"。《禮記・月令》："百事乃遂。"鄭注："遂,成也。"

"攻述身退"句,《老子》另有相似的表達,如"功成事遂"（第2章）"功成不名有"（第17章）"功成而不處"（第34章）

"天之道",通行本《老子》第73章曰："天之道不爭而善勝,不言而善應,不召而自來,繟然而善謀,"第77章曰："天之道損有餘而補不足。"第81章曰："天之道,利而不害。"

透過上述涉及商業行爲的取喻,此句表達著哲學原理的說明,意謂:成就了事功,便復返於存身,這是天道運作的本然。

見於古典文獻者:

魏武侯問於李克曰："吳之所以亡者,何也?"李克對曰："數戰而數勝。"武侯曰："數戰而數勝,國家之福。其獨以亡,何故也?"對曰："數戰則民罷,數勝則主憍。以憍主使罷民,而國不亡者,天下鮮矣。憍則恣,恣則極物;罷則怨,怨則極慮。上下俱極,吳之亡猶晚!此夫差之所以自剄於干遂也。"故老子曰："功成名遂,身退,天之道也。"（《淮南子・道應訓》）

上段《淮南子・道應訓》資料,主要文句也見於《文子・道原》。〈道應訓〉用李克所舉"夫差自剄於干遂"的事例,來解喻《老子》經文。

【資料研究】

此章寫於竹簡編號第37簡至39簡上段,章尾有符號"ι",並留有近三分之二竹簡的空白,簡文極可能是一篇之末。全文對應王弼本第9章。二者基本上無大差異,只是簡文的文字,似乎更顯現了《老子》一書表達方式的古樸性。

"枈而涅之"、"湍而羣之",王弼本分別作"持而盈之"、"揣而梲之"。王弼注此二句曰："持,謂不失德也。既不失其德,又盈之,勢必傾危。故不知其已者,謂乃更不如無德無功者也。既揣末令尖,又銳之令利,勢必摧衄,故不可長保也。"

　　按照王弼的注，"持"指"持德"，"揣"指"揣末令尖"，"金玉"指珍貴財物，則《老子》此章所言的前三事，就各不相屬。但簡文文字，卻像是使用三項從事商業行為的弊端來取譬的。

　　"枼"，帛書甲、乙本均作"埴"。"埴"一般認為是"持"字的別構。但它也可能是"殖"字的假借。簡文的"枼"字，原釋文認為疑讀作"殖"。《廣雅・釋詁一》："殖，積也。'"簡文此句當指"積累財貨"。

　　"湍"，帛書乙本作"掜"，高明先生曰："'掜'字即'揣'別構。二字聲符一作'短'，一作'耑'，'短'與'耑'皆端紐元部字，讀音相同。"（《帛書老子校注》頁 259）簡文"湍"字似亦為"揣"字之假。而"揣"有"量度"之義，即稱輕重，引申之，即估量貨物的盈利。

　　"羣"，王弼本與傅奕本作"梲"，而通行各本均作"銳"。而帛書乙本作"允"。由於一般的注解，均將"揣而銳之"解釋為："捶擊使其尖銳"，因此，對於帛書乙本作"允"，大多認為是"兌"字之誤，而"兌"字原假借為"銳"。簡文卻作"羣"，原釋文僅保留"羣"字，而未作任何解釋。"羣"、"允"與"兌"，三字是否相關？

　　"羣"有會合之義，"允"可解為"信"。"兌"雖可與"銳"相通，但也可解作"悅"。《釋名・釋天》："兌，悅也，物得備足，皆喜悅也。"假如《老子》此處確實是用商業行為來取譬，則"湍而羣之"似乎可瞭解為："揣度貨物的價值，來加以聚集。"這樣，"兌"就不當認作是"銳"字之假，而當指對於臆度貨物的盈利，而興奮喜悅。"允"也就不是"兌"字之誤，而是自信對於貨物價值的估量。

　　這種專注於商業盈利的考量，自然獲取"金玉滿堂"。若不知"停止"，不知"不可常保"，不知"不可常守"，自然以自己的取擇為傲。這就必然為自己留下了處身的禍患。

　　此章結尾處提出"功遂身退，天之道也"。這是就前面的譬喻，作出哲學原理的說明。天道的運作，環周不息，終始如一，故"四時更運，功成則移"（王弼注）。因此，只有成就了事功，退返自身，才能體現了天道的本然。

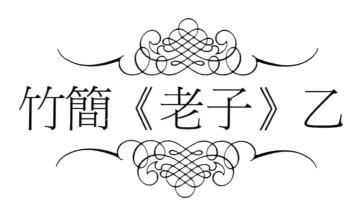

竹簡《老子》乙

簡文《老子》乙本共存竹簡 18 枚，共寫有 389 字。竹節兩端平齊，簡長 30.6 釐米。編線兩道，編線間距 13 釐米。每枚竹簡抄寫約 23 至 25 字。整理者將其分為三組：

第一組：有竹簡 8 枚，編號由第 1 至第 8，包含對應王弼本的第 59 章、 48 章上段、 20 章上段與 13 章。其中有一處分章的墨點。

第二組：有竹簡 4 枚，編號由第 9 至第 12 ，全文即對應王弼本的第 41 章。

第三組：有竹簡 6 枚，編號由第 13 至第 18 ，包含對應王弼本的第 41 章、 52 章中段、 45 章與 54 章。其中有兩處分章的墨點。

☆

59 ；48 上；20 上；13；／41；／52 中；45；54

給人事天，莫若嗇。夫唯嗇，

是以暴，是以暴備是胃……（一）

不二克二則莫智其亙，莫智其亙，

可以又邦。又邦之母，可以長……（二）

長生舊視之道也。

給（治）人事天，莫若嗇①。夫唯嗇，是以梟（早），是
以梟（早）備（服）是胃（謂）……不＝克＝則莫智（知）
其互〈亟〉（極）②，莫智（知）其互〈亟〉（極）可以又（有）
郒（國），又（有）郒（國）之母，可以長……，長生售（舊
＝久）視之道也③。■

治人事天，莫若嗇。夫唯嗇，是謂早服，早服謂之重積德，重積德
則無不克，無不克則莫知其極。莫知其極，可以有國。有國之母，
可以長久，是謂深根固柢，長生久視之道。（王弼本）

□□□□□□□□，□□□，□□□□，□□□□□□□。□□□
□□□□，□□□□□□□□，□□□□，可以有國，有國之母，
可以長久，是胃（謂）深梶（根）固氏（柢），□□□□□道也。（帛書甲本）

治人事天莫若嗇，夫唯嗇，是以蚤（早）服，蚤（早）服是胃（謂）重積
□。重積□□□□，□□□□莫知其□，莫知其□，□□有國，
有國之母，可□□□，是胃（謂）□根固氏（柢），長生久視之道也。（帛
書乙本）

治人事天，莫若嗇。夫惟嗇，是以早服，早服謂之重積德，重積德
則無不克，無不克則莫知其極。莫知其極，可以有國。有國之母，
可以長久，是謂深根固柢，長生久視之道。（傅奕本）

【文字釋析】

① “給人事天，莫若嗇”：

“給”字，假爲“治”。帛書乙本與王弼本均作“治”。

“嗇”，《說文》：“嗇，愛濇也。从來从㐭。來者㐭而藏之。故田夫

謂之嗇夫。”

王弼注：“嗇，農夫。農人之治田，務去其殊類，歸於齊一也。全其自然，不急其荒病，除其所以荒病。”

高明曰：“嗇，从來，从㐭。來，麥也，即收麥而藏於㐭中之象也。釋嗇本收藏之義，衍而為愛而不用之義。此嗇字謂收藏其神形而不用，以歸於無為也。”（《老子正詁》頁123）

此兩句意謂：面對“人”與“天”的事情，莫過於隱蔽的積藏。

見於古典文獻者：

聰明睿智天也，動靜思慮人也。人也者，乘於天明以視，寄於天聰以聽，託於天智以思慮。故視強則目不明，聽甚則耳不聰，思慮過度則智識亂。目不明則不能決黑白之分，耳不聰則不能別清濁之聲，智識亂則不能審得失之地。目不能決黑白之色，則謂之盲，耳不能別清濁之聲則謂之聾，心不能審得失之地則謂之狂。盲則不能避晝日之險，聾則不能知雷霆之害，狂則不能免人間法令之禍。書之所謂治人者，適動靜之節，省思慮之費也。所謂事天者，不極聰明之力，不盡智識之任。苟極盡則費神多，費神多則盲聾悖狂之禍至，是以嗇之。嗇之者，愛其精神，嗇其智識也。故曰：“治人事天莫如嗇。”（《韓非子·解老》）

上段《韓非子·解老》資料，是以珍惜“精神”，約制“智識”，來解釋《老子》的引文。並認為“精神”來自於“天”，“智識”產生於“人”，所以“治人”就意謂著約制“人”的作為，“適動靜之節，省思慮之費”。而“事天”就指因順著“天”的本然，“不極聰明之力，不盡智識之任”。這種解釋將“天”、“人”聯繫在一起來說，“治人”與“事天”互為因果，實質上指著同一件事情，均可視為對人“動靜思慮”作為的處置。可是《老子》此章所談論的是如何分別面對“國”與“道”的問題。它說明作為“人”、“天”之間的中介者，如何同時處置“治人”與“事天”兩個哲學指向的問題。〈解老〉篇對《老子》經文的領會，似不合於《老子》的原義，可視為晉學傳承的一種闡發。

② "夫唯嗇，是以暴，是以暴備是胃……不₌克₌則莫智其亙"：

原注曰："簡文'暴'下脫'備'字。'備'讀作'服'。'暴'當是
'<ruby>暴</ruby>'的異體，从'日''棗'聲。'棗''早'同音。"

原注曰："'是以'，簡文抄重。"

簡文"備"字，帛書乙本與王弼本作"服"。原釋文以括弧寫入"服"
字。但此處作"備"字，義理較佳。《玉篇・人部》："備，預也。"
《字彙・人部》："備，預辦也。"《書・說命》："有備無患。"《莊
子・天地》："循於道之謂備。"

"胃"字後簡文殘缺，據乙本每枚簡抄寫約 23 字至 25 字，此簡應缺之
字數約爲 5、6 字，據今本當作"重₌積₌德₌則無₌"。因此，簡文
此句可校正補字爲："夫唯嗇，是以暴備，暴備是胃重積德，重積德則
無不克，無不克則莫知其極。"

此段意謂：只有隱蔽的積藏，才能預先具備著處置的能力。能預先具備
著處置的能力，〔就是深厚地積累本質的所得。深厚地積累本質的所得，
就無事〕不能克服，無事不能克服，就無法測度他的力量。

見於古典文獻者：

眾人之用神也躁，躁則多費，多費之謂侈。聖人之用神也靜，靜則少
費，少費之謂嗇。嗇之謂術也生於道。夫能嗇也，是從於道而服於
理者也。眾人離於患，陷於禍，猶未知退，而不服從道理。聖人雖未
見禍患之形，虛無服從於道理，以稱蚤服。故曰："夫謂嗇，是以蚤
服。"知治人者其思慮靜，知事天者其孔竅虛。思慮靜，故德不去。
孔竅虛，則和氣日入。故曰："重積德。"夫能令故德不去，新和氣
日至者，蚤服者也。故曰："蚤服是謂重積德。"積德而後神靜，神
靜而後和多，和多而後計得，計得而後能御萬物，能御萬物則戰易勝
敵，戰易勝敵而論必蓋世，論必蓋世，故曰："無不克"。無不克本
於重積德，故曰："重積德則無不克。"戰易勝敵則兼有天下，論必
蓋世則民人從。進兼天下而退從民人，其術遠，則眾人莫見其端末。
莫見其端末，是以莫知其極，故曰："無不克則莫知其極。"（《韓非
子・解老》）

上引〈解老〉篇資料，以“聖人雖未見禍患之形，虛無服從於道理”，來解釋“早服”，但簡文的“備”字並不是指“服從”。以“孔竅虛，則和氣日入”，來解釋“重積德”，這是對《老子》思想的一種衍釋。其中提到“御萬物”“戰易勝敵”“論必蓋世”“兼有天下”等與《老子》思想差距甚大。並認為此種道術深遠，所以“眾人莫見其端末”，更顯現了晉法家將《老子》思想轉換為君人權謀之術的線索。《老子》思想所奠基新人文規劃的可能，結合著三晉地域傳統的特殊要求，這種演變是一種必然的發展。

③ “莫智其互可以又郕，又郕之母，可以長……長生售視之道也■”：

原注曰：“‘互’，帛書本此字殘損，今本作‘極’。從此章用韻看，當作‘極’為是。”

魏其鵬先生云：“案：互讀為柂。《說文》：‘柂，竟也。从木，恆聲。互，古文柂。’徐鍇《繫傳》：‘竟者，竟極之也。’可見‘互’本有極、終極之義，簡文不誤。”

“郕”字，《玉篇・阜部》：“郕，古域字。”

原注曰：“簡文所缺之字，帛書本作“久是謂深根固柢。”

“售”字，假為“舊”，“舊”、“久”，音近通假。

此段意謂：能力大到無法測度，才可以處置國家的政事。秉持著治國的始基，才可以維持行事的長久。〔這是深植本源，固守根基，〕常保生命，恆久存活的道理。

見於古典文獻者：

夫能有其國、保其身者必且體道，體道則其智深，其智深則其會遠，其會遠眾人莫能見其所極。唯夫能令人不見其事極，不見事極者為保其身、有其國，故曰：“莫知其極。”“莫知其極，則可以有國。”所謂有國之母，母者，道也，道也者，生於所以有國之術，所以有國之術，故謂之有國之母。夫道以與世周旋者，其建生也長，持祿也久，

故曰：“有國之母可以長久。”樹木有曼根，有直根。根者，書之所
謂柢也。柢也者，木之所以建生也；曼根者，木之所以持生也。德也
者，人之所以建生也；祿也者，人之所以持生也。今建於理者其持祿
也久，故曰：“深其根”。體其道者，其生日長，故曰：“固其柢”。
柢固則生長，根深則視久，故曰：“深其根，固其柢，長生久視之道
也。”（《韓非子‧解老》）

上引〈解老〉篇資料，以“道”作爲“有國之母”，並將“道”視爲“所
以有國之術”，更具體地顯示出晉法家對於《老子》哲學觀念的改造。其
中詳盡地解釋《老子》經文的語詞，可說明〈解老〉篇應是三晉地區解《老》
傳承資料的殘篇。透過這些資料的研究，當可看出《老子》思想向三晉地
區發展所產生的影響。在戰國時代，《老子》資料的流傳相當廣遠。這種
情勢的發生，似乎也說明《老子》一書所顯示的，不僅僅是一種哲學思想
探索的資料，它實際上建立起古典哲學重新思索人文問題的根基。

【資料研究】

簡文此章寫於簡文〈乙本〉編號第 1 簡至第 3 號簡上端，全文對應王弼本
第 59 章。簡文有殘缺，“之道也”後有分章的墨點。

簡文首段作：“紿人事天，莫若嗇，夫唯嗇，是以果，是以果備。”“紿”
字，假爲“治”，“果”讀作“早”，其後脫“備”字。此句校正後當作：“治
人事天，莫若嗇，夫唯嗇，是以早備。”

“備”字，帛書作“服”，今通行各本中，有作“服”者，有作“復”者，
更有作“伏”者。王弼注曰：“早服，常也。”河上公注曰：“早，先也。服，
得也。”我們試從此章的思想結構來思索，是否簡文作“備”更合於此處的義
理。

“治人事天”，顯示出對於“人”、“天”兩項哲學結構因素的處置。“莫
若嗇”，則說明處理此二事時，對處理者的要求。這個處理者，也就是面對“人”
與“天”的中介者，《老子》書中稱之爲“聖人”，“士”或“爲道者”。“治
人”，指面對“天下”之事，而“事天”指承受應合著“道”。王弼稱之爲“上

承天命，下綏百姓。"因此，"治人事天，莫若嗇"，涉及著古典哲學中"天"、"地"與"人"三指向性的完整結構。

簡文說""夫唯嗇，是以早備。""嗇"與"備"有內在的關連，一方面，因爲"嗇"，所以能"早備"，另一方面，因爲需要"早備"，所以要求"嗇"。"嗇"指甚麼？

《韓非子·解老》曰："嗇之者，愛其精神，嗇其智識也。"按韓非之義，"治人"需"省思慮之費"，"事天"需"不盡智識之任"。"嗇"指珍惜、愛惜或節省，即"愛其精神，嗇其智識"。

高亨說："'嗇'本收藏之義，衍爲愛而不用之義。此嗇字謂收藏其神形而不用，以歸於無爲也。"（《帛書老子校注》頁115）

王弼將"嗇"解作"農夫"，並說："農人之治田，務去其殊類，歸於齊一也。"這合於《說文》的解釋。《說文》曰："嗇，愛濇也。从來从亩。來者，亩而藏之。故田夫謂之嗇夫。"

就上述所言，"嗇"有"珍惜"、"節省"、"用倉廩收藏"與"農夫"等的意含。因此，"嗇"指一種態度，一種要求，一種把握，一種節制，也就是一種面對"治人事天"之事的能力。這種能力，來自於如嗇夫般勤奮地種植著、珍惜地節省著，並守護地收藏著。

"早備"或"早服"，又指甚麼？《韓非子·解老》接著說："夫能嗇也，是從於道而服於理者也。"韓非將"服"解爲"從服"，指從服於"道理"。王弼與河上公的注，則將"早服"視爲"常"或"先得"。但簡文作"備"，"備"是指處理事務前的準備。"早備"是預先的準備。而"備"字也有齊備之義，《易·繫辭下》曰："廣大悉備。"因此，"早備"意謂著面對"天下"與"天道"之事時，在隱蔽的積蓄中建立起處置的能力，所以，"早備"，就是"重積德"，深厚不斷地積蓄著"德"。

"嗇"、"備"與"德"，是從三個方向，來解析作爲"天下"與"天道"的中介者。此一中介者不斷地積蓄著"德"，而"德"來自於"嗇"的作用。"備"指涉那種面對"天下"與"天道"之事的可能。

面對"治人事天"之事，這是古典哲學問題的主軸。在"天"與"人"二者間所涉及事物，甚至成爲古典哲學探索的根本問題。古典哲學的發生，就來自於對此種問題指向的始源性考慮。而在這種考慮中所呈現者，便是各具風格與特徵的不同"人"義的建立。《老子》此章所言的"嗇"、"德"與"備"，展現此種對人義探討的結構因素。"嗇"是消除一切既有之物而復歸到純粹中介之可能的處所，對於"治人事天"來說，此即是"早備"。它是始源性在先之德，也是體道終始如一之常。它也確實是"從於道而服於理"。但從"備"字的意含中，我們更能領會了它所指出的那個作為中介者所需的完備條件。

☆

59；48 上；20 上；13；／41；／52 中；45；54

學者日益，爲道者日員。

員之或員，以至亡爲〈三〉也。

亡爲而亡不爲。

學者日益，爲道者日員（損）①。員（損）之或員（損），
以至亡爲也，亡爲而亡不爲②。

為學日益，為道日損。損之又損，以至於無為。無為而無不為。〔取
天下常以無事，及其有事，不足以取天下。〕（王弼本）

……〔經文殘缺〕取天下也恆……〔經文殘缺〕（帛書甲本）

爲學者日益，聞道者日云（毀）。云（損）之有（又）云（損），以至於无
□，□□□□□。〔取天下，恆无事；及其有事也，□足以取天□。〕（帛
書乙本）

爲學者日益，爲道者日損。損之又損之，以至於無爲。無爲則無不
爲。〔將欲取天下者常以無事，及其有事，又不足以取天下矣。〕（傳奕本）

【文字釋析】

① "學者日益，爲道者日員"：

帛書乙本作 "爲學者日益，聞道者日云。" 王弼本作： "爲學日益，爲
道日損。"

簡文 "學者" 之前似脫 "爲" 字，見下文分析。

"日益"，《國語‧晉語九》有段文字可說明 "學者日益" 的情況：

范獻子聘於魯，問具山、敖山，魯人以其鄉對。獻子曰： "不爲具、
敖乎？" 對曰： "先君獻、武之諱也。" 獻子歸，徧戒其所知曰：
"人不可以不學。吾適魯而名其二諱，爲笑焉，唯不學也。人之有
學也，猶木之有枝葉也，猶庇蔭人，而況君子之學乎？"

在當時文化環境中， "學" 如樹木繁茂其枝葉，故可稱之爲 "益"。

"員" 字，假爲 "損"。

此兩句意謂：勤於學習人文知識的人，一天天增長所聞；勤於復返始源之"道"的人，一天天減損人為的所有。

② "員之或員，以至亡爲也，亡爲而亡不爲。" ：

簡文此句後，帛書乙本與王弼本均有"取天下"段文字。

此段意謂：減損又減損，達到了不再具有人為的意向，不再具有人為的意向，就〔映照了一切事物始源的本然而〕體現著無所不為。

見於古典文獻者：

是以聖人內修其本，而不外飾其末，歷其精神，偃其智故，漠然無為而無不為也，無治而無不治也。所謂無為者，不先物為也；無治者，不易自然也；無不治者，因物之相然。（《文子·道原》第2章）

是故聖人內修其本，而不外飾其末，保其精神，偃其智故，漠然無為而無不為也，澹然無治也而無不治也。所謂無為者，不先物為也；所謂無不為者，因物之所為。所謂無治者，不易自然也；所謂無不治者，因物之相然也。（《淮南子·原道訓》）

上引《文子·道原》與《淮南子·原道訓》兩篇資料，極為相近。〈道原〉篇缺"所謂無不為者，因物之所為"兩句。二者資料的歸屬，不易判定。但這兩篇資料，是對《老子》"無為而無不為"思想的重要解析。或許同時保留在《文子》與《淮南子》二書中。以"不先物為"、"不易自然"說明"無為"的性狀，是沿襲《老子》的思想，而以"因物之所為"、"因物之自然"來闡釋"無不為"的效用，提出"因"的觀念，卻是一種新的發展。《老子》全書並未使用"因"字，而在《莊子》中，尤其是〈齊物論〉、〈德充符〉、〈秋水〉、〈庚桑楚〉、〈則陽〉等篇，卻成為重要的哲學觀念。稷下學派甚至提出"貴因"之說，《呂氏春秋》更有〈貴因〉篇。我們認為"因"的觀念，是順著《老子》書中"自然"與"無為"的觀念推演出來的。

*

知北遊於玄水之上，登隱弅之丘，而適遭無為謂焉。知謂無為謂曰：

"予欲有問乎若：何思何慮則知道？何處何服則安道？何從何道則得道？"三問而無為謂不答也，非不答，不知答也。知不得問，反於白水之南，登狐闋之上，而覩狂屈焉。知以之言也問乎狂屈。狂屈曰："唉！予知之，將語若，中欲言而忘其所欲言。"知不得問，反於帝宮，見黃帝而問焉。黃帝曰："無思無慮始知道，無處無服始安道，無從無道始得道。"知問黃帝曰："我與若知之，彼與彼不知也，其孰是邪？"黃帝曰："彼無為謂真是也，狂屈似之；我與汝終不近也。"

夫"知者不言，言者不知"，故"聖人行不言之教"。

道不可致，德不可至。仁可為也，義可虧也，禮相偽也。故曰："失道而後德，失德而後仁，失仁而後義，失義而後禮。禮者，道之華而亂之首也。"故曰："為道者日損，損之又損之以至於無為，無為而無不為也。"

今已為物也，欲復歸根，不亦難乎！其易也，其唯大人乎！生也死之徒，死也生之始，孰知其紀！人之生，氣之聚也；聚則為生，散則為死。若死生為徒，吾又何患！故萬物一也，是其所美者為神奇，其所惡者為臭腐；臭腐復化為神奇，神奇復化為臭腐。故曰："通天下一氣耳。"聖人故貴一。

知謂黃帝曰："吾問無為謂，無為謂不應我，非不我應，不知應我也。吾問狂屈，狂屈中欲告我而不我告，非不我告，中欲告而忘之也。今予問乎若，若知之，奚故不近？"黃帝曰："彼其真是也，以其不知也；此其似之也，以其忘之也；予與若終不近也，以其知之也。"狂屈聞之，以黃帝為知言。（《莊子‧知北遊》）

我們將《莊子‧知北遊》開頭的一大段完整引出，因為它混入其他思想的資料。由"知北遊於玄水之上"至"我與汝終不近也"是此篇原來論述的內容，下接"知謂黃帝曰"至"以黃帝為知言"。其中"夫知者不言"與"道不可致"兩段，與"今以為物"段，與上下文語氣不相連貫，不應屬於〈知北遊〉原文。前兩段似解《老》資料的殘文，而後者當為《莊子》他篇的錯簡。就今《莊子》文本此段全文的編寫體例來看，極像似後人用解《老》的資料，夾註在《莊子》文中。以"知者不言"解"道不可問"，以"道不可致"解"知道者非道"。《莊子》書中另有多處談及"無為無不爲者"，如：

> 天無為以之清，地無為以之寧，故兩無為相合，萬物皆化。芒乎芴乎，而無從出乎！芴乎芒乎，而無有象乎！萬物職職，皆從無為殖。故曰天地無為也而無不為也，人也孰能得無為哉！（〈至樂〉篇）

> 徹志之勃，解心之謬，去德之累，達道之塞，貴富顯嚴名利六者，勃志也。容動色理氣意六者，謬心也。惡欲喜怒哀樂六者，累德也。去就取與知能六者，塞道也。此四六者不盪胸中則正，正則靜，靜則明，明則虛，虛則無為而無不為也。"（〈庚桑楚〉篇）

> 萬物殊理，道不私，故無名。無名故無為，無為而無不為。（〈則陽〉篇）

以上三段分別從"天地無爲"、"虛則無爲"、"無名故無爲"，三種不同的方向，說明"無不爲"的效用。"天地無爲"，呈現萬物生存之域，"虛則無爲"，確立人性始源之根基，"無名故無爲"，顯示"道"之無際限的包容，這均可視爲《老子》此處思想的闡發。

【資料研究】

簡文此章寫於竹簡編號第 3 簡中段至第 4 簡上段。全文對應王弼本第 48 章前段。帛書乙本與王弼本此章之後有"取天下常以無事，及其有事，不足以取天下。"簡文、帛書乙本與王弼本，三者內容相近，僅文字稍異。其中有三處值得注意。

第一、"學者"與"爲道者"：

簡文首二句，帛書乙本作"爲學者日益，聞道者日云"，王弼本作"爲學日益，爲道日損"。帛書乙本"云"字之後，帛書整理小組以括弧寫入"損"字。因此，簡文與帛書乙本的差異有二，一是"學者"與"爲學者"，一是"爲道者"與"聞道者"。

高明先生曰："《老子》用語多謂'聞道'，不言'爲道'。如第四十一章：'上士聞道，勤能行之'，…此當從乙本作'聞道日損'爲是。"（《帛書老子校注》頁 54）但簡文正作"爲道"，與王弼本同。《老子》的原始資料或許作"爲道"。也有可能"爲道"與"聞道"來自《老子》不同的傳本。

"爲學者"強調"從事於學"的人，而"學者"僅指出有所學知者。二者間是否有差異？今通行本《老子》除此處外，另有兩處出現"學"字："絕學無憂"（第 20 章）："學不學，復眾人之所過"（第 64 章）"學不學"，竹簡《老子》甲本作"教不教"，丙本雖然也作"學不學"，"學"字，當爲"教"字之誤（參見〈甲本〉對應王弼本第 64 章分析）。因此，《老子》思想中，對於"學"均採取負面的評價。"學者"僅知學其所學，與"爲道者"有別。"學其所學"，故日衍其所學而益多。"爲道者"，則漸進復返於"道"之自然，故日損其既有，而致虛。簡文"學者"與通行本的"爲學者"義理相同。簡文似乎是脫漏了"爲"字。

第二、"無為而無不為"的問題：

通行本《老子》有兩處提到"無爲而無不爲"，除此章外，第 37 章曰："道常無爲，而無不爲。侯王若能守之，萬物將自化。"但見於竹簡《老子》甲本對應第 37 章中的資料，並無"而無不爲"四字。因此，竹簡此處可能是唯一明確記錄"無爲而無不爲"思想的章節。

由於帛書第 37 章首段作"道恆無名，侯王若能守之，萬物將自愨。"其中並無"無不爲"。因此，有人認爲"無爲而無不爲"可能不出自《老子》（參閱竹簡《老子》甲本對應王弼本第 37 章分析）。竹簡《老子》的出土，完全否定了這樣的臆測。

"無不爲"是說明"無爲"的效用，它指出一種整體的映照與包容。在《老子》書中即涉及這種整體事物的處理，也就是所謂"天下"之事的完成，這與"無不爲"的思想是相應的。如：

"爲無爲，則無不治。"（第 3 章）"故貴以身爲天下，若可寄天下。愛以身爲天下，若可託天下。"（第 13 章）"是以聖人抱一爲天下式。"（第 22 章）"執大象天下往。往而不害安平太。"（第 35 章）"不欲以靜，天下將自定。"（第 37 章）"侯王得一以爲天下貞。"（第 39 章）"不言之教，無爲之益，天下希及之。""清靜爲天下正。"（第 45 章）"不出戶知天下，不闚牖見天道。……是以聖人不行而知、不見而明、不爲而成。"（第46章）"取天下常以無事。"（第48章）"聖人在天下，歙歙焉爲天下渾其心。"（第49章）"吾何以知天下然哉？以此。"（第54章）"故爲天下貴。"（第56章）"以無事取天下。"（第57章）"治人事天莫若嗇。"（第59章）"以道蒞天下，其鬼不神。"（第60章）"故立天子、置三公，雖有拱璧以先駟馬，不如坐進此道。……故爲天下貴。"（第62章）"玄德深矣、遠矣！與物反矣，然後乃至大順。"（第65章）"是以聖人處上而民不重，處前而民不害，是以天下樂推而不厭，以其不爭，故天下莫能與之爭。"（第66章）"孰能有餘以奉天下？唯有道者"（第77章）

就上引資料，多與"天下"之事的處置有關。"天下"是中國哲學問題的發生與處理的所在。何謂"天下"？它指"天"之下的萬物與萬民。它是"天"、"地"之間"人"義探索之中介者所面對的全部問題。《老子》書中，這樣大量說明"天下"之事的整體性處置，實際上就在彰顯"無不爲"的最大效用。"無爲而無不爲"，正如簡文此處的記錄，應當屬於《老子》的原始資料。

第三、"取天下"段資料的問題：

簡文"無爲而無不爲"後，接對應王弼本第20章"絕學無憂"句，以回應此章首句的"學者日益"。而帛書乙本與王弼本的"取天下"段，似乎原不接於此句之後。"取天下"段，是推衍了簡文"亡爲而亡不爲"的思想。但是，簡文是由"學者"與"爲道者"者的分辨中，強調"亡爲而亡不爲"，而以此句作爲整章說明的結語。"取天下"涉及"天下"之事，雖然此段"常以無事"與"亡爲"的意義相同，並且"取天下"也就是"無不爲"的實際效用。但此章若與"取天下"段分離，仍然能表達了完整的思想。這是否顯示出"取天下"段爲《老子》資料流傳過程中所增添的？此章與其前後文資料的編排，簡文與帛書、王弼本差異極大。因此，簡文抄寫的《老子》文本，是與後者文本不同的。

☆

59 ；48 上 ；20 上 ；13 ；／41 ；／52 中 ；45 ；54

幽學亡惡。唯與可，相去幾可？

岂與亞，相去可若？（四）

美與亞，相去可若？

人之所褢，亦不可以不褢。

𢇍（絕）學亡惪（憂）。唯與可（呵），相去幾可（何）①？
岜（美）與亞（惡），相去可（何）若②？人之所祼（畏），
亦不可以不祼（畏）③。

絕學無憂，唯之與阿，相去幾何？善之與惡，相去若何？人之所畏，
不可不畏。〔荒兮其未央哉！眾人熙熙如享太牢、如春登臺。我獨泊兮其未兆，
如嬰兒之未孩；儽儽兮若無所歸。眾人皆有餘，而我獨若遺。我愚人之心也哉！
沌沌兮，俗人昭昭，我獨昏昏；俗人察察，我獨悶悶。澹兮其若海，飂兮若無
止，眾人皆有以，而我獨頑且鄙。我獨異於人，而貴食母。〕（王弼本）

唯與訶，其相去幾何？美與惡，其相去何若？人之□□，亦不□□
□□。□□□□□！〔眾人熙熙（熙熙）若鄉（饗）於太牢，而春登臺。
我泊焉未佻（兆），若□□□□□；纍呵，如无所歸。□□皆有餘，我獨遺（匱）。
我禺（愚）人之心也！蠢蠢（沌沌）呵，鬻（俗）□□□，□□□閩（昏）呵；
鬻（俗）人蔡蔡（察察），我獨閩閩（悶悶）呵。忽呵，其若□，望（恍）呵其若无
所止，□□□□□，□□□□以悝（俚）。我欲獨異於人，而貴食母。〕（帛書甲
本）

唯與呵，其相去幾何？美與亞（惡），其相去何若？人之所畏，亦不
可以不畏人。〔望呵其未央才（哉）！眾人熙熙（熙熙）如鄉（饗）於大牢，而
春登臺。我博（泊）焉未佻（兆），若嬰兒之未咳；纍呵，似无所歸。眾人皆又（有）
余（餘），我愚人之心也！潘潘（沌沌）呵，鬻（俗）人昭昭，我獨若閩（昏）呵；
鬻（俗）人察察，我獨閩閩（悶悶）呵。汹（忽）呵，其若海，望（恍）呵，若无所
止，眾人皆有以，我獨閩（頑）以鄙。吾欲獨異於人，而貴食母。〕（帛書乙本）

絕學無憂，唯之與阿，相去幾何？美之與惡，相去何若？人之所畏，
不可不畏。〔荒兮其未央。眾人熙熙如享太牢、若春登臺。我獨魄兮其未兆，
若嬰兒之未咳；儡儡兮，其不足以無所歸。眾人皆有餘，我獨若遺。我愚人之
心也哉！沌沌兮，俗人皆昭昭，我獨若昏；俗人皆詧詧，我獨若閩閩。淡兮其

若海，飄兮似無所止，眾人皆有以，我獨頑且圖。吾獨欲異於人，而貴食母。（傅奕本）

【文字釋析】

① "ᅵ學亡愢。唯與可，相去幾可"：

"愢"，同"憂"。"絕學亡憂"句，原釋文將簡文聯繫對應王弼本第29章之首。

"唯與可"，帛書甲本作"唯與訶"，乙本作"唯與呵"，王弼本作"阿"。

"唯"，應答聲。《禮記‧曲禮上》："父召無諾，先生召無諾，唯而起。"鄭玄注："應詞'唯'，恭於'諾'。"

劉師培云"'阿'，當作'訶'，《說文》：'訶，大言而怒也。'廣雅釋詁》：'訶，怒也。''訶'俗作'呵'。"

簡文"可"當釋為"訶"。

"學"的內容應從兩方面來瞭解。第一，《老子》資料形成之時，對於"學"的看法。《國語‧楚語》記載"莊王使士亹傅太子箴"，士亹向申叔求教如何教導太子，申叔時說："教之'春秋'，而為之聳善而抑惡焉，以戒勸其心，教之'世'，而為之昭明德而廢幽昏焉，以休懼其動，教之'詩'，而為之導廣顯德，以耀明其志；教之'禮'，使知上下之則；教之'樂'，以疏其穢而鎮其浮；教之'令'，使訪物官；教之'語'，使明其德，而知先王之務用明德於民也；教之'故志'，使知廢興者而戒懼焉；教之'訓典'，使知族類，行比義焉。"因此，在春秋時代，完整而理想的"學"就包括上述的內容。楚雖非中原之邦，但卻用周文之學來教誨太子，可見當時對於"學"的認知，是以周人的制度為標準的。第二，《老子》書中"學"的意含，一方面指這種周文型態的"術業"，另一方面也指藉這種"術業"所建構的人文價值導向。因此，《老子》所說的"絕學"，不但要消除人文制度中"學"的方式與內容，而且也要在"人"的本源上排除任何標顯人文價值的論說。

此段意謂；棄絕〔人文性的〕學術，就免於〔存身處世的〕憂煩。〔在人世之中，對於論議的〕應和與排斥，相距有多遠？

② "𢼸與亞，相去可若"：

"𢼸與亞"，帛書甲、乙本與傅奕本，均作"美與惡"，王弼本作"善之與惡"。

"美"有稱讚之義。《詩・召南・甘棠序》："美召伯也。"孔穎達疏曰："善者言美，惡者言刺。"

竹簡《老子》甲本對應王弼本第 2 章："天下皆智（知）敚（美）之爲敚（美）也，亞（惡）已。"

此兩句意謂：〔對於論議的〕稱讚與譏刺，相差有多少？

③ "人之所褁，亦不可以不褁"：

"褁"，帛書乙本與王弼本均作"畏"。"褁"字，假"畏"。

"亦不可以不褁"，帛書乙本作"亦不可以不畏人"，王弼本作"不可不畏"。簡文"褁"字後有"＿"符號，因而原釋文認爲"人"字與下句連讀。

簡文此章之後，帛書兩本與今通行各本均有"荒兮其未央哉"段。

此兩句意謂：〔對於人文價值性論議的應和與排斥、讚賞與譏刺，兩方面都不能確定，這是爲人所畏懼者。〕對於會發生此種"畏懼"的原因，也是不能不加以畏懼。〔因此，只有"絕學"，乃能"無憂"。〕

見於古典文獻者：

文子問曰：何行而民親其上？老子曰：使之以時而敬慎之。如臨深淵，如履薄冰。天地之間，善即吾畜也，不善即吾讎也。昔者夏商之臣，反讎桀紂，而臣湯武，宿沙之民，自攻其君，歸神農氏。故曰："人之所畏，不可不畏也。"（《文子・上仁》第 5 章）

成王問政於尹佚曰："吾何德之行，而民親其上？"對曰："使之以時，而敬順之。"王曰："其度安至？"曰："如臨深淵，如履薄冰。"王曰："懼哉！王人乎！"尹佚曰："天地之間，四海之內，善之則

吾畜也，不善則吾讎也。昔夏、商之臣反讎桀、紂而臣湯、武，宿沙
之民皆自攻其君而歸神農，此世之所明知也。如何其無懼也？"故老
子曰："人之所畏，不可不畏也。"（《淮南子·道應訓》）

上引兩段文字，內容相近，只是一為"文子與老子"的問答，一為"成王
問政於尹佚"，或許各有其資料的來源。所引《老子》經文，是以"桀、
紂"、"宿殺之君"的敗亡來作為"人之所畏"的事例，以誡告"不可不
畏"。此與就"絕學無憂"來思考的方向不同，恐非《老子》原義。

【資料研究】

簡文此章寫於竹簡編號第 4 簡中段至第 5 簡中段，全文對應王弼本第 20 章
前段。簡文資料涉及三個問題。

第一、"絕學無憂"與此章內容的關係：

"絕學無憂"句涉及《老子》章序的問題相當複雜。我們將簡文此處的文
句，與帛書乙本、王弼本中相關的資料，分別排比如下：

> 學者日益，為道者日員，員之或員，以至亡為也，亡為而亡不為。（簡
> 文〈乙本〉對應王弼本第 48 章）絕學無憂，唯與可……（簡文〈乙本〉第 20 章）

> 𢇍智弃下，民利百伓；𢇍攷弃利，覜惻亡又。𢇍僞弃慮，民復季子。三
> 言以為貞不足，或命之，或虖豆。視索保僕，少厶須欲。（簡文〈甲本〉
> 對應王弼本第 19 章）

> 絕聖棄智，民利百倍；絕仁棄義，民復孝慈；絕巧棄利，盜賊無有；
> 此三者，以為文不足，故令有所屬；見素抱樸，少私寡欲。（王弼本第
> 19 章）絕學無憂。唯之與阿，相去幾何？（王弼本第 20 章）為學日益，為
> 道日損。損之又損，以至於無為。無為而不無為。取天下常以無事，
> 及其有事，不足以取天下。（王弼本第 48 章）

"絕學無憂"句是否應屬於第 19 章之末？高明先生曰："按此句經文，世
傳今本皆在第二十章之首，經學者考證，多認為當屬第十九章之末。……從經

文內容資料研究，依今本將其斷爲二十章之首，不若斷爲第十九章之末貼切。"。
高亨並舉出三例來做說明，曰："'絕學無憂'與'見素抱樸，少私寡欲'句
法相同，若置在下章，爲一孤立無依之句，其說一也。'足'、'屬'、'樸'、
'欲'、'憂'爲韻，若置下章，於韻不諧，其說二也。'見素抱樸，少私寡
欲，絕學無憂'文意一致，若置在下章文意遠不相關，其說三也。"（《帛書老子
校注》頁 315）但我們卻認爲，在簡文中，對應王弼本第 19 章之末，僅有"視索保
僕，少厶須欲"，並未出現此句。實際上，此句若接於第 19 章之末，與"見素
抱樸，少私寡欲"的表達方式，仍有些差距。"見素"、"抱樸"，"少私"、
"寡欲"，指四件事情，並具有對稱的關係，而"絕學無憂"，是以"無憂"
說明"絕學"的效用，與"見素"等的用法不同。因此，此三句恐不當歸屬在
一起。

　　"絕學無憂"句，是否屬於簡文此章之首？簡文此章與上章間，並無分章
的符號。此句在思想上可以聯繫著上章。也就是說，此章的內容應與"學者日
益，爲道者日損"的義理有關。順著這種思考的方向，所謂"唯與可"、"美
與惡"，就應該指在"學"的"日益"過程中所造成的結果。王弼在其注釋中，
就表達了從"爲學日益，爲道日損"這種方向的瞭解。他對"絕學無憂"注曰：

> 下篇〔云〕：（"云"字，據《道藏集注》本校補，所稱下篇指《老子》第 48 章）"爲
> 學者日益，爲道者日損。"然則，學求益所能，而進其智者也。若將
> 無欲而足，何求於益？不知而中，何求於進？夫燕雀有匹，鳩鴿有仇；
> 寒鄉之民，必知旃裘。自然已足，益之則憂。故續鳧之足，何異截鶴
> 之脛？畏譽而進，何異畏刑？唯阿美惡，相去何若？故人之所畏，吾
> 亦畏焉，未敢恃之以爲用也。

　　王弼就《老子》第 48 章來說明"絕學無憂"，與簡文此處的章序相同，這
或許是一種巧合。但簡文前後兩章的思想，就其章序的安排上，確實也可以通
貫起來。因此，我們把此章理解爲：

　　棄絕人文規劃的學業，回返自然，就能免除人世的憂煩。在人世之中，對
於人文價值論議的應和與排斥，相距又有多遠？對於它們的稱讚與譏刺，相差
又有多少？應和與排斥、讚賞與譏刺，二者不定，這是世人所牽繫而畏懼者。
因此，對於會發生此種"畏懼"的原因，不能不加以畏懼。

第二、"亦不可不畏"是否接下句"人"字：

此句，今通行各本均無"人"字。帛書甲本殘缺，乙本作"亦不可不畏人"。帛書釋文公佈後，因爲此句的句末出現"人"字，曾引發了很大的討論。劉殿爵先生說：

> 今本的意思是：別人所畏懼的，自己也不可不畏懼。而帛書本的意思是：爲人所畏懼的——就是人君——亦應該懼怕他的人。兩者意義很不相同，前者是一般的道理，後者是對於君人者所說有關治術的道理。（〈馬王堆漢墓帛書老子初探〉見於《明報月刊》1982 年 9 月號）

高明先生認同這種看法，說："劉說誠是。"張舜徽先生則說："各本語意不明，顯有缺奪，今據帛書乙本補正。此言人君爲眾人之所畏，人君亦不可以不畏眾人。"（《老子疏證》卷下，頁 178）古棣先生不同意這種解釋，他說：

> 按照古漢語語法，'人之所畏'不能解作人君（爲人所畏懼者的），只能解作'人們所畏懼的事情'。如果劉先生所說的那種意思，按照古漢語語法，老子就該寫成：'爲人之所畏者，亦不可以不畏人。'由此看來，帛書的後一個'人'字爲衍文無疑。（《老子通》頁 380）

這個問題的爭論，主要是因爲帛書乙本於此句之後多出一個"人"字，而與今通行各本不同。竹簡《老子》在此句之後也出現"人"字，我們試將牽涉此句問題的文本，按簡文、帛書乙本與王弼本的次序，加以排列，來做些說明：

> 亦不可不畏 ▁人龍辱若纓……（簡文對應王弼本第 20 章前段與第 13 章）
>
> 亦不可不畏人。望兮其未央才……（帛書乙本第 20 章）
> 爲腹不爲目故去彼取此（帛書乙本第 12 章）。弄辱若驚…（帛書乙本第 13 章）
>
> 亦不可不畏。荒兮其未央哉……（王弼本第 20 章）
> 爲腹不爲目故去彼取此（王弼本第 12 章）。寵辱若驚……（王弼本第 13 章）

簡文此句與下句爲："亦不可不畏 ▁人龍辱若纓"。原釋文因"▁"的符號，而將"人"字下讀。因此，"不畏"之後，接王弼本第 13 章，而多"人"字於句首，作"人龍辱若纓"。

首先，帛書乙本與王弼本的章序相同。"不畏"之後，緊接"荒兮"段。由於此段文字構成《老子》第 20 章思想的說明主軸，因此，"唯阿（訶）美惡"就與"絕學無憂"的關連不大。所以，前引文中，高明就認爲此句不當屬與此章。可是，假如"荒兮"段原不接"不畏"之後，而爲他章資料，那麼，"絕學無憂"句與"唯阿（訶）美惡"的關係，就需要從不同的角度來理解了。

其次，簡文"人寵辱若纓"句，多一"人"字，似乎比王弼本更清楚地說明人在寵辱之際所產生的驚動不安，而且也聯繫到下句"貴大患若身"。"人"字屬下讀，並未造成任何語意的扞格。當然，今通行各本無"人"字，並不影響其表達的說理，或許這是最早抄寫時的脫漏，但也有可能，是在某種《老子》的文本中，由於不同的編排，而有意地省略。

第三，帛書乙本"不畏人"，若以此句指"人君"，則與此章整體的思想不甚相合。它不但與"絕學無憂"的關係不大，也與"唯訶美善"義理有別，更與"荒兮"段所呈現之超脫人世紛擾而獨立的"我"有著更大的差異。此章並未談到涉及人君治術的事情。帛書乙本的"人"字，似乎顯示當時抄寫編輯時，可能作了一些文句安排的更動。"荒兮"段，也許原來並不接於"不畏"之後。

第四，簡文"不畏"與對應王弼本第 13 章相連接。以"﹍"的符號作爲分隔，而"人"字下讀。這個符號字，在此處確實發揮了分隔前後文句的作用，但它是否一定是分章，卻值得仔細考慮。簡文分隔的符號有四種，除"﹍"符號外，還有符號"■"，符號"ﺍ"，與"數字間距的空白"。其中符號"■"，有時是比較明確地用來作爲分章的符號。簡文〈乙本〉第一組的八枚竹簡中，此一墨點的符號，出現在"學者日益"句前，也寫於下章的章末。在這兩墨點符號之間，"﹍"是否仍然作爲分章，這或許就需要從其中所包含對應王弼本的三章內容，整體地來加以思考。（參閱下章資料研究）

第三、此章之後見於通行本資料的問題：

簡文"不畏"之後，直接聯繫著對應王弼本的第 13 章，而無"荒兮"段文字。帛書兩本與今通行各本有"荒兮"段，而且這段文字似乎只要承續"唯訶美惡"四句，就可成爲一個完整的表達。這也就是爲何通行本中，"絕學無憂"句在全章思想中顯得與"唯訶美惡"之後的義理不太連貫。因此，關於此章之後見於通行本的資料，實際上可能涉及《老子》不同傳本的混雜編排。我們提出兩點可能的設想：

第一、此種傳本所抄寫的原本，其資料的來源，可能如下面的情形：

> 囚智弃卞……見素抱樸，少私寡欲。（原為未分章的資料，後編入王弼本第 19 章）

> （前接“亡為而亡不為”）絕學無憂，唯之與訶……不可不畏。（簡文傳本的資料，下接王弼本第 13 章）

> 唯之與訶……不可不畏。荒兮其未央哉……（《老子》某種傳本的資料，後編入王弼本第 20 章）

或許，在傳抄的過程中，有人編排了如帛書與今通行各本的原始文本，不但將“見素”句定為對應王弼本的第 19 章，而且將同於簡文文本的“絕學無憂……不可畏”段，接於上章之後，但卻繼續抄寫了另種以“唯之與訶……荒兮其未央哉”文本的資料。

第二、“唯之與訶……荒兮其未央……而貴食母”的資料，內容非常完整，可以視為單獨的一章。它是《老子》書中少數極具代表性的哲學詩體資料。此章的作者，具有強烈隱逸獨立的要求，這與《老子》書中強調“聖人之治”的思想是有些距離的。因此，它有可能原先是單獨成章的。由於簡文三本《老子》並未出現“荒兮”之後的資料，假如在已經缺失的竹簡中也無此類記載的話，這段資料極可能為《老子》流傳過程中所添增。

第三、雖然“絕學無憂”見於簡文此章之首，而且可以聯繫著上章的思想。但由於通行本第 20 章若刪除此句後，此章的思想將更為明確。我們不能完全排除此句僅是《老子》資料殘文的可能。雖然就目前的情況，我們很難加以斷定，但這仍然顯示著，戰國時代《老子》文本的流傳，應當是多元的，而其傳抄的過程也應當是相當複雜的。

☆

59；48 上；20 上；13 ；／41 ；／52 中；45 ；54

人寵辱若纓，貴大患若身。

可謂寵（五）辱？寵為下也，得之若纓，

遊之若纓，是胃寵辱纓。□□□□□（六）若身？

虐所以又大患者，為虐又身。

汲虐亡身，或可□□□□□□（七）

為天下，若可以庇天下矣。

惡以身為天下，若可以迲天下矣。（八）

人龍（寵）辱若纓（驚），貴大患若身①。可（何）謂龍（寵）辱？龍（寵）爲下也②。得之若纓（驚），遊（失）之若纓（驚），是胃（謂）龍（寵）辱纓（驚）③。□□□□□若身④？虗（吾）所以又（有）大患者，爲虗（吾）又（有）身⑤。汲（及）虗（吾）亡身，或可（何）□，□□□□□爲天下，若可以庀（託）天下矣⑥。㤅（愛）以身爲天下，若可（何）以迲天下矣⑦。

寵辱若驚，貴大患若身。何謂寵辱若驚？寵爲下。得之若驚，失之若驚，是謂寵辱若驚。何謂貴大患若身？吾所以有大患者，爲吾有身，及吾無身，吾有何患？故貴以身爲天下，若可寄天下。愛以身爲天下，若可託天下。（王弼本）

龍（寵）辱若驚，貴大梡（患）若身。苟（何）胃（謂）龍（寵）辱若驚？龍（寵）之爲下。得之若驚，失□若驚，是胃（謂）龍（寵）辱若驚。何胃（謂）貴大梡（患）若身？吾所以有大梡（患）者，爲吾有身也；及吾无身，有何梡（患）？故貴爲身於爲天下，若可迱（託）天下矣。愛以身爲天下，女（如）可以寄天下。（帛書甲本）

弄（寵）辱若驚，貴大患若身。何胃（謂）弄（寵）辱若驚？弄（寵）之爲下也。得之若驚，失之若驚，是胃（謂）弄（寵）辱若驚。何胃（謂）貴大患若身？吾所以有大患者，爲吾有身也，及吾無身，有何患？故貴爲身於爲天下，若可橐（託）天下□。愛以身爲天下，女（如）可以寄天下矣。（帛書乙本）

寵辱若驚，貴大患若身。何謂寵辱若驚？寵爲下。得之若驚，失之若驚，是謂寵辱若驚。何謂貴大患若身？吾所以有大患者，爲吾有身，苟吾無身，吾有何患乎？故貴以身爲天下者，則可以託天下矣。愛以身爲天下者，則可寄天下矣。（傅奕本）

【文字釋析】

① "人寵辱若纓，貴大患若身"：

原釋文將"人"字屬此句，帛書與今通行各本並無"人"字。

"寵"字，借爲"寵"，榮也。《國語‧楚語》："其寵大也。"韋昭注："寵，榮也。"

原注曰："'纓'讀作'驚'。裘按：簡文此字似從 𥄂 。"

"貴"，河上公注："貴，畏也。""貴"是對於"大患若身"之事的重視。

兩"若"字，河上公注以"亦"訓前"若"字，後"若"字解作"至"。高亨認爲後"若"字，因與"有"字篆形相近，並涉上句而僞，當作"有"。徐仁甫先生更將兩"若"字均訓爲"有"。王叔岷先生在其《古籍虛字廣義》中說："'若'猶'有'也。《史記‧孔子世家》：'季桓子穿井，得土岙，中若羊。'《國語‧魯語下》、《家語‧辨識》'若'並作'有'。"（頁330）

此兩句意謂：人得到寵，或受到辱，都會有驚恐，因而，要重視大患乃在於"有身"之事。

② "可謂寵辱？寵爲下也"：

"可"字，假爲"何"。

"辱"字下，帛書兩本、王弼本與傅奕本，均有"若驚"二字。羅振玉曰："河上、景龍、御《注》、景福、敦煌丙諸本均無'若驚'二字。景龍本'辱爲下'，景福本作'寵爲上，辱爲下'。"此兩句，今傳世各本文字差異頗大，可能抄寫的原始文本不同，或可能由後人加以增改。簡文抄寫者即與帛書不同，保留《老子》資料較古的一種形式。

《老子》書中，"下"字有多種用法，除"天下"之"下"，與"高下"之"下"外，一是指"謙下"，有讚賞的作用，如："大者宜爲下。"（第61章）"江海之所以能爲百谷王者，以其善下之，故能爲百谷王。"（第66章）"善用人者爲之下。"（第68章），另一是指"劣等"，爲貶義的用法，如："上德不德是以有德；下德不失德是以無德；"（第38章）。
"上士聞道勤而行之，中士聞道若存若亡，下士聞道大笑之，不笑不
足以爲道。"（第41章）"是以兵強則不勝，木強則兵，強大處下，柔弱
處上。"（第76章）此處指"卑下"之義。

此兩句意謂：甚麼是榮寵與屈辱〔的不同〕？獲得了榮寵〔其實〕是卑
下的。

③ "得之若纓，遊之若纓，是胃龍辱纓"：

據原注稱："據文例'辱'下脫'若'字。裘按："'辱'字下有一類
似句逗的符號，也許是校讀者所加，表示此處抄脫一字。《老子》甲'其
事好還'句脫一'還'字，'好'字下亦有此類符號（見《老子》甲第八號簡）。"

此段意謂：〔因爲〕得到了榮寵會驚恐，失去了它也會驚恐，所以說榮
寵與屈辱都會有驚恐。

④ "□□□□□若身"：

原注曰："簡文所缺之字，帛書乙本作'何謂貴大患'。"

⑤ "虘所以又大患者，爲虘又身"：

帛書乙本作："吾所以有大患者，爲吾有身也。"與簡文同。

"有身"，是對"身"之爲"有"的強調，並不是要消除了"存身"之
"存"。（見後文分析）

⑥ "汲虘亡身，或囘□，□□□□□爲天下，若可庀天下矣"：

"亡身"是消除了"有身"之所強調的"有"。

原注曰："簡文所缺之字，帛書本作'患故貴爲身於'。"

王弼本此段爲："及吾無身，吾有何患？故貴以身爲天下，若可寄天下。"

"庀"字，同"宅"，《說文·宀部》："宅，所託也，……庀亦古文
宅。"

此段意謂：如果消除了"有身"的意向，〔會有甚麼禍害？所以重視著

以"身"面對〕"天下"之事的問題，才可以寄託於天下之中。

⑦ "悉以身爲天下，若可以迲天下矣"：

"悉"，王弼本作"愛"。"悉"此處意指"珍惜"、"珍貴"、"珍視"。

原釋文於"可"字後以括弧寫入"何"字，不知何故？

"迲"，帛書甲、乙本與王弼本均作"寄"。此處疑解爲"寄寓"。

帛書乙本此句作："愛以身爲天下，女（如）可以寄天下矣。"

此句意謂：珍視著以"身"面對"天下"之事的問題，才可以寄寓於天下之中。

見於古典文獻者：

> 能尊生者，雖富貴不以養傷身，雖貧賤不以利累形。今受先祖之遺爵，必重失之。生之所由來久矣，而輕失之，豈不惑哉。故"貴以身治天下，可以寄天下，愛以身治天下，所以托天下。"（《文子‧上仁》第3章）

> 大王亶父居邠，翟人攻之。事之以皮帛珠玉而弗受，曰："翟人之所求者地，無以財物為也。"大王亶父曰："與人之兄居而殺其弟，與人之父處而殺其子。吾弗為。皆勉處矣！為吾臣，與翟人奚以異？且吾聞之也，不以其所養害其養。"杖策而去，民相連而從之，遂成國於岐山之下。大王亶父可謂能保生矣。雖富貴，不以養傷身；雖貧賤，不以利累形。今受其先人之爵祿，則必重失之。所自來者久矣，而輕失之，豈不惑哉！故老子曰："貴以身為天下，焉可以託天下。愛以身為天下，焉可以寄天下矣。"（《淮南子‧道應訓》）

上引兩段資料，主要內容相近，〈道應訓〉用"大王避翟人的侵犯，不忍國人生命受害而遷岐山"的事例，來說明"生"的重要，而〈上仁〉篇則將此事，歸納爲"尊生"一詞。這種以"重生"來瞭解《老子》引文"貴身"的義理，雖然合於《老子》的思想，但所謂"託天下"與"寄天下"，恐非如"大王成國於岐山之下"涉及實際的"治國"，而應具有思辨性質，指"寄寓"於天下之中。

*

而且說明邪？是淫於色也；說聰邪？是淫於聲也；說仁邪？是亂於德
也；說義邪？是悖於理也；說禮邪？是相於技也；說樂邪？是相於淫
也；說聖邪？是相於藝也；說知邪？是相於疵也。天下將安其性命之
情，之八者，存可也，亡可也；天下將不安其性命之情，之八者，乃
始臠卷獊囊而亂天下也。而天下乃始尊之惜之，甚矣天下之惑也！豈
直過也而去之邪！乃齊戒以言之，跪坐以進之，鼓歌以舞之，吾若是
何哉！故君子不得已而臨蒞天下，莫若無為。無為也而後安其性命之
情。故曰：「貴以身為天下，則可以託天下；愛以身為天下，則可以
寄天下」。故君子苟能無解其五藏，無擢其聰明；尸居而龍見，淵默
而雷聲，神動而天隨，從容無為而萬物炊累焉。吾又何暇治天下哉！
（《莊子・在宥》）

上段《莊子・在宥》資料，對於所引《老子》經文的理解，就與《文子》
或《淮南子》不同。它並非正面肯定"為天下"之事，所以說"君子不
得已而臨蒞天下，莫若無為"。它所強調的是"從容無為"而使"萬物
炊累焉"，所以說"吾又何暇治天下哉"。從這個方向來領會《老子》
的經文，所謂"託天下"與"寄天下"，就不該是"託付天下"。其中，
用第一人稱的"吾"來強調"何暇治天下"，更顯出對於精神獨立的要
求。這與《老子》此處經文表達的思想，比較接近。

*

堯以天下讓許由，許由不受。又讓於子州支父，子州支父曰："以我
為天子，猶之可也。雖然，我適有幽憂之病，方且治之，未暇治天下
也""夫天下至重也，而不以害其生，又況他物乎！唯無以天下為者，
可以託天下也。（《莊子・讓王》）

上段《莊子・讓王》資料，申述《老子》引文的意旨。《莊子》書中多處
提及"堯讓天下於許由"之事，如〈逍遙遊〉、〈徐無鬼〉、〈外物〉等
篇。可見《老子》此處經文的義理，對於南方道家哲學思想影響很大。許
由不受天下而逃堯，是指"無以天下為者"，因此，〈讓王〉篇對"託天
下"一詞的理解，也應該不是正面地肯定"治國"，應當仍保持《老子》
經文的原義。

【資料研究】

簡文此章寫於竹簡編號第 5 簡中段至第 8 簡，其中第 6 、 7 號兩竹簡下段殘缺。全文對應王弼本第 13 章。其中部份文字，與帛書或今通行各本有異。分兩點加以解析：

第一、"人寵辱若驚，貴大患若身"的考慮：

簡文"人"字屬此句，與通行各本均異。帛書乙本第 20 章"不畏"之後的"人"字，當為抄寫時的衍文。而簡文出現"人"字在"寵辱"句前，這顯示出竹簡《老子》的資料，應該較為原始，其抄寫的文本可能即為帛書乙本所據。"人"字在此章之前，也使《老子》此處前兩句的句意更加明晰。

"人"與"身"是相關連的。此章下文曰："吾所以有大患，為吾有身。"因此，"有身"是大患的淵藪。但是，在《老子》思想中，"身"的觀念發揮著不同的作用。我們把見於簡文《老子》關於"身"的其他文字，整理如下：

1. 聖人之才民前也，以身後之。（對應王弼本第 66 章）
2. 名與身篅新？身與貨篅多？（對應王弼本第 44 章）
3. 攻述身退，天之道也。（對應王弼本第 9 章）
4. 閱其門，賽其逃，終身不乑，啟其逃，賽其事，終身不逑。（對應王弼本第 52 章）
5. 攸之身，其惠乃貞。（對應王弼本第 54 章）

引文 1 意謂：聖人領引人民時，自己卻身處於他們之後。"身"意指引領人民時，聖人所居的身分或職位。

引文 2 意謂：讚譽與存身，何者為親？存身與財貨，何者為貴？"身"指人的處身，也就是人的存在。

引文 3 意謂：天之道，終而復始，如四時遞相代換，人的作為，在達致了效用之後，即隱身退藏。"身"指人的主體。

引文 4 "終身"指人的一生。

引文 5 意謂：為道的人君，以自身作為德的根基。"身"指自身。

簡文《老子》中使用的"身"字，均並不具有貶義。因此，所謂"貴大患若身"的"身"是指"爲吾有身"的"有身"，而不是單純的"身"。"有身"與"存身"的意義是相反的。"存身"一方面指人存在的事實，另方面也指人得以考量其存在問題的主體。"存身"是人所貴者，它也是"人"在"天"、"地"之間，安置其位列的尋索者。如今通行本第 26 章，即曰："奈何萬乘之主而以身輕天下。輕則失本，躁則失君。"但"有身"的"有"，卻將"身"指向不同發展的可能。

此處"有身"的"有"，應當從"學者日益"與"絕學無憂"中的"學"來思索。簡文由"學者"之前的墨點，到"若可以达天下矣"之後的墨點，其中所包含的三章資料，似乎表達著相互關連的思想。其中，有兩個說明的主軸，一是，爲道的"損"，以至於無爲而無不爲，一是爲學的"益"，而"益"即入於人世中"唯訶美惡"的不定，與或得或失的"寵辱若驚"。

這樣，"人寵辱若驚，貴大患若身"中的"人"與"身"，就成爲此章哲學處理的問題核心。"人"是指人世的環境，"有身"是指嚮往在人世中有所得於外。因此，"有身"是"益"，"益"必帶來"有大患"，而大患來自因人世"寵辱"而有的"驚"。"無身"即無患，因爲"爲道者，日損"。日損者，在於"有身"之"有"。"無身"並不是說無此身，而是損其"有"的向度。

此章的兩個"若"字，表達了極其微妙的作用。它雖然具有"有"的意含，但卻不似作爲及物動詞的"有"字，需要以其後的對象來作爲受詞，因而限定了此一對象所可展現的多向性意含。"若"用作虛字，有"如"、"於"、"或"、"則"等不定的關連性。以"若"字，把"人之寵辱"關連到"驚"的心靈失序上，將"大患"聯繫到"身"的失離作爲上。這種用法，是與哲學思考的多重指向性更爲契合。

第二、就"亡"與"法"重新思考"以身爲天下"的問題：

抄寫簡文此章編號第 6、7 兩竹簡，下半部殘缺。因此，第 6 竹簡最後僅存"驚"字，第 7 號竹簡存"或"字與"可"字之半。其殘缺部份所缺文字，原釋文加以增補，基本上與帛書本相近。下面試比較各本資料間的差異：

〔故貴為身於〕為天下，若可庀天下。愛以身為天下，若可迲天。

（簡文）

故貴為身於為天下，若可迲天下矣。愛以身為天下，女可以寄天下。

（帛書甲本）

貴為身於為天下，若可橐天下□。愛以身為天下，女可以寄天下矣。

（帛書乙本）

貴以身於為天下，則可以託天下；愛以身於為天下，則可以寄天下。

（《莊子·在宥》）

貴以身治天下，可以寄天下；愛以身治天下，所以託天下。

（《文子·上仁》）

貴以身為天下，焉可以託天下。愛以身為天下，焉可以寄天下矣。

（《淮南子·道應訓》）

王叔岷先生曰：

> 案王氏（指王念孫）以為《莊子》兩“於”字下本無“為”字。蘇氏（指蘇輿）則以兩“於”字為衍文。（奚侗說同。）岷初頗疑“於為”為複語，或衍其一，未能決。今檢帛書甲本《老子》……乙本……首句正以“於為”連文，“於為”為複語，可略其一，故第三句“為天下”上無“於”字。至於甲、乙本《老子》“貴以”並作“貴為。”“為”、“以”同義。甲本之“迲”，乙本之“橐”，並與“託”通。（《莊子校詮》上卷）

按照王叔岷先生所說，“於為”為複語，同時“為”與“以”二字同義。這樣，我們可以把上述文本的差異加以簡化，用共通的圖示來表示《老子》此段的思想結構：

貴：“為（以）身－於－為天下”，則：“可以託天下”

愛：“為（以）身－於－為天下”，則：“可以寄天下”

“貴”與“愛”，就用如“貴大患若身”中“貴”的作用。也就是對“為身－於－為天下”所採取的態度。“貴”指重視，而“愛”並不是單純地指“愛護”。《孟子·梁惠王上》：“百姓皆以王為愛也。”趙岐注：“愛，吝也。”

“愛”，有“珍惜”、“珍貴”、“珍視”之義。“貴”與“愛”，一指“重視”，一指“珍視”，都是對於事情處置的態度。那麼，這件“為身－於－為天下”的事情是甚麼？何謂“為身”？何謂“為天下”？

《老子》此章已言“無身”，也就是消除“有身”的外向要求，因此，所謂“為天下”所指的就不應該是“治天下”。同樣地，“為天下”也不可能有“以為天下”之義，即“為著天下”。如此則“身”必為“天下”所牽繫，如何能“無身”？蔣錫昌說：

> 此數語乃倒文。正文當作“故以身為天下貴者，則可以託天下矣；以身為天下愛者，則可以寄天下矣。”言聖人以身為天下最貴之物也。故王注云：“無物可以易其身，故曰：貴也。如此乃可以托天下也。”……“以身為天下愛，”言聖人以身為天下最愛之物也。故王注云：“無物可以損其身，故曰：愛也。如此乃可以寄天下也。”（《老子校詁》頁 75）

此說合於王弼的注解，近人多有從之者。但這似乎改變了《老子》此處思考的方向。王弼注下文說：“不以寵辱榮患損易其身，然後乃可以天下付之也。”這樣的瞭解，是說把“天下”託付於“以身為天下貴（或愛）者”。簡文此章首句即言“人寵辱若纓，貴大患若身”，若天下要託付於他，其遭受的結果不只“驚”與“大患”可以說得了的。

我們認為，“人”、“身”與“天下”，分別指出人存在的三種指向的事實。“身”指自己的存身，因此，“無身”不是說取消了“身”的存在性，而是消除對“身”之為“有”的強調。“人”指人所處的必然境遇，也就是“寵辱”“大患”之域。而“天下”指人與萬物所展現的整體領域，人在天下之中。

簡文說：“若可庀天下”“若可迲天下”。“庀”字，原釋文在此字之後，以括號寫入“託”字，將它釋讀作“託”，似依照今通行本。“庀”，為“宅”的古文，“宅”有“託”之義。但是否“庀”為《老子》原文，而“託”為假借？“迲”字，原釋文並無說明，而保留此字原形。此字，《字彙補·辵部》：“迲，此字見《昆陵志》，音未詳。”“迲”，帛書甲、乙本與《莊子》引，均作“寄”。“迲”，或許與“寄”字，有字音相近的關係，但是它也應該與“庀”字，在字義上相近。這樣，“庀”與“迲”，似乎均意謂著“託處”或“寄寓”。《老子》所說的是：“貴為身於為天下”者“託處”、“寄寓”於天下，而不是將天下託付於前者。

《老子》此章論述的主旨是在"身"問題上。"身"如何安處於天下之中？這就是"貴"與"愛"的態度。而所重視與珍視的問題，我們將之解析成"爲身－於－爲天下"的結構。此一結構呈現出"身"與"天下"間的交衝。"爲身"，是對於"身"的考量，"爲天下"是對"天下"的面對。"爲身"不見得僅是"治身"，因此，"爲天下"而就不必然限制在"治天下"上。前"爲"字，可以假爲"以"，後"爲"字也可以作虛詞來用。這就可能出現"以身爲天下"的說法。但"爲"有"用"、"於"、"使"、"與"等虛詞的意含，用在哲學的語言上，它就具有對於事物的"面對"、"關涉"、"考量"、"處置"等的作用。

由簡文此處資料之前的墨點，到此章的結尾，形成一個完整思想的說明。其中所涉及的問題，都是相互關連著的。這樣，所謂"庀天下"與"迲天下"就呈現了與歷來注解不同的解釋。但當我們確定了此處哲學所考慮的是"身"，而"身"或"存身"，確實是古典哲學在人義探索中的核心問題之一，或許這種暸解，使我們更能進入古典哲學的發生，與其探索的境況之中。

＊

案：此次再版前，讀到趙建偉先生對於"庀"與"迲"的校釋，他認爲："庀"當讀爲"比"，意謂可以蔭庀其身於天下，而"迲"讀爲"弆"，有"藏"之義，全句意謂藏其身於天下。趙先生思想與作者相近，僅記於此。

☆

59；48 上；20 上；13；／ 41 ；／ 52 中；45；54

上士昏道，堇能行於其中。中士昏道，

若昏若亡。下士昏道，大芺之，弗大〔九〕芺，

不足以爲道矣。是以建言又之：

明道女孛，遲道□□，□〔十〕道若退。

上惪女浴，大白女辱，坓惪女不足，

上惪女□，□貞女愉〔十一〕，大方亡禺，

大器曼成，大音祇聖，天象亡坓，𨝸……〔十二〕

288

上士昏（聞）道，堇（勤）能行於其中①。中士昏（聞）道，若昏（聞）若亡。下士昏（聞）道，大芺（笑）之②。弗大芺（笑），不足以爲道矣。是以建言又（有）之：明道女（如）孛（費）③，遅（夷）道□□，□道若退④。上惪（德）女（如）浴（谷），大白女（如）辱，坒（廣）惪（德）女（如）不足⑤，建惪（德）如□，□貞（真）女（如）愉⑥，大方亡禺（隅），大器曼成⑦，大音祇聖（聲）⑧，天象亡垩（形），道……⑨

上士聞道，勤而行之。中士聞道，若存若亡。下士聞道，大笑之。不笑，不足以為道。故建言有之：明道若昧，進道若退，夷道若纇。上德若谷，大白若辱，廣德若不足，建德若偷。質真若渝，大方無隅，大器晚成，大音希聲，大象無形，道隱無名。夫唯道，善貸且成。（王弼本）

……□□道，善□□□□。……（帛書甲本）

上□□道，堇（勤）能行之。中士聞道，若存若亡。下士聞道，大笑之。弗笑，□□以爲道。是以建言有之曰：明道如費（昧），進道如退，夷道如纇，上德如浴（谷），大白如辱，廣德如不足，建德如□。質□□□，大方无禺（隅），大器免成。大音希聲，天（大）象无刑（形），道襃无名。夫唯道，善始且善成。（帛書乙本）

上士聞道，而勤行之中。中士聞道，若存若亡。下士聞道，而大笑之。不笑，不足以爲道。故建言有之曰：明道若昧，夷道若纇，進道若退。上德若谷，大白若黷，廣德若不足，建德若媮。質真若輸，大方無隅，大器晚成，大音稀聲，大象無形，道隱無名。夫惟道，

善貸且成。（傅奕本）

【文字釋析】

① "上士昏道，菫能行於其中"：

"昏"字，假爲"聞"。《說文・耳部》："聞，知聞也。"段玉裁注："往曰聽，來曰聞。"因此，"聞道"，指對"道"解說的聞知。

"菫"字之後，原釋文以括號寫入"勤"字。

裘先生曰："帛書乙本此句作'上〔士聞〕道，菫能行之'，劉殿爵《馬王堆漢墓帛書〈老子〉初探》認爲'菫'字不當從今本讀爲'勤'，而應讀爲'僅'（《明報月刊》1982 年 8 月號 17 頁）。簡本'菫能行於其中'，從語氣看，'菫'字似應從劉說讀爲'僅'。"

"菫"字，讀爲"勤"，或"僅"，對此章思想的瞭解，會產生不同的指向。（見下文分析）

帛書乙本作"行之"。"行之"與"行於其中"，義理有別，而傅奕本即作"勤行之中"。

《牟子・理惑論》引曰："上士聞道，勤而行之。中士聞道，若存若亡。下士聞道，大笑之。"

此段意謂：上等的學道之士，聽到了關於"道"的解說，勤奮地履行其中。

② "中士昏道，若昏若亡。下士昏道，大芺之"：

"若昏"，帛書乙本與王弼本均作"若存"。原釋文以括號寫入"聞"字。"若昏若亡"，指似有聞又似無所聞，作"聞"字爲佳。

"芺"，帛書乙本與通行本均作"笑"。《玉篇・艸部》："芺，古文'疑'字。"又，段玉裁《說文解字注・竹部》："笑，徐鼎臣說：'孫愐《唐韻》引《說文》云：笑，喜也。從竹從犬。而不述其義。'""笑"同"笑"。簡文"芺"字是否爲"笑"字之訛，而解爲"疑"？

（見下文分析）

　　此段意謂：中等的學道之士，聽到了關於"道"的解說，似有所聞又無所聞；下等的學道之士，聽到了關於"道"的解說，則大感疑惑難解。

③　"弗大芺，不足以爲道所以矣。是以建言又之：明道女孛"：

　　"建言有之"，帛書乙本句後有"曰"字。"建言"之義，指對古人所言的記錄，可能指古時史官或聖王的雋語，或許結集成爲文獻典策。奚侗云："'建言'，當是古載籍名。"《莊子・人間世》即兩處引以《法言》爲名的資料，其文曰："《法言》曰：傳其常情，無傳其溢言，則幾乎全。"《法言》曰："無遷令，無勸成，過度益也。"

　　"孛"，帛書乙本作"費"，王弼本作"昧"。

　　原注稱："'孛'，簡文與《古文四聲韻》引《古孝經》'悖'字同形。帛書乙本作'費'，帛書整理小組云：'費疑當作曹'。可從。""曹"，《說文・目部》："曹，目不明也。"

　　"孛"字，疑假爲"悖"，意指"混亂"。

　　此段意謂：若不會使他們不大感疑惑難解，就不足以是對"道"的解說。所以"建言"有這樣的說法：顯明的道，像似混亂。

④　"遲道□□，□道若退"：

　　原注曰："'遲'，簡文字形同《說文》'遲'字古文，讀作'夷'。'遲道'下缺字，據帛書乙本當是'如類進'三字。但帛書乙本這兩句作'進道如退，夷道如類'，句序與簡文不同。"

⑤　"上悳女浴，大白女辱，呈悳女不足"：

　　"浴"與帛書乙本同，均假爲"谷"。

　　"悳"字，假爲"德"，"德"指本質之"得"，與作"虛"解的"谷"相對反。

　　"辱"字，假爲"黰"，傅奕本與范應元本均作"黰"。范應元注："黰，黑垢也。" "白"與"黥"相對反。

《老子》第 28 章："知其白,守其黑,爲天下式。……知其榮,守其辱,爲天下谷。……"

"里",帛書乙本與王弼本作"廣"。"里",《說文》:"里,草木妄生也。从之在土上。讀若皇。"似與"廣"字,音近通假。

《文子·上德》引曰:"故:大白若辱,廣德若不足。"

見於古典文獻者:

兌兌者獲,提提者射,故"大白若辱,廣德若不足。"（《文子·上德》）

上段《文子·上德》資料,亦見於《淮南子·說林訓》,唯"兌兌"作"旳旳","廣德"作"大德"。"兌兌",指騷動不安,《漢書·翟方進傳》:"群下兌兌,更相忌妒。""提提"指鳥群飛貌,《詩·小雅·弁》:"弁彼鷽斯,歸飛提提。民莫不穀,我獨于罹。"《釋文》:"提提,群飛貌。"〈上德〉篇用"騷動亂竄的野獸,會被捕獲;張揚群飛的小鳥,會被射中",來解釋《老子》的經文。〈上德〉篇彙集了大量的諺語、格言與思想性的雋語,其中有多處出自《老子》。

*

陽子居南之沛,老聃西遊於秦,邀於郊,至於梁而遇老子。老子中道仰天而歎曰:"始以汝爲可教,今不可也。"陽子居不答。至舍,進盥漱巾櫛,脫屨戶外,膝行而前曰:"向者弟子欲請夫子,夫子行不閒,是以不敢。今閒矣,請問其過。"老子曰:"而睢睢盱盱,而誰與居?大白若辱,盛德若不足。"陽子居蹴然變容曰:"敬聞命矣!"其往也,舍者迎將,其家公執席,妻執巾櫛,舍者避席,煬者避竈。其反也,舍者與之爭席矣。（《莊子·寓言》）

上引資料,雖似寓言的文體,但楊朱應是受到道家思想影響,而獨創一格的人物。他強調"重生"、"貴己",即襲自《老子》的觀念。〈寓言〉篇引用《老子》經文,來校正陽朱"睢睢盱盱"的傲慢,似乎是此篇作者對陽朱之學的批判。

⑥ "建憨如□，□貞女愉"：

此句缺文，原注曰："簡文缺字可據乙本補作'愉質'。'愉'屬上讀，'質'屬下讀。"

"建憨如□"，"如"字後闕文，帛書甲、乙本均殘。王弼本作"偷"。俞樾曰："'建'當讀爲'健'……'健德若偷'，言剛健之德，反若偷惰也。"

"□貞女愉"，帛書甲本殘，乙本僅存"質"字，王弼本作"質真如渝"。簡文"愉"字似"渝"字之假。"渝"，《爾雅・釋言》："渝，變也。"《詩・鄭風・羔裘》："彼其之子，舍命不渝。"鄭玄箋："渝，變也。""貞"，正也，與"渝"正相反，合於此處文例。

⑦ "大方亡禺，大器曼成"：

"禺"字，假爲"隅"。

"曼"字，原釋文注，認爲讀作"晚"，但裘先生則說："疑當讀爲'趨（慢）'。"今從裘先生說。

"慢"有"輕忽"之義。《左傳・襄公 31 年》："大官大邑，所以庇身也，我則遠而慢之。""大器慢成"言"大器"不居其成，有"功成而弗居"（《老子・2 章》）"功成而不名有"（《老子・34 章》）等義，似較"晚成"義理深刻。帛書乙本作"大器免成"，陳柱《老子韓氏說》曾提出："'晚'猶'免'也，'免成'猶'無成'也。"（頁73）樓宇烈先生詳細解說稱："愚謂經文'大器晚成'疑已誤。本章言'大方無隅'、'大音希聲'、'大象無形'，二十八章言'大制無割'等，一加'大'字則其義相反。……唯此'大器'則言'晚成'，非'器'之反義。……據以上資料研究，又似非'晚'之借字，而當以'免'本字解爲是。"（《王弼集校釋》頁115）"慢""免"，簡文與帛書二字不同，或爲音近通假，或爲均取其消極性指涉的字義，但不當作"晚"。

見於古典文獻者：

楚莊王蒞政三年，無令發，無政爲也。右司馬御座而與王隱曰："有鳥止南方之阜，三年不翅不飛不鳴，嘿然無聲，此為何名？"王曰：
"三年不翅，將以長羽翼。不飛不鳴，將以觀民則。雖無飛，飛必沖
天；雖無鳴，鳴必驚人。子釋之，不穀知之矣。"處半年，乃自聽政，
所廢者十，所起者九，誅大臣五，舉處士六，而邦大治。舉兵誅齊，
敗之徐州，勝晉於河雍，合諸侯於宋，遂霸天下。莊王不為小害善，
故有大名；不蚤見示，故有大功。故曰："大器晚成，大音希聲。"
（《韓非子・喻老》）

上段《韓非子・喻老》資料，利用"楚莊王蒞政，三年不言，一言霸天下"
的事例，就其"不蚤見示，故有大功"來解喻所引《老子》經文。

*

"大智不形，大器晚成，大音希聲。"禹之決江水也，民聚瓦礫。事
已成，功已立，為萬世利。禹之所見者遠也，民莫之知，故民不可與
慮化舉始，而可以樂成功。孔子始用於魯。魯人驚誦之曰："麛裘而
鞸，投之無戾，鞸而麛裘，投之無郵。"用三年，男子行乎塗右，女
子行乎塗左，財物之遺者民莫之舉。大智之用，固難踰也。子產始治
鄭，使田有封洫，都鄙有服。民相與誦曰："我有田疇，而子產賦之。
我有衣冠，而子產貯之。孰殺子產，吾其與之。"後三年，民又誦之
曰："我有田疇，而子產殖之。我有子弟，而子產誨之。子產若死，
其使誰嗣之？"使鄭簡、魯哀當民之誹訕也，而因弗遂用，則國必無
功矣，子產孔子必無能矣。（《呂氏春秋・先識覽・樂成》）

上段《呂氏春秋》資料，分別用"禹之決江"、"孔子治魯"、"子產治
鄭"均功成於後的事例，來解喻《老子》經文。《老子》所引"建言"的
資料，原先即為古時的雋語，應此上述幾段見於古典文獻中者，均由此種
方向來領會。可是，《老子》此章是就"建言"中"正言若反"的表達方
式，來說明"道"與士之"聞知"間產生的溝通狀況。《老子》引文原有
特殊的哲學作用。

⑧ "大音祗聖"：

此句帛書乙本作"大音希聲"。

裘先生於原釋文注按語曰："'聲'上一字疑是作兩'甾'相抵形的'祇'字古文的訛形（參見《金文編》10 頁 '祇' 字條所收沪鐘及中山王器之 '祇' 字）。今本作 '希'，'祇'、'希' 音近。"

單純發出的音，稱為 "聲"，"聲" 與 "聲" 協調混合，叫做 "音"。"大音" 正與 "希聲" 相對反。

⑨ "天象亡垈，〔道〕……"：

"垈"，似讀作 "形"。此句帛書乙本作："天（大）象无型（形）"。

原注曰："此簡 '道' 字以下殘去部份可容七－八字。帛書乙本此下至章末作 '褒無名夫唯道善始且善成'，字數較多。估計兩者文字並不完全一致。"

此簡雖然殘去的部份不能全寫入帛書乙本至章末的字數，但或許下接已殘失的另一竹簡。

《莊子》書中有類此章的表達："故曰：辯也者，有不見也。夫大道不稱，大辯不言，大仁不仁，大廉不嗛，大勇不忮。道昭而不道，言辯而不及，仁常而不周，廉清而不信，勇忮而不成。五者园而幾向方矣。故知止其所不知，至矣。孰知不言之辯，不道之道？若有能知，此之謂天府。注焉而不滿，酌焉而不竭，而不知其所由來，此之謂葆光。"

【資料研究】

簡文此章寫於竹簡編號第 9 簡至 12 簡，屬於乙本第 2 組竹簡。全文對應王弼本第 41 章，其中文字，有多處差異。章前 "上士" 寫於竹簡的端首，而章末殘缺，因此，原釋文將之分為獨立的一組。章末殘缺的字，或許接連寫於另一竹簡，今已無法得知。

簡文 "上士昏道，……不足以為道" 段，其中有數字，與各本有異。如 "於其中"，帛書乙本與今通行各本均作 "行之"。"堇" 字，原釋文襲王弼本，讀作 "勤"，裘先生則認為當依劉殿爵先生說，讀為 "僅"。"若昏（聞）"，帛書乙本與王弼本均作 "若存"。"芺" 字，原釋文依照王弼本，解讀為 "笑"。

這些字的差異，似乎指向不同方向的思考。

第一、由"堇"字所引發對於"聞道"的思索：

簡文前段，"堇行於其中"、"若昏若亡"與"大芙之"，三者分別說明對於"道"的解說所產生的三種不同的反應。"堇"字若解作"僅"，則全段的思考就與作"勤"解，有很大的不同。

"堇"解釋爲"僅"，則說明"大道"無法透過聞知而完全的把握，所以"上士"對"道"的聞知，也僅能履行於其中。而"中士"，就似有所聞知而未能有所聞知。"下士"就"大芙（笑）之"。這個思考的方向是將"道"視爲不可完全"聞知"。這與《莊子》書中，部份章節對於"聞道"的看法是相合的。如〈知北遊〉篇即說："道不可聞，聞而非也。"同篇另有大段對於此種說法的解析，曰："不形之形，形之不形，是人之所同知也，非將至之所務也，此眾人之所同論也。彼至則不論，論則不至。明見無值，辯不若默。道不可聞，聞不若塞。此之謂大得。"（〈知北遊〉篇））

但是，假如"堇"字解釋爲"勤"，"上士"對於"道"能有聞知時，就勤奮地履行著它，這就不是強調"道"的不可聞，而說明"上士"對於"聞道"的積極反應。簡文《老子》甲本對應王弼本第 15 章，對於"善爲士者"，形容爲"非（微）溺玄達，深不可志（識）"。這是將"士"形容爲一種極致人格的表現，因此"善爲士者"之"士"，即是"爲道者"，或許也就是透過"上士"的"勤而行於其中"而完成的。要是如此，則"堇"字就不能釋讀爲"僅"了。

《文子·道德》提出"聽道"的觀念。"聽道"似乎與"聞道"相近的。雖然，"聞道"之"聞"可指由外而入於內，"聽道"之"聽"可指由內而向於外，但二者的區分並不是如此地嚴格。"聞"也有"聽"的意含。"聽道"有不同的方式，《文子》說：

> 故上學以神聽，中學以心聽，下學以耳聽；以耳聽者，學在皮膚，以心聽者，學在肌肉，以神聽者，學在骨髓。故聽之不深，即知之不明，知之不明，即不能盡其精，不能盡其精，即行之不成。"（定州竹簡《文子》有殘簡對應此章，它們爲："德修非一聽，故以耳聽者，學在皮膚；以心聽"編號 2428 "學在肌月（肉），以□聽者"編號 0756 "不深者知不遠，而不能盡其功，不能"編號 2500）。

"上學"、"中學"與"下學",是否可對應此處所說的"上士"、"中士"與"下士"?若"上士"是以"神聽",則"學在骨髓",得其實質,當然是"勤而行於其中。"若"中士"是以"心聽",則"學在肌肉",不能與"道"相契合,就"若聞若亡"。若"下士"是以"耳聽",則"學在皮膚",僅止於對"道"解說的聽聞,則必然"大芺之"。

雖然這兩種理解都合於《老子》的思想,但是我們還是認為此處應將"堇"字讀為"勤"較好。

第二、"芺"字所引發的問題:

"大芺之",帛書與今通行各本均作"大笑之"。但簡文作"芺"。"芺"字與"笑"字,字形相近。據《玉篇》說,"芺"為古文"疑"字。"笑"字與"笑"同,而與作"疑"解的"芺"字,字義完全不同。

簡文"芺"字,可能是"笑"字之訛,因為,今存各種文本均作"笑"。但要是"芺"字才是本字,"笑"為"芺"之誤,這就與後來傳世各本的意義,有著極大的差距了。若單獨從哲學思想上來考慮,作為"疑"字解的"芺",要比與"笑"字相同的"笑"要好些。

此章前段說明:"上士聞道",則勤奮地浸沒於"道"的運作之中,"中士聞道",則若有所知而未能確知。"下士聞道",若解釋為"就大笑起來",語意上是較為唐突的。我們認為它可能是指"大疑之",也就是下士只能聞知對"道"解說的表面,而產生極大的疑惑。

為何"大疑"?《老子》下文引用《建言》中的資料全是"正言若反",如"明道若昧"、"進道若退"、"夷道若纇"、"上德若谷"、"大白若辱"……。這種"正言若反"的義理,是會引起下士"大疑之"的。但是否也會使得下士"大笑之",就不得而知了?

簡文的"芺"字是否就是《老子》的原文,而其意義就是古文"疑"字,我們不能找到充足而完善的證明。各本均作"笑"字,應當有其確鑿的來源。但"大笑之"表現了一種狂放的情態,與《老子》書中的思想及其所顯示"為道者"的風格,似乎是有些距離的。

☆

59；48上；20上；13；／41；／52 中；45；54

閟其門，賽其逸，終身不矛；

啟其逸，賽其事，終身不逨。

閟（閉）其門，賽（塞）其𨗈（兌），終身不矛①，啓其𨗈（兌），
賽（塞）其事②，終身不逨③。■

〔天下有始，以爲天下母。既得其母，以知其子。既知其子，復守其母，沒身
不殆。〕塞其兌，閉其門，終身不勤。開其兌，濟其事，終身不救。
〔見小曰明，守柔曰強。用其光，復歸其明，無遺身殃，是爲習常。〕（王弼本）

〔天下有始，以爲天下母。愳（既）得其母，以知其□。復守其母，沒身不殆。〕
塞其悶（堄），閉其門，終身不堇（勤）。啓其悶（堄）、濟其事，終身
□□。〔□小曰□，守柔曰強。用其光，復歸其明。毋遺身央（殃），是胃（謂）
襲常。（帛書甲本）

〔天下有始，以爲天下母。既得其母，以知其子。：既知其子，復守其母，沒
身不怡（殆）。〕塞其堄，閉其門，冬（終）身不堇（勤）。啓其堄，齊（濟）
其□，□□不棘（救）。〔見小曰明，守〔柔曰〕強。用□□，□□□□。□
遺身央（殃），是胃（謂）□常。〕（帛書乙本）

〔天下有始，可以爲天下母。既得其母，以知其子。既知其子，復守其母，沒
身不殆。〕塞其兌，閉其門，終身不勤。開其兌，濟其事，終身不救。
〔見小曰明，守柔曰彊。用其光，復歸其明，無遺身殃，是謂襲常。〕（傅奕本）

【文字釋析】

① "閟其門，賽其𨗈，終身不矛"：

此句王弼本作："塞其兌，閉其門，終身不勤。"帛書甲、乙本句序與
王弼本同。

"閟"，帛書甲、乙本均作"閉"。

"門"，王弼注："門，事欲之所由從。"

301

"賽"字，當作"塞"。

"逸"，帛書甲本作"閟"，乙本作"垸"。"兌"、"垸"與"逸"，似可通用。俞樾云："'兌'當讀爲'穴'。"孫詒讓云："'兌'當讀爲'隧'。"奚侗曰："《易・說卦》'兌爲口'，引申凡有口竅者皆云'兌'。"王弼注："兌，事欲之所由生。""門"與"兌"，均爲事欲所由出的象徵，似不必以實物解之。《莊子・在宥》曰："至道之精，窈窈冥冥；至道之極，昏昏默默。無視無聽，抱神以靜，形將自正。必靜必淸，無勞汝形，無搖汝精，乃可以長生。目無所見，耳無所聞，心無所知，汝神將守形，形乃長生。慎汝內，閉汝外，多知爲敗。""慎汝內，閉汝外"與此章的"閟其門，賽其逸"，義理相近。

"孞"，帛書甲、乙本均作"堇"，王弼本作"勤"。

李零先生云："孞，疑从矝省，讀爲'勤'。'矝'是見母侵部字，'勤'是群母文部字，古音相近。"

馬叙倫則認爲"'勤'借爲'瘽'，《說文》，病也。"

《說文》："勤，勞也。""終身不勤"，意謂終身不勞苦。

劉信芳先生認爲："孞，讀如'務'。"

我們認爲，"孞"疑爲"愍"之省形，"愍"字，假爲"瞀"，"瞀"，昏亂，眩惑。

此段意謂：關閉事欲所從生的開端，阻塞事欲所由生的起始，終身不會眩惑昏亂。

見於古典文獻者：

> 齊王后死，王欲置后而未定，使群臣議。薛公欲中王之意，因獻十珥而美其一。旦日，因問美珥之所在，因勸立以爲王后。齊王大說，遂尊重薛公。故人主之意欲見於外，則爲人臣之所制。故老子曰："塞其兌，閉其門，終身不勤。"（《淮南子・道應訓》）

上段《淮南子・道應訓》資料，用"薛公中齊王之意"的事例，說明人主的意欲不能有見於外，而爲臣下所制。用此種義理來解證《老子》經文，近於晉法家所強調的人主之術。此段資料像似襲自《韓非子・喻老》的說明方式。

② "啓其说，賽其事"：

"啓"，帛書甲、乙本同，王弼本作"開"。因避漢景帝諱，改'啓'字爲'開'。

原注曰："本句帛書甲本作'濟其事'。'賽'，疑讀作'寋'。《說文》：'寋，實也'。《廣雅·釋詁一》：'安也'。"

"濟"，《爾雅·釋言》："濟，益也。" "濟其事"，意指"增繁事情的複雜"，"寋其事"，意指"充盈事情的複雜"，二者意含相近。

本兩句意謂：開啓事欲所從生的肇端，充盈事欲發展的繁雜。

③ "終身不逨■"：

"逨"，帛書乙本作"棘"，王弼本作"救"。"逨"，《玉篇·辵部》："'逨'，來也，至也。"《孟子·滕文公上》："放勳曰：'勞之來之，匡之直之。'" 若按照"至"義的"逨"來理解，此句似指"終身不會得到人民的歸附"。但是這種解釋與其他各本差異極大。

《莊子》書中有多處表達了相似的思想，如〈徐無鬼〉篇曰："馳其形性潛之萬物，終身不反。" 〈天下〉篇曰："惠施之才，駘蕩而不得，逐萬物而不反。" "逨"字的意含，是否與"反"有所關連？

見於古典文獻者：

> 為禮者，雕琢人性，矯拂其情。目雖欲之禁以度，心雖樂之節以禮，趨翔周旋，屈節卑拜，肉凝而不食，酒澂而不飲，外束其形，內愁其德，鉗陰陽之和，而迫性命之情，故終身為哀人。何則？不本其所以欲，而禁其所欲，不原其所以樂，而防其所樂，是猶圈獸不塞其垣，而禁其野心，決江河之流而壅之以手。故曰："開其兌，濟其事，終身不救。"（《文子·上禮》）

上段《文子·上禮》資料，與《淮南子·精神訓》相近，唯後者並未引用《老子》。文中有"性命之情"的觀念，與《莊子》〈駢拇〉等四篇的思

303

想接近。全文以"欲"、"樂"的本源指"兌",以"禁欲"、"防樂"指"事",應當是對《老子》資料理解的一種方式。但,"兌"可指一切人爲意向的肇端,"事"也可指一切人意作爲的展現。《老子》的原義應更爲根本。

《老子》第 56 章曰:"知者不言,言者不知。塞其兌,閉其門,挫其銳,解其分,和其光,同其塵;是謂玄同。故不可得而親,不可得而疏;不可得而利,不可得而害;不可得而貴,不可得而賤;故爲天下貴。""塞其兌"等四句,與此處思想相近。

見於古典文獻者:

> 廣成子蹴然而起,曰:"善哉問乎!來!吾語汝至道。至道之精,窈窈冥冥;至道之極,昏昏默默。無視無聽,抱神以靜,形將自正。必靜必清,無勞汝形,無搖汝精,乃可以長生。目無所見,耳無所聞,心無所知,汝神將守形,形乃長生。慎汝內,閉汝外,多知為敗。我為汝遂於大明之上矣,至彼至陽之原也;為汝入於窈冥之門矣,至彼至陰之原也。天地有官,陰陽有藏,慎守汝身,物將自壯。我守其一以處其和,故我修身千二百歲矣,吾形未常衰。"(《莊子·在宥》)

> 故廣成子曰:"慎守而內,周閉而外。多知為敗,毋視毋聽。抱神以靜,形將自正。"(《淮南子·詮言訓》)

上引《莊子·在宥》資料,記載廣成子言論,《淮南子》引用時亦稱廣成子。廣成子似實有其人。按其表述的思想來看,可能屬於南方楚學的傳承,近於《莊子·天下》中關尹"貴清"的哲學風格。"慎汝內,閉汝外,多知爲敗",應當襲自簡文此處。

【資料研究】

簡文此章寫於編號第 13 簡,與下兩章均屬於《老子》乙本第三組竹簡。全文對應王弼本第 52 章中段,下接王弼本第 45 章。

帛書甲、乙本與王弼本第 52 章,在簡文之前有"天下有始……沒身不殆"段,之後有"見小曰明……是爲襲常"段。簡文此章結尾處,有一墨點,與下章分隔，而爲獨立的一章。簡文此章僅留對稱的六句，似古時格言。簡文單獨成章，保留此一格言的原始記錄。簡文、帛書甲、乙本與王弼本，用字稍有差異，它們分別爲：

> 閟其門，賽其逸，終身不柔，啟其逸，賽其事，終身不逨。（簡文）
>
> 塞其閔，閉其門，終身不堇。啟其悶、濟其事，終身□□。（帛書甲）
>
> 塞其垸，閉其門，冬身不堇。啟其垸，齊其□，□□不棘。（帛書乙）
>
> 塞其兌，閉其門，終身不勤。開其兌，濟其事，終身不救。（王弼本）

帛書甲本前句作"塞其閔"，後句與第 56 章，"閔"字均作"悶"。高明先生認爲："由此看來，彼此各有所據，非因筆誤而寫錯字。"（《帛書老子校注》頁 74）今簡文出土，其中又有文字與帛書本不同者。可見，此類格言的流傳，當有不同的說法。因而有著不同意含的指涉。

我們從帛書與王弼本第 52 章全文來看：《老子》第 52 章主要在說明"始"、"母"的觀念，其文曰：

> 天下有始，以爲天下母。既得其母，以知其子。既知其子，復守其母，
> 沒身不殆。塞其兌，閉其門，終身不勤。開其兌，濟其事，終身不救。

"塞其兌"段，是回應著"天下始"、"天下母"來說的。慎守著"事欲"的兆端，也就是保持著人與"始源"的相映，如此才能"得母知子"與"知子守母"。就全章文氣來說，帛書與王弼的文本，像是引用這種格言或雋語的資料，它與其前段的資料，若分別獨立，仍可完整表達各自的義理。

帛書等文本，於簡文此章之末，另有"見小曰：明，守柔曰：強。用其光，復歸其明，無遺身殃，是爲習常。"竹簡《老子》甲本對應王弼本第 55 章則有類似的思想資料，曰：

> 和曰眾〈常〉，智（知）和曰明。賹（益）生曰羕（祥），心貞（使）燹（氣）
> 曰勥（強），勿（物）壐（壯）則老，是胃（謂）不道。

"知和"與"見小"，均稱爲"明"。"物壯則老，是謂不道"是以反向來說明"復歸其明"，而"和曰常"與"習常"正相互呼應。帛書王弼本的這

段資料也像似補充說明“始”、“母”的觀念。

　　簡文此章僅保存了王弼本第 52 章的中段,但卻顯示出帛書等的文本可能經過了編輯與整理。當然也有可能是竹簡《老子》乙本,只是摘錄抄寫了古時《老子》流傳的資料。也有可能,簡文此處的資料,是當時流傳的雋語,《老子》分別引用在此章,並在第 56 章發揮其意旨。不論如何,竹簡《老子》三本的出土,使我們對於《老子》成書與其資料流傳的情況,有了更大設想的空間。或許這也提供了可能的線索,使我們更為接近古典哲學當時發展的實際情形。

☆

59；48上；20上；13；／41；／52中；45；54

大成若（十三）夬，其甬不幣。

大涅若中，其甬不穷。

大攷若仙，大成若詘，大植（十四）若屈。

大攷若仙，大成若詘，大植（十四）若屈。

喿勅蒼，青勅然，清清爲天下定。

大成若夬（缺），其甬（用）不幣（敝）①，大涅（盈）若中（盅），
其甬（用）不穿（窮）②。大攷（巧）若仳（拙）③，大成若詘
④，大植（直）若屈⑤。■枭（燥）勝（勝）蒼（滄），青（清）
勝（勝）然（熱）⑥，清清（靜）爲天下定（正）⑦。

大成若缺，其用不弊。大盈若沖，其用不窮。大直若屈，大巧若拙，
大辯若訥。躁勝寒，靜勝熱。清靜爲天下正。（王弼本）

大成若缺，其用不幣（弊）。大盈如盅（盅），其用不鄗（窮）。大直如
詘，大巧如拙，大嬴如炳（朒）；趮勝寒、靚（靜）勝炅（熱），請（清）
靚（靜）可以爲天下正。（帛書甲本）

□□□□，□□□□。□盈如沖（盅），其□□□。□□□□，□□
如拙，□□□紲（朒）；趮朕（勝）寒、□□□，□□□□□□□□。（帛
書乙本）

大成若缺，其用不敝。大滿若盅，其用不窮。大直若詘，大巧若拙，
大辯若訥。躁勝寒，靖勝熱。知清靖以爲天下正。（傅奕本）

【文字釋析】

①"大成若夬，其甬不幣"：

"夬"，帛書甲本與王弼本作"缺"。

"甬"字，假爲"用"。

"幣"字，假爲"敝"。原注稱："簡文'幣'字从'巾''釆'聲。
金文'番'上部所从之'釆'與簡文形同。《古文四聲韻》引《古老子》
'樊'字从'釆'从'巾'从'口'，僅比簡文多出'口'。'幣'讀
作'敝'。'釆'屬元部並母，'敝'屬月部並母，古音相近。"

此兩句意謂：極致的成立如同有缺欠一般，但它的作用卻不會完竭。

② "大涅若中，其甬不穹"：

"中"，帛書甲本作"浧"，乙本作"沖"，王弼本作"沖"。"中"假為"盅"。《說文》："盅，器虛也，從皿，中聲。"《老子》第 4 章："道沖而用之，或不盈。淵兮似萬物之宗。"

"涅"，帛書甲乙本作"盈"。"涅（盈）"與"中（虛）"相互對反。

原注曰："'穹'，'窮'字省形，讀作'窮'。《古文四聲韻》引《道經》'窮'字從'宀'從'躬'。"

此兩句意謂：極致的盈實如同有虛耗一般，但它的作用卻不會窮盡。

③ "大攷若仳"：

"攷"，帛書甲本與王弼本均作"巧"。

"仳"字，假為"拙"，帛書甲本與王弼本均作"拙"。

見於古典文獻者：

> 擢殘天下之聖法，而民始可與論議。擢亂六律，鑠絕竽瑟，塞師曠之耳，而天下始人含其聰矣；滅文章，散五采，膠離朱之目，而天下始人含其明矣；毀絕鉤繩而棄規矩，攦工倕之指，而天下始人含其巧矣。故曰："大巧若拙"。削曾史之行，鉗楊墨之口，攘棄仁義，而天下之德始玄同矣。（《莊子‧胠篋》）

上段《莊子‧胠篋》資料，其中所引《老子》經文處，與全段說明體例不合。全文不應僅在"天下始人含其巧"句後，引用他書來解證。"大巧若拙"，可能是在傳抄過程中，注文或案語的竄入。但〈胠篋〉篇全章，在《老子》人文導源的基礎上，強烈批判人文規劃的不當，雖與《老子》哲學探索的意旨不盡相同，卻多處引用《老子》的觀念與文句。此處出現"大巧"句，也可能此事有關。

④ "大成若詘"：

"大成若詘"，帛書甲本作"大贏若炳"，乙本殘缺僅存一"詘"字，王弼本作"大辨若訥"。簡文此句與帛書甲本，或王弼本有異，可能來自不同傳本。《說文·言部》："詘，詰詘也。"段玉裁注："二字雙聲，屈曲之意。"

⑤ "大植若屈■"：

此句帛書乙本作"大直如詘"，王弼本作"大直若屈"。

句後有墨點，簡文似將此句之前分爲一章，與王弼本分章不同。

見於古典文獻者：

> 秦穆公謂伯樂曰："子之年長矣。子姓有可使求馬者乎？"對曰："良馬者，可以形容筋骨相也。相天下之馬者，若滅若失，若亡其一。若此馬者，絕塵弭轍。臣之子，皆下材也，可告以良馬，而不可告以天下之馬。臣有所與供儋采薪者九方堙，此其於馬，非臣之下也。請見之。"穆公見之，使之求馬。三月而反，報曰："已得馬矣。在於沙丘。"穆公曰："何馬也？"對曰："牡牝而黃。"使人往取之，牡而驪。穆公不說，召伯樂而問之曰："敗矣！子之所使求者，毛物、牝牡尚弗能知，又何馬之能知？"伯樂喟然大息曰："一至此乎！是乃其所以千萬臣而無數者也。若堙之所觀者，天機也。得其精而忘其粗，在其內而忘其外，見其所見而不見其所不見，視其所視而遺其所不視。若彼之所相者，乃有貴乎馬者。"馬至而果千里之馬。故老子曰："大直若屈，大巧若拙。"（《淮南子·道應訓》）

上段《淮南子·道應訓》資料，用"九方堙相馬"之術，來解喻所引《老子》經文。按文中所用事例，與"大巧若拙"的義理相合。

⑥ "杲勅蒼，青勅然"：

"杲"，帛書甲本作"趮"，王弼本作"躁"。"趮"、"躁"，同字異體。"杲"，假借爲"躁"。《廣雅·釋詁三》："躁，擾也。"《廣韻·號韻》："躁，動也。"《文子·九守》曰："一月而膏，……九

311

月而躁，十月而生。"

"勅"，帛書乙本作"朕"，甲本與王弼本作"勝"。"勅"字，假為"勝"。

原注曰："'蒼'，簡文下部與《說文》'蒼'字同，讀作'滄'。《說文》：'滄，寒也。'"《荀子‧正名》："疾養，滄熱，滑鈹，輕重，以形體異。"楊倞注："滄，寒也。"

"青"，帛書甲本作"靚"，王弼本作"靜"。"青"、"靚"二字，均假借為"靜"。

"然"，帛書甲本作"炅"，王弼本作"熱"。《說文‧火部》："然，燒也。"徐鉉注："然，今俗別作燃。"《孟子‧公孫丑上》："若火之始然，泉之始達。"

此兩句意謂：活動能克服寒冷，沈靜能克服炎熱〔，因此，動靜是相互轉化的〕。

⑦ "清清為天下定"：

裘先生曰："簡文'清＿'似當讀為'清青（靜）'或'青（清）清（靜）'。'定'從'正'聲，今本讀為'正'。"

"定"字，今通行各本均作"正"。

此句意謂：〔非對立性〕清寧的安靜卻是天下〔一切個別運作〕的準據。

見於古典文獻者：

> 得道者必靜。靜者無知，知乃無知，可以言君道也。故曰：中欲不出謂之扃，外欲不入謂之閉。既扃而又閉：天之用密，有准不以平，有繩不以正；天之大靜，既靜而又寧，可以為天下正。（《呂氏春秋‧審分覽‧君守》）

上引《呂氏春秋》資料，其中所稱"得道者必靜"所以可"言君道"，"天之大靜"所以可"為天下正"，均受到與《老子》此處思想的影響。尤其以"大靜"解釋"清清"（或"清靜"），指出"靜"並非"動、靜"相對的"靜"，把握了《老子》此處思想的重要辨析。

【資料研究】

此章寫於竹簡編號第 12 簡至第 15 簡中段，全文對應王弼本第 45 章。但 "若屈" 後有墨點，簡文似分作兩章。下面我們說明提出兩個問題來分析：

第一、簡文前四句，與帛書兩本或王弼本，文字均相近。但 "大攷" 後三句，在句序與文字上有異。它們分別為：

> 大攷若仳，大成若詘，大植若屈。（簡文本）
> 大直若屈，大巧若拙，大辯若訥。（王弼本）
> 大直如詘，大巧如拙，大贏如炳。（帛書甲本）
> □□□□，□□如拙，□□□絀。（帛書乙本）

這種情形，可能是因為抄寫的文本不同。其中，簡文 "大成若詘"、"大辯若訥" 與 "大贏若炳"，差異較大。

"大贏若炳"：高明先生云："'炳' 字假借為 '肭'。'贏' 指盈餘，'肭' 謂虧損或不足。'贏肭' 本來就是一個複音詞，也謂 '贏不足'，是我國古代計算盈虧問題的一種算術方法。"（《帛書老子校注》頁 43）帛書甲本此句意謂：最大的贏取好像虧損一般。

"大辯若訥"：簡文與帛書《老子》中，並未出現此種涉及 "論辯" 之 "辯"。

"大成若詘"：前文已有 "大成若缺"，此處 "成" 字可能有誤。劉信芳先生認為有兩種釋讀的可能："其一可讀為 '大贏若詘'，……其趨舍而前曰贏，退舍曰縮。其二可讀若 '大信若詘'，《荀子・天論》：'老子有見於詘，無見於信。……有詘而無信，則貴賤不分。'《易・繫辭下》：'尺蠖之屈，以求信也。'《說文》：'信，誠也。' 又：'誠，信也。' 信詘、贏詘（炳、肭）一音之轉。" 但，"詘" 也有 "窮盡" 之義。《管子・國蓄》："利出於一孔，其國無敵。出二孔者，其兵不詘，出三孔者，不可以舉兵。出四孔者，其國必亡。" 尹知章注："詘與屈同，屈，窮也。" 與 "窮盡" 之義的 "詘" 字相對，"成" 或為 "盛" 字之假。《荀子・非十二子》："成名況乎諸侯，莫不願以為臣。" 俞樾《諸子平議》："'成' 與 '盛' 通。" 簡文此句可能意謂：浩大的豐盛像似窮盡了一般。

此章前段的幾句，雖然各文本所記載者略有不同，但都在說明"大"的極致狀態。"成－缺"、"涅（盈）－中（盅）"、"攷（巧）－仳（拙）"、"成（盛）－詘"、"植（直）－屈"是不同性狀的對立關係。而"大"卻指向超乎此對立關係的極致。"大"，不只是形象上大小的"大"，它更表現爲存在性的"大"。或者它就是一種"立"，一種完滿的成立，或充實的建立。"立"字，《說文》曰："從大立一之上。"徐鉉本云："大，人也；一，地也。"或許我們可以引申之，"大"之爲"大"，就在於它是"立"。"立"凸現於"地"之上，在此突出之域，"大"的作用，因不在對立性的損耗之中，永遠不會窮盡。

第二、"喿勝蒼，青勝然"句，雖然簡文以墨點與前段分隔，其意義似乎與前文有著密切地聯繫。此句意謂"擾動就能抵過寒冷，清靜則能克服炎熱。"這是以平常生活的經驗來取譬。"擾動"與"清靜"是對立的，"寒冷"與"炎熱"是相反的。對立的動作，能克勝相反之物，但也自然爲相反之物所限制。這是對立關係下的一種必然情況。但"清清"卻爲"天下定"。何謂"清清"？

劉信芳先生云："蓋'清清'非謂清靜也。從竹簡行文的結構資料研究，'靜'屬於'清清'的範疇，'躁'亦屬於'清清'的範疇。'躁'（運動）、'靜'（靜處）的共性在於，人在寒熱面前，不外求他物，而依靠自身的休養與調節，竹簡《老子》將這樣一種處世方法概括爲'清清'。《招魂》：'朕幼清以廉潔兮。'王逸注：'不求曰清。''清清爲天下定'者，人無所求，天下自定也。"

雖然"清清"不必然不是"清靜"的假借，但劉先生的這種說法，卻指出了一個方向，使我們需要對《老子》思想中"靜"的觀念，重新思考其哲學的意義與作用。在《老子》書中，"清靜"一詞僅此一見。而"靜"字卻出現多處，除此章外，它們分別爲：

1. 孰能濁以靜之徐清。孰能安以動之徐生。（第15章）
2. 致虛極、守靜（簡文作"中"）篤。……歸根曰靜，是謂復命（第16章）
3. 重爲輕根，靜爲躁君。……輕則失根，躁則失君。（第26章）
4. 不欲以靜，天下將自定。（第37章）
5. 我好靜而民自正。（第57章）
6. 牝常以靜勝牡，以靜爲下。（第61章）

　　引文 1 ，是 "靜、動" 對舉，說明兩種對立的運作。引文 2 ， "守靜" ，簡文作 "獸中" （守中）， "歸根曰靜" 段未出現於簡文。引文 3 ， "靜" 與 "躁" 對舉，指兩種對立的狀態。引文 4 ， "靜" 意謂以無爲所表現的始源性情狀。引文 5 ， "靜" 是 "牝" 的性徵，而 "牝" 與 "牡" 對立，但恆勝過 "牡" ，因此， "靜" 仍有對立的性質。

　　歸納起來，《老子》書中的 "靜" 字，基本上具有兩種作用，一是與 "靜之反者" 相對立，而呈現復歸性的指向；一是作爲始源性狀的說明，而呈現爲本質性的 "靜" 。

　　在簡文對應王弼本《老子》第 16 章中，我們似乎發現上述第二種作用 "靜" 字意含的可能來源。簡文該章與通行本文字略異。

> 至虛，互也；獸中，篤也。（簡文）
> 致虛極，守靜篤。（王弼本）
> 至（致）虛，極也；守情（靜），表（篤）也。（帛書甲本）
> 至（致）虛，極也；守靜，督（篤）也。（帛書乙本）

　　簡文，以 "虛" 、 "中" 並稱，而其他各文本則以 "虛" 、 "靜" 連言。 "虛" 、 "中" 與 "靜" ，三者在觀念的意含上應是關連著的，均指涉始源的狀態。簡文 "中" 字，雖可解爲 "盅" ，如上章 "大涅若中" ，即爲 "大盈若盅" 。但簡文前文即已提到 "至虛" ，因此， "守中" 的 "中" ，就不應是與 "虛" 字意含相近的 "盅" 。 "中" 是否在某種意義上與 "靜" 相同？若是如此，則簡文《老子》中的 "中" 與通行本的 "靜" 就有著內在的溝通。或者說，通行本以 "靜" 表達的始源性狀，就根源於簡文 "中" 字所指涉的內容上。

　　我們在《管子》中發現一些二者間關連的線索。

> 得一之理，治心在於中，治言出於口，治事加於人。……形不正，德不來。中不靜，心不治。正形攝德，天仁地義，則淫然而自至。神明之極，照乎知萬物，中（原有 "義" 字，據王念孫說刪）守不忒。不以物亂官，不以官亂心，是謂中得。……正心在中，萬物得度也。（〈內業〉篇）
>
> 心全於中，形全於外，不逢天菑，不遇人害，謂之聖人。……形不正者德不來，中不精者心不治。正形飾德，萬物畢得。翼然自來，神莫

知其極。昭知天下,通於四極。是故曰,無以物亂官,毋以官亂心,
此之謂內德。(〈心術下〉)

在《管子》書中,"中"指"心"之所居,所謂"治心在於中"。同時,
也說明了"中"、"精"或"靜"是相互聯繫著的,因爲"中不精者,心不治",
"中不靜,心不治"。而"心"若不亂,則稱之"中得"或"內德","中"
即"內"。這樣,"中"就分別在"心","精"或"靜",與"內"的關連
中,形成了稷下道家關於"內在精神領域"的結構性呈示。

此處《管子》所說的"中不精"之"精",是指"精氣"。也就是同篇首
段所說:"凡物之精……流於天地之間,謂之鬼神。藏於胸中,謂之聖人。"
因此,"中不精,即心不治",即言"中"不得精氣之所存,則"心"不能安
處。而"中不靜"之"靜",也不是指"動、靜"相對的"靜"。〈心術上〉
說:"天曰虛,地曰靜。""天之道虛,地之道靜。虛則不屈,靜則不變。"
"靜"指"天地"本性的"虛"與"靜"。因此,"中不靜,心不治",是說
"中"不得如"地"之"靜",則"心"不能安定。"天地"爲精氣的流行,
"精"與"靜"是相通的。一說其本質,一言其特性,而"中"是人安置"精"
"靜"的處所。此一形象性的"處所",用觀念來表明,即"心"。而"心"
在人的處身之內,故也可稱之爲"內"。這樣,對於治"心"於"內"的道術,
就是所謂的"中守不忒"了。

我們認爲,《管子·內業》的內容,實質上是發揮與推衍了簡文《老子》
"至虛,亙也;獸中,篤也"的思想。因此,"守中"的"中"似乎要比各本
"守靜"的"靜",具有更大內容的指向性。即便是通行本《老子》以"靜"
取代了"中",對於其中"靜"字的瞭解,也需要從非"動、靜"對立的意義
上來進行。這樣,"不欲以靜,天下將自定。"(第37章)"我好靜而民自正。"
(第57章)其中的"靜",表現了如後來稷下道家所說的,一種天地自然本性的
"靜"。

簡文此章"清清爲天下定"的"清清",就不同於前文"青勃然"中的"青",
而是具有本質意義的"靜"。今通行本《老子》僅此章有"清靜"一詞。簡文
的"清清",或許可讀爲"清青(靜)"或"青(清)清(靜)",它是一種指涉始
源情狀之"靜"更爲完整的形式。"清靜"確實爲《老子》思想中特殊的觀念,
與此章前段作爲極致意義的"大",在哲學的作用上是相一致的。

☆

59；48上；20上；13；／41；／52中；45；54

善建者不拔，善伓者（十五）不兌，

子孫以其祭祀不屯。攸之身，

其惪乃貞；攸之豪，其惪又舍；攸（十六）之向，

其惪乃長；攸之邦，其惪乃奉；

攸之天下，□□□□□□□□□（十七）豪。

以向觀向，以邦觀邦。

以天下觀天下。虗可以智天□□□□□。（十八）

善建者不拔，善伓〔保〕者不兌（脫）①，子孫以其祭祀不屯②。攸（修）之身，其悳（德）乃貞（真）③，攸（修）之豪（家），其悳（德）又（有）舍（餘），攸（修）之向（鄉），其悳（德）乃長，攸（修）之邦，其悳（德）乃奉（豐）④，攸（修）之天下□□□□□□□豪（家）⑤。以向（鄉）觀向（鄉），以邦觀邦，以天下觀天下。虗（吾）可（何）以智（知）天□□□□□⑥。

善建者不拔，善抱者不脫，子孫以祭祀不輟。修之於身，其德乃真；修之於家，其德乃餘；修之於鄉，其德乃長；修之於國，其德乃豐；修之於天下，其德乃普。故以身觀身，以家觀家，以鄉觀鄉，以國觀國，以天下觀天下。吾何以知天下然哉？以此。（王弼本）

善建□□拔，□□□□□。子孫以祭祀□□，□□□，□□□□。□□□，□□□餘。脩之□，□□□□。□□□，□□□□。□□□□，□□□□。以身□身，以家觀家，以鄉觀鄉，以邦觀邦，以天□□□□。□□□□□□□□□？□□。（帛書甲本）

善建者□□，□□□□□。子孫以祭祀不絕，脩之身，其德乃真。脩之家，其德有餘。脩之鄉，其德乃長。脩之國，其德乃夆（豐）。脩之天下，其德乃博。以身觀身，以家觀□，□□□國，以天下觀天下。□□□□天下之然茲？以□。（帛書乙本）

善建者不拔，善襃者不脫，子孫祭祀不輟。修之身，其德乃真；修之家，其德乃餘；修之鄉，其德乃長；修之邦，其德乃豐；修之天下，其德乃溥。故以身觀身，以家觀家，以鄉觀鄉，以邦觀邦，以天下觀天下。吾奚以知天下之然哉？以此。（傅奕本）

【文字釋析】

① "善建者不拔，善仲者不兑"：

原注曰："'拔'，簡文字形與《古文四聲韻》引《古老子》'拔'字相同。"

原注曰："'仲'，疑是'保'字簡寫。今本此字作'抱'，'保'、'抱'音義皆近。"

"兑"字，借爲"脫"。

此兩句意謂：善於建城立國者，不會被拔除而喪國。善於保有天命者，不會被取代而滅亡。

② "子孫以其祭祀不屯"：

"乇"字，帛書乙本作"絕"，王弼本作"輟"。原注稱："'屯'，簡文爲'屯'之的省形。《說文》：'屯，難也'。"但裘先生曰："從字形看，似爲'乇'字。"

此處，"祭祀"當指貴族階級的"守奉祭祀"而言。《左傳‧定公四年》："滅宗費祀，非孝也。"《呂氏春秋‧仲冬紀》："弘演可謂忠矣，殺身出生以徇其君。非徒徇其君也，又命衛之宗廟復立，祭祀不絕，可謂有功矣。"

此句意謂：子孫後代都能承續著祭祀先人而不斷絕。

見於古典文獻者：

人無愚智，莫不有趨舍。恬淡平安，莫不知禍福之所由來。得於好惡，怵於淫物，而後變亂。所以然者，引於外物，亂於玩好也。恬淡有趨舍之義，平安知禍福之計。而今也玩好變之，外物引之，引之而往，故曰："拔。"至聖人不然，一建其趨舍，雖見所好之物不能引，不能引之謂不拔。一於其情，雖有可欲之類，神不爲動，神不爲動之謂不脫。爲人子孫者體此道，以守宗廟不滅之謂祭祀不絕。（《韓非子‧解老》）

上段《韓非子・解老》資料，以"恬淡"指涉《老子》經文中"建"的內容，以"神不為所動"作為"不拔"的原因，是對簡文此處思想所提出的定向解釋。《老子》所稱"善建"之"建"，是具有哲學性考慮的觀念，它指處置天下事物的始源性把握，並未明確地界定為精神上的"恬淡"狀態。"恬淡"雖源自《老子》的思想，但在晉學的環境中卻成為"人君"治術的修持，與《老子》哲學原先涉及的問題不同。

*

> 楚莊王既勝狩於河雍，歸而賞孫叔敖，孫叔敖請漢間之地，沙石之處。楚邦之法，祿臣再世而收地，唯孫叔敖獨在。此不以其邦為收者，瘠也，故九世而祀不絕。故曰："善建不拔，善抱不脫，子孫以其祭祀世世不輟"，孫叔敖之謂也。（《韓非子・喻老》）

上段《韓非子・喻老》資料，以"孫叔敖受砂石之地"的故事，來解喻《老子》的經文。

*

> 人君之道，無為而有就也，有立而無好也。有為即議，有好即諛。議即可奪，諛即可誘。夫以建而制於人者，不能持國，故"善建者不拔"，言建之無形也。唯神化者，物莫能勝。（《文子・上仁》）

上段《文子・上仁》資料，也見於《淮南子・主術訓》。以"建之無形"的"神化"來解釋《老子》經文，合於《老子》思考的向度。此段直接發揮《老子》的思想，其中顯示出《文子》以具體的"人君之道"，對《老子》書中"聖人之治"觀念的轉換。

*

> 是故：君人者，無為而有守也，有為而無好也。有為則讒生，有好則諛起。昔者齊桓公好味而易牙烹其首子而餌之，虞君好寶而晉獻以璧馬鈞之，胡王好音而秦穆公以女樂誘之，是皆以利見制於人也。故"善建者不拔"。（《淮南子・主術訓》）

上引《淮南子・主術訓》資料，與《文子・上仁》相近。或許〈主術訓〉引用《文子》，增添"齊桓公"等事例，以三人皆"以利見制於人"，來說明《文子》"以建而制於人者，不能持國"的義理。〈上仁〉篇的解釋較合於《老子》的思想。

③ "攸之身，其惪乃貞"：

"貞"，帛書乙本與王弼本均作"真"。"貞"，正也，"修之身"則"其德乃正"，"貞"字似較"真"字爲佳。

④ "攸之豪，其惪又舍，攸之向，其惪乃長，攸之邦，其惪乃奉"：

"豪"，各本作"家"，"豪"爲"家"字的楚人寫法。

"舍"，各本作"餘"，"舍"意指"安處"。

裘先生曰："簡文此字是‘向’的訛體，讀爲‘鄉’。"

"奉"，"豐"，音近通假。

⑤ "攸之天下，□□□□。□□□豪"：

原注曰："此數句帛書本作‘脩之天下其德乃博以身觀身以家觀家’。據此，簡文缺字可補爲‘其德乃博以家觀’。"

簡文殘缺處最多只有七字空格，按照釋文所補，則簡文即缺今本"以身觀身"句。

以上數句似意謂：遵循〔"善建"、"善保"者之所以"不脫"、"不拔"的持守〕而體現在人君的存身，那種〔使子孫可以祭祀不絕的〕"德"才有了安處的定向。遵循它而體現在人君的家族，那種"德"才能興起而滋生。遵循它而體現在封邑之鄉，那種"德"才能展開而滋長。遵循它而體現在一國之域，那種"德"才能豐厚而充實。遵循它而體現在天下萬民，〔那種"德"才能圓滿而周遍。〕……

見於古典文獻者：

身以積精爲德，家以資財爲德，鄉國天下皆以民爲德。今治身而外物不能亂其精神，故曰："脩之身，其德乃真。"真者，慎之固也。治家，無用之物不能動其計則資有餘，故曰："脩之家，其德有餘。"

　　治鄉者行此節，則家之有餘者益衆，故曰：“脩之鄉，其德乃長。”
　　治邦者行此節，則鄉之有德者益衆，故曰：“脩之邦，其德乃豐。”
　　涖天下者行此節，則民之生莫不受其澤，故曰：“脩之天下，其德乃
　　普。”（《韓非子·解老》）

上段《韓非子·解老》資料，以“積精”、“資財”、“以民”作爲不同
層次“德”的內容，同樣是對《老子》經文定向的解釋。這種解釋的方向，
將《老子》此處的思想，限制在“治國”的實際績效上，是晉法家對《老
子》思想的一種應用。

＊

　　人之將疾也，必先甘魚肉之味；國之將亡也，必先惡忠臣之語。故疾
　　之將死者，不可爲良醫；國之將亡者，不可爲忠謀。修之身，然後可
　　以治民，居家理治，然後可移官長。故曰：“修之身，其德乃真，修
　　之家，其德乃餘，修之國，其德乃豐。（《文子·微明》）

上段《文子·微明》資料，並未見於《淮南子》。〈微明〉篇是用“人之
將疾”與“國之將亡”所顯示的情況，反向地說明“修身”的重要。這種
強調“修身”的看法，應該是文子學派對《老子》經文的一種解釋。

＊

　　古之爲君者，深行之謂之道德，淺行之謂之仁義，薄行之謂之禮智，
　　此六者，國家之綱維也。深行之則厚得福，淺行之則薄得福，盡行之
　　天下服。古者修道德即正天下，修仁義即正一國，修禮智即正一鄉，
　　德厚者大，德薄者小。（《文子·上仁》）

上段《文子·上仁》資料，也未見於《淮南子》。全文用“道德”、“仁
義”、“禮智”，分別說明行於“天下”、“一國”、“一鄉”之德。這
種看法相當特殊。這同樣應該是文子學派對《老子》經文的一種解釋。此
段與上段資料，均與《老子》此處的哲學思想有別。

＊

　　文子問治國之本。老子曰：“本在於治身。未嘗聞身治而國亂者也，
　　身亂而國治者，未有也。故曰“修之身，其德乃真。”（《文子·上仁》）

楚莊王問詹何曰：“治國奈何？”對曰：“何明於治身，而不明於治國？”楚王曰：“寡人得立宗廟社稷，願學所以守之。”詹何對曰：“臣未嘗聞身治而國亂者也，未嘗聞身亂而國治者也。故本任於身，不敢對以末。”楚王曰：“善。”故老子曰：“修之身，其德乃真也。”

（淮南子·道應訓）

上引《文子·上仁》與《淮南子·道應訓》兩段文字，思想內容相近，二者間資料的歸屬，不易判定。但均強調“身”為“治國之本”，以此解證《老子》經文，與上引《文子·微明》相類。《老子》思想中強調“存身”的問題，但此處所言並非涉及“身”的探討。對《老子》的個別文句，提出不同向度的解釋，或許這是解《經》傳授的一種方式。

⑥ “以向觀向，以邦觀邦，以天下觀天下。虗可以智天□□□□□”：

“向”字，假借為“鄉”。

原注曰：“此章之末，今本作‘吾何以知天下之然哉，以此’。”

“虗”，同“吾”。

《管子·牧民》有與此章相類似的說法：“以家為鄉，鄉不可為也。以鄉為國，國不可為也。以國為天下，天下不可為也。以家為家，以鄉為鄉，以國為國，以天下為天下。”

《老子》書中另有“吾何以知”的類似表達，如第 21 章：“自古及今，其名不去以閱眾甫。吾何以知眾甫之狀哉！以此。”第 57 章：“以正治國，以奇用兵，以無事取天下。吾何以知其然哉？以此。”

儒家也有類似的理論，但與《老子》此章的思想有異。《大學》曰：

古之欲明明德於天下者，先治其國；欲治其國者，先齊其家；欲齊其家者，先修其身；欲修其身者，先正其心；欲正其心者，先誠其意；欲誠其意者，先致其知，致知在格物。物格而后知至，知至而后意誠，意誠而后心正，心正而后身修，身修而后家齊，家齊而后國治，國治而后天下平。自天子以至於庶人，壹是皆以修身為本。

《大學》所言者，強調一種立基在人倫價值基礎上的人文建構，即所謂

"明明德於天下"。而《老子》此處則是以哲學性的 "觀" 來說明 "得天下" 與 "保天命" 之事，二者探討的指向並不相同。

以上數句意謂：〔就人君宗族的情況，可以審知在宗族事務的處理上所顯發能保有那種 "德" 的可能。〕就封邑之鄉的情況，可以審知在地方事務的處理上所顯發保有那種 "德" 的可能。就一國之域的情況，可以審知在諸侯方國事務的處理上所顯發保有那種 "德" 的可能。就天下萬民的情況，可以審知在萬民歸服事務的處理上所顯發那種 "德" 的可能。

見於古典文獻者：

> 脩身者以此別君子小人，治鄉、治邦、蒞天下者，各以此科適觀息耗
> 則萬不失一，故曰："以身觀身，以家觀家，以鄉觀鄉，以邦觀邦，
> 以天下觀天下，吾奚以知天下之然也以此。"（《韓非子·解老》）

上引〈解老〉篇資料，是《韓非子》對《老子》此章經文最後一段的解釋。〈解老〉篇此處，是將《老子》的經文，歸納出一種治國的 "條目"。提出 "各以此科適觀息耗"，意謂：以此條目來比對審查各種成效的增益與缺損。這顯然是將《老子》哲學意義的 "觀"，轉變成對於治術的掌控，表現出晉法家對實際政治規劃的特殊要求。

【資料研究】

簡文此章寫於竹簡編號第 15 簡中段至第 18 簡，其中後兩簡下段殘缺。全文對應王弼本第 54 章，與前章間似無分隔符號。簡文此章爲《老子》乙本第三組竹簡最後一章。簡文文字，與帛書本或王弼本，差異不大，但其中有個別字詞，或許引發我們不同的思索方向。

首先，"貞"、"舍" 二字，帛書與王弼本均分別作 "真"、"餘"。王弼注此二句曰："修之身則真，修之家則有餘，修之不費，所施轉大。" "貞" 字，可假爲 "真"，但 "貞" 更有 "確定不疑" 之義。《釋名·釋言語》："貞，定也，精定不動惑也。" "修之身"，是指確定所修的方向在 "身" 上，此種 "確信" 是 "定"，也就是 "貞"。這比作 "真" 字，意義較爲明確。"舍"，

有"處所"之義。"修之家"的所得（德），指有"安處"。從"確定不疑"到"有所安處"，然後才能有"長"，以致能"豐"。簡文"舍"字，所表現的哲學意義較佳。

其次，"善佚者不兌"，原釋文認爲"佚"字疑是"保"的簡寫，"保"與"抱"音義相近。"善抱者不脫"與"善建者不拔"，二句對稱。"建"與"抱"可以指普遍意義的"建立"與"抱持"。但從下文所談論的事情都是實有所指來看，"善建"與"善保"可能是指"子孫以其祭祀不屯（帛書乙本作"絕"）"的立國。"其祭祀不絕"是說能守宗廟的祭祀，不會使所建立的國家，亡國絕嗣。而從"修之天下"、"以天下觀天下"、"何以知天下"等語，此處的"祭祀不絕"似指擁有天下的君王而言。這樣，"建"當指建立起王權，而"抱"也應作"保"，即"保天命"之"保"。

第三，"攸之"，帛書兩本均作"脩之"，王弼本作"修之於"。一般均將"修"解釋爲"修行"，"修養"，如《韓非子·解老》："今治身而外物不能亂其精神，故曰：'修之身，其德乃真。'"河上公注："修道於身，愛氣養神，益壽延年。"這種解釋是省略了作爲主詞的"修行"者，而以"之"字爲"道"的代詞，形成"修道於……"的語式。這與簡文作"攸之……"不同。

"修"，同時也有"遵循"的意含，如《商君書·定分》："遇民不修法，則問法官。"若將"修"解釋爲"遵循"，雖然可與"善建者"段的義理相繫起來，但也與簡文作"修之……"的句法不合。因此，近人的今譯，有將"修"翻譯爲"拿這個道理貫徹到……"（陳鼓應先生《老子注譯及評介》頁275；張松如先生譯文相近。）。這種解釋不但考慮到與"善建者"段思想的聯繫，也符合《老子》此處的語法。但"修"字本身並不明顯地說出"貫徹"之義。

那麼，這種"修行"、"遵循"、"貫徹"的作用，是否均可保留在"修"字的意義之中？簡文的"攸"字確實應當讀爲"修"。但在古代文獻中，有時它也可以作爲連詞來用，意爲"於是"。《詩經·小雅·斯干》："風雨攸除，鳥鼠攸去，君子攸芋。"高亨注："攸，于是。"若"攸"字從"於是"的方向來思考，"之"字就可成爲動詞，意爲"至"。這樣，"修之"的語式就成爲"於是至……的處理"。所謂"修"可說是爲著達成"善建"與"善保"而採取的處理。也就是，將《老子》前段所說的義理，在"修"中，連繫到下段不同層面的"德"上。

我們這樣來思索，是從哲學的結構上來看"修"字的作用。因此，此章的思想結構似可整理爲以下三層：

　　　善……不…　／　攸（修）之　／　以……觀……

第一，"善……不……"：我們稱此一語式爲：非對立性"始源"作用的呈現。也就是對於透過對立關係彼此制約的辨析，而使"始源"之爲始源的作用顯發出來。因爲凡"建"者，均"可拔"，而凡"保"者，均"可脫"。"善……不……"，就超脫這種拘限，說明一種不在此種相對牽連關係的方式。"不"指出"始源"的無限制性與超脫性，而"善"指出對"建"與"保"等運作的統覽與涵攝。因此，"善……不……"的語式，指向於對始源之道運作的操持，這種操持的效用就是"德"。"善建者不拔，善保者不脫"中的"善"，就是持守著"道"的運作，而"子孫以其祭祀不絕"是延續著"善建"與"善保"的"道"，而"保"此"不脫"之德，也就是得有天下。因此，"善……不……"建構成一種"道－德"的關係，而表現爲"得天下"的原理。

第二，"攸（修）之"：前段不只是說明"善建"、"善保"之"道"，也包含著"子孫以其祭祀不絕"之"德"。"德"指"得天下"與"保天下"。因此，所謂的"修"，並不是從一般個體之"身"的修行，逐層擴大到個人之"家"，個人所居之"鄉"，以致於"國"與"天下"。它是將前段所說的"道"與"德"，體現在有國之君的"身"、"家"、"鄉"、"國"與"天下"等事的處理上。這樣，這六種不同的處位，分別是："身"指人君之"身"，人君的所爲；"家"指人君之"家"，人君的宗族之事；"鄉"指所封之邑，人主的地方政事；"邦"指一國之域，諸侯的國政；"天下"指天下萬民之事。在此不同層面"德"的表現上，來要求保有"子孫以其祭祀不絕"的"德"。

第三，"以……觀……"：這是在"善建者不拔，善保者不脫"的領會下，"知天下之然"的操持。因此，"觀"回應著"善……不……"的結構，指一種超脫牽繫的思辨性審視。也就是在前述"善……不……"的"道－德"原理中，審視"天下"的實況。因此，此章不僅說明"得天下"之"德"的修行，並且在哲學問題的考量中，全般地思索"得天下"之事。"以身觀身"，就人主之身的作爲，就能審知"人主"所處之"德"；以"家觀家"，就人君宗族的情況，就能審知"宗族"所處之"德"；"以鄉觀鄉"，就所封之邑的治事，就能審知"地方政事"所處之"德"；"以邦觀邦"，就一國之域的治事，就能審知"諸侯國政"所處之"德"；"以天下觀天下"，就天下萬民的教化，就能審知"天下萬民"所處之"德"。

從這三重的思辨結構，呈現出"德"的作用，是由"善建"而得以"善保"。其所保者爲"子孫以其祭祀不絕"。但在現實的"天下"之治中，所建王權者，必拔；所保天命者，必脫。這樣，所謂的"善"，似乎就不只爲"得天下"之所用，而更是爲"知天下之然"的"知"。

竹簡《老子》丙

　　丙本存竹簡 14 枚，共寫有 270 字。竹簡兩端平齊，簡長 26.5 釐米。篇線兩道，編線間距 10.8 釐米。以竹簡首字與末字的連接，可分為四組。

　　第一組：有竹簡 2 枚，編號由第 1 至第 2，包含對應王弼本第 17 與第 18 章，其間並無分隔符號。

　　第二組：有竹簡 2 枚，編號由第 3 至第 4，其中第 3 號竹簡下段缺損約三、四字。章末有一墨點，並餘有兩字間距的空白。全文對應王弼本第 35 章

　　第三組：有竹簡 5 枚，編號由第 6 至第 10。包含對應王弼本第 31 章中、下兩段。編號第 6、7、9 號竹簡下段缺失，第 10 號竹簡雖然下段缺失，但該處並未書寫文字。此章章末有墨點，其後有數字間距的空白，此組竹簡或屬丙本一篇之篇末資料。

　　第四組：有竹簡 4 枚，編號由第 11 至第 14。前兩竹簡下端缺損，章末有一墨點，並留有數字間距的空白。全文對應王弼本第 64 章下段。

☆

17：18；／35；／31中下；／64下

大上，下智又之。其即，新譽之。

其既，愄之。其即，柔之。

信不足，安（二）又不信。猷虖其貴言也。

成事述江，而百眚曰：我自肰也。

太上，下智（知）又（有）之；其即（次），新（親）譽之；其既〈次〉，悈（畏）之；其即（次），亦（侮）之①。信不足，安又（有）不信②。猷（猶）虖（乎），其貴言也③。成事述（遂）攻（功），而百眚（姓）曰我自妖（然）也④。

太上，下知有之；其次，親而譽之；其次，畏之；其次，侮之。信不足焉，有不信焉。悠兮，其貴言。功成事遂，百姓皆謂：我自然。（王弼本）

太上，下知有之；其次，親譽之；其次，畏之；其下，母（侮）之。信不足，案有不信。□□其貴言也。成功遂事，而百省（姓）胃（謂）：我自然。（帛書甲本）

太上，下知又□；□□，親譽之；其次，畏之；其下，母（侮）之。信不足，安有不信。猶呵，其貴言也。成功遂事，而百姓胃（謂）：我自然。（帛書乙本）

太上，下知有之；其次，親之；其次，譽之；其次，畏之；其次，侮之。故信不足焉，有不信。猶兮，其貴言哉！功成事遂，百姓皆曰：我自然。（傅奕本）

【文字釋析】

① "太上，下知有之；其即，新譽之；其既，悈之；其即，亦之"：

朱謙之云："《禮記・曲禮》：'太上貴德，其次務施報'，鄭注：'太上，帝皇之世，其民施而不惟報。'老子所云正指太古至治之極，以道在有天下，而未嘗治之，民相忘於無為，不知有其上也。"（《老子校釋》頁 44）

"即"，帛書甲本與王弼本作"次"。

"新"，親也。"親譽之"，帛書甲、乙同簡文，王弼本作"親而譽之。"
人主似因施行仁惠之政，因而人民親近讚譽他。

"𢝔"，帛書甲、乙本作"母"，王弼本作"侮"。原注稱："'𢝔'，
簡文從'矛'從'人'。《古文四聲韻》引《古孝經》即從'矛'從'人'，
與簡文同。"

"侮"有輕慢之義，《管子‧法法》："禁而不止，則刑罰侮。"于省
吾〈老子新證〉曰："尹注'愈禁愈犯，非侮而何。'，按《廣雅‧釋
詁》：'侮，輕也。'刑罰為民所輕，故云'刑法辱'。"（收入《諸子新
證》，頁10）人主濫施刑罰，法繁而不可確實執行，人民因而就會輕侮他。

"太上……其次……其次……"的表達形式，先秦典籍中多見，如《左
傳‧僖公二十四年》："大上有立德，其次有立功，其次有立言。"《戰
國策‧魏策》："故為王計，太上伐秦，其次賓秦，其次堅約而詳講，
與國無相離也。"《韓非子‧說疑》："是故禁姦之法，太上禁其心，
其次禁其言，其次禁其事。"《文子‧下德》"治身，太上養神，其次
養形。治國，太上養化，其次正法。"（另見於《淮南子‧繆稱訓》）

此句意謂：太古至德的時代，人民只知道人君的存在而已；其次的，人
民就會去親近他；再次的，人民就會感到畏懼他；更其次的，人民就要
去侮蔑他。

此段簡文思想，在《文子‧精誠》中有特殊的闡發。其文曰："懸法設
賞而不能移風易俗者，誠心不抱也。故聽其音則知其風，觀其樂即知其
俗，見其俗即知其化。夫抱真效誠者，感動天地，神踰方外，令行禁止。
誠通其道而達其意，雖無一言，天下萬民、禽獸、鬼神與之變化。故：
"太上神化，其次使不得為非，其下賞賢而罰暴。"（《文子‧精誠》，《淮
南子‧主術訓》引用《文子》）以"精誠"觀念解釋"太上"之德，是《老子》
哲學思想一項重要的發展。

見於古典文獻者：

今有功者必賞，賞者不得君，力之所致也；有罪者必誅，誅者不怨上，

罪之所生也。民知誅罰之皆起於身也，故疾功利於業，而不受賜於君。
"太上，下智有之。"此言太上之下民無說也，安取懷惠之民？上君
之民無利害，說以 "悅近來遠"，亦可舍己。（《韓非子・難三》）

上引《韓非子・難三》資料，接其引《老子》"圖難於其易也，爲大者於
其所細也"之後。（參見竹簡《老子》甲本 "爲亡爲，事亡事，未亡未" 章，"見於古典文
獻者" 段。）此處引《老子》經文批評孔子所言 "悅近來遠"。以 "太上之下
民無說（悅）" 解釋 "太上，下智有之"，與《老子》文句的意旨相同。韓
非應當受到《老子》思想的影響，就《老子》提供戰國時代重新建構新人
文可能的基礎來說，韓非的思想，或可視爲《老子》哲學在晉學地域的特
殊發展。

*

道之爲君如尸，儼然玄默，而天下受其福，一人被之不褒，萬人被之
不褊。是故重爲慧，重爲暴，即道近矣。爲惠者布施也，無功而厚賞，
無勞而高爵，即守職者懈於官，而游居者亟於進矣。夫暴者妄誅，無
罪而死亡，行道者而被刑，即修身不勸善，而爲邪行者輕犯上矣。故
爲惠者即生姦，爲暴者即生亂。姦亂之俗，亡國之風也。故國有誅者
而主無怒也，朝有賞者而君無與也。誅者不怨君，罪之當也；賞者不
德上，功之致也。民知誅賞之來，皆生於身，故務功修業，不受賜於
人。是以朝廷蕪而無跡，田埜辟而無穢，故 "太上，下知而有之。"
（《文子・自然》）

上引《文子・自然》資料，也見於《淮南子・主術訓》。其中說明 "道之
爲君如尸"，反對 "重爲慧，重爲暴"，以使 "民知誅賞之來，皆生於身"，
因而 "務功修業，不受賜於人"。這種解釋甚合於其引《老子》經文的思
想。此段資料可能是文子學派發揮文子思想的作品，而保存於《文子》書
中。

*

君人之道，其猶零星之尸也，儼然玄默，而吉祥受福。是故得道者不
爲醜飾，不爲僞善，一人被之而不褒，萬人蒙之而不褊。是故重爲惠，
若重爲暴，則治道通矣。爲惠者，尚布施也。無功而厚賞，無勞而高

爵，則守職者懈於官，而游居者亟於進矣。為暴者，妄誅也。無罪者而死亡，行直而被刑，則修身者不勸善，而為邪者輕犯上矣。故為惠者生姦，而為暴者生亂。姦亂之俗，亡國之風。是故明主之治，國有誅者而主無怒焉，朝有賞者而君無與焉。誅者不怨君，罪之所當也；賞者不德上，功之所致也。民知誅賞之來，皆在於身也，故務功修業，不受贛於君。是故朝延蕪而無跡，田野辟而無草，故"太上，下知有之"。（《淮南子·主術訓》）

上段資料與《文子·上仁》相近，但《文子》資料較爲簡要，《淮南子》或即取自《文子》，將"道之爲君如尸"，改爲"君人之道"以符合〈主術訓〉篇旨。

② "信不足，安又不信？"：

"安"，帛書甲本作'案'，乙本作'安'，王弼本此兩句作'信不足焉，有不信焉'。王引之《經傳釋詞卷二》："安，猶'於是'也，'乃'也，'則'也。或作'案'，或作'焉'，其義一也。"但簡文"安"字，也可能表示一種疑問的語氣，意謂："哪裡"。（參閱下文分析）

"信"，此處指"人君的誥令"與"下民的信服"的關係。

此句意謂："信"的問題得不到充分的處置（指"信不足"），哪裡還能（指"安"）靠著缺乏"信"的措施（指"有不信"）？

③ "猷虗，其貴言也"：

"猷"，帛書乙本作"猶"，王弼本作"悠"。一般將"悠"解釋爲"悠閒的樣子"（《老子註釋及評介》頁130）但從簡文與帛書乙本來看，"貴言"應當是極爲審慎之事，不應該指悠閒的舉動。"猶"字當解作"猶兮若畏四鄰"之"猶"。"猶"指一種猶疑、審慎、畏懼的態度。

"言"，指言誥、政令等人文規劃的措施。

此句意謂：要謹慎啊！〔今世的〕人君要特別審慎地思慮"言誥政令"舉措的效應。

④ "成事述虹，而百眚曰我自狀也"：

"成事述虹"，帛書甲、乙本作"成功遂事"，王弼本作"功成事遂"。
"虹"字，疑假爲"功"。

"眚"，《說文》："从目，生聲"，與"姓"（生），同音通假。

此句意謂：只求完成了事情與功業的處理，然後百姓會說："我們自己
是如此的。"

【資料研究】

此章屬於簡文《老子》丙本第一組竹簡。全文對應王弼本第 17 章。此章文
字與句序，基本上與帛書兩本相同。只有"成事述虹"，各本或作"成功"、
"功成"，或作"事遂"、"遂事"，簡文的說法相當特別，可能抄寫自不同
的傳本。但，簡文中出現"安"字，卻使我們需要重新思考《老子》此章的意
含。

簡文"信不足，安有不信"句，帛書兩本同於簡文，僅"安"字，帛書甲
本作"案"，乙本作"安"，王弼本全句作"信不足焉，有不信焉。"其他各
本有作二個"焉"字者，有作一個"焉"字者，也有無"焉"字者，多不相同。

王引之《經傳釋詞》卷二："'安'，猶'於是'也，'乃'也，'則'
也。'安'或作'案'，或作'焉'，其義一也。" 一般對此句的瞭解均爲：
"信不足，於是有不信"。但是，"安"字若不作"於是"解，則它在此兩句
中是否也可表達著不同的作用？在這樣的考慮下，既然"信不足"就會"有不
信"，那麼，反過來說，若是"信"能充足，即會"有信"，這前後兩個"信"
字，到底是表現著相同的作用，還是不同？

我們先說明關於"信"字的問題。"信"與"言"有關，而"言"字，因
其不同的指涉，就會產生不同的意含。譬如，"言"可指"言說"，如《左傳・
隱公二年》"周桓公言於王曰：'我周之東遷，晉、鄭焉依。'"；也可指"言
語"，如《書經・無逸》："三年不言"；或可指"論說"，如《論語・學而》：
"賜也，始可與言《詩》已矣"；或可指"陳述"，如《韓非子・初見秦》：

"臣願悉言所聞，唯大王裁其罪。"

　　"信"字的組成除了"言"的部份，同時也包括"人"。"言"是"人"的作爲，所以不同性質的"人"與不同方式的"言"，就形成不同意義的作爲。因此，從"信"字的組成來看，它似乎可以被視爲一種探討"人""言"關係的結構形式。作爲哲學觀念的"信"，也就因此包含著三種構成的要素："人"的性質，"言"的方式，與二者聯繫所形成的作爲。

　　"人"與"言"的關係，如果"所言者"確實無疑地符應著"言者"之人，也就是"人"與"言"二者的關係是可以聯繫起來的，或可以檢驗爲真實的，我們一般稱之爲"信實"或"誠信"。實際上，不只是"言而有信"的信用爲"信"，一切可以通過"人"、"言"關係建立起來的証驗或信驗，都可稱之爲"信"。如《老子》第 21 章："其精甚真，其中有信"，王弼注："信，信驗也。""精"是"人"與"言"（表達）所可聯繫與驗證的，也就是可以藉"精質"之義來論述的。

　　此章所用的"信"觀念，其中"人"的部份，應當指"人主"，這樣所謂"言"的部份，就該指"聲教法令"（參閱陳鼓應先生《老子註譯及評介》頁 157）那麼，"可信驗"者，就指人主與百姓間一種"互動的狀態"。

　　我們順著此章的說明來思考："太上"之治，人主應當是無爲而治，所以，人民僅能知到他的存在；其次之世，人主可能是行仁政而愛民的緣故，所以，人民會親近讚譽他；再次之世，人民畏懼人主，這應當是由於人主施用刑罰威嚇人民；更次之世，人民能夠輕侮人主，這表明人主過於濫用刑罰，已經失去統治的權威而變得無能。這些都是"人主"施政方式不同所產生的效應。那麼，"信不足，安有不信"說明甚麼？

　　一般我們會將此兩句瞭解爲："統治者的誠信不足，人民自然不能相信他。"（《老子註譯及評介》頁 132）可是，"誠信"的意義是甚麼？

　　所謂人主的"誠信"，是人主對人民作爲的結果與回應。《老子》以"太上，下知有知"來作爲"信"之"足"，即"誠信"的充足。"太上"如何能完成這種效應與驗證？人主是如何取得人民的誠信或信服？

　　《文子‧精誠》曾對這件事做過詳盡的闡發，它說："故：太上神化，其次使不得爲非，其下賞善而罰暴。"《文子》認爲"太上"之治的情況是"神化＂，也就是說，作為人主與百姓間的互動狀態是＂神化＂。因為，刑罰是＂不足以移風，殺戮不足以禁奸，唯神化為貴，精至為神。＂太上之所以＂神化＂，《文子》的解釋是來自於＂精至＂，這是＂與天地合德，與日月合明，與鬼神合靈，與四時合信，懷天心，抱地氣，執沖含和。＂所以人主能＂不下堂而行四海，變易習俗，民化遷善，若出諸己。＂

這樣看來，所謂＂誠信＂，就不是靠著政教法令所達成的，也就是說不是靠著＂言＂的施為來進行的。就＂信＂的觀念結構來說，這種情形似乎也就是《文子》所稱的＂同言而信，信在言前也，同令而行，誠在令外也。＂＂誠信＂的效用是在＂言令＂之前與之外的。所以，＂言之用者，變變乎小哉，不言之用者，變變乎大哉。＂（以上所引均見《文子・精誠》）

但離開＂太上之世＂，人主與人民的互動關係就首先成為＂新（親）譽之＂。人民能親近讚譽人主，應當與人文的規劃有關，人主推行了仁惠的施政，就表現為＂言之用＂，而不再是＂不言之用＂了。人主的施為就不是＂神化＂，而成為教化。人民不但知道了人主的存在，而且對於人主的作為能夠加以正面的評價。其次，人主用更形制化的刑罰來威嚇人民，當然人民會＂畏之＂。再其次，人主在濫用刑罰而又不能有效統治的情形下，自然人民會＂侮之＂。這都失去了＂誠信＂的效用。

因此，只有＂下知有之＂是＂誠信＂，即＂信＂所指涉的內容，而＂新（親）譽之＂、＂畏之＂與＂侮之＂，是＂誠信＂的不足，即＂不信＂所指涉的意含。可是＂太上＂之＂有信＂，是由於消除了＂信＂中以＂言語＂所表徵的人文因素，而使＂人＂、＂言＂關係中的＂人＂，也就是＂人主＂，僅為＂下知有之＂。這是＂不言＂。而其他三種情況卻在說明：愈是沈陷於＂有言＂的制度，就愈是＂不信＂。＂信＂、＂不信＂與＂言＂，三者不但具有思辨分析的性質，同時也表現著＂正言若反＂的特殊作用。

以正言的＂信＂來看：它指＂信足＂的誠信，正如＂太上＂之治，它來自於＂不言＂的效用，這就消除了＂信＂觀念結構中＂人＂、＂言＂的積極作用。＂信＂的積極作用被消除，它也就是＂不信＂。＂不信＂的＂信＂，也就是《文子》所謂的＂信在言前＂之＂信＂。順者這種正言的推衍，我們得知的是：＂＇信＇為＇不信＇＂。由＂信＂的正言得到＂不信＂的反言。

以反言的＂信不足＂來看：它應該指＂誠信＂不足，可是這種不足正因為

“人君”建立起了“言”的各種人文措施。“信不足”的發生，實際上是由於“人”、“言”二者相互的聯繫，以指向于“信”問題的處置。順著反言的推衍，我們得知的是：“‘不信’爲‘信’”，也就是因爲“信”的缺乏，而成爲“信”的建構。由“不信”的反言得到“信”的正言。

這樣，我們再來思索：“信不足，安有不信”。

一般此句瞭解爲：人主的“誠信”不足，於是人民不能“信服”於他。此中前後兩“信”字的作用是一樣的，一指“誠信”（信），一指“信服”（信）。雖然後者之前的“不”字爲否定詞，但二者卻仍具有相同的指向，也就是“有”或“無”那個“信”所指涉的共同意含。

但是若從“正言若反”的方向來看，此句就當瞭解爲：“誠信”（信）都已經失去了，哪裡還能靠著“缺乏誠信”（不信）的措施？這樣，前後兩“信”字的作用就不相同，一是說明“誠信”之“信”，也就是不以“言”而有的“信”，一是說明“缺乏誠信”之“不信”，也就是因人文規劃的施行而導致“誠信的缺乏”。

我們可以把二者的說明結構圖示如下：

1 “信”不足 —（於是）— 有不“信”

2 “信”不足 ／（哪裡）／ 還要有“不信”

上述的差異爲：一是對“安”字不同的理解方式，一是對於“有不‘信’”與“有‘不信’”不同的解析。在 1 中，“有”指“有無”的有，因此，“有不”就瞭解“不有”。這也就是爲何當把“安”字解釋爲“於是”時，自然就將後句視爲“也就是因爲“信”的建構，而成爲“信”的缺乏有不‘信’”，而翻譯爲“不－相信”或“不－信任”。這樣，前後兩句的作用就成爲平列的，“安”可解釋爲“於是”。而在 2 中，“有”的作用指“爲”或“用”，“不”聯繫著“信”，而成爲“不信”。這樣，前後兩句就不是平列的而成爲對反的。它意謂：如果連“誠信”〔都失去而〕不足了，哪裡還有（指：“哪裡還用得上”）〔根本〕“不是誠信”〔的各種措施〕？“安”表現著疑問的語式。

《莊子‧馬蹄》有一段話，不但思想與此處相近，而且使用的語法也有相通之處。它說：

故純樸不殘，孰為犧樽！白玉不毀，孰為珪璋！道德不廢，安取仁義！
性情不離，安用禮樂！五色不亂，孰為文采！五聲不亂，孰應六律！

上段具有相同的表達結構，即："A若不被棄置，哪裡還需要採取B？"。

我們是否也以將此處的結構說成："連A都不足了，哪裡還需要有B？"。

我們也可類比說明如下：

X："信"　／"純樸"、"道德"、"性情"、"五色""五聲"

Y："不足"／"殘"、"廢"、"離"、"亂"、"亂"

非Y：　　／"不殘"、"不廢"、"不離"、"不亂"、"不亂"

Z："不信"／"犧樽"、"仁義"、"禮樂"、"文采"、"六律"

我們認為〈駢拇〉篇與簡文此處的語法作用是相同的。〈駢拇〉篇所用的可形式化為"A若非Y，哪裡還需要Z？"，這與"A若為Y，哪裡還需要Z？"是相同的。

這兩句都隱含著說：需要有"A"，不需要有"Y"。"Y"是離開了"A"，或"A"的不足，因此，兩句基本上都強調需要有"A"。"Z"是"非X"，因此，後句的形式可轉換為："A若為Y，哪裡還需要有'非X'？"

"需要有"，是哲學的一種考慮，若指向於人文規劃的"言"，就成為"為"，即如〈駢拇〉所稱的"為、取、用、為、應"等的作為。相反於這種"為"，它所指向的就是"無為"，也就是一切本然運作的自然彰顯。

簡文"信不足，安有不信"是哲學性的考慮？還是對於"誠信不夠，人民就不能信服"這種平常事理的述說？《老子》此處這種語句的形式，確實可從"正言若反"的方向來瞭解嗎？

我們認為，《老子》正是使用著"正言若反"的形式，來作為思辨哲學探討與建構的表達基礎。全書不斷地提醒這種表達的邊際性警示作用。就是僅從"正言若反"的完整構成形式來看，至少有下引的十幾處章節，明確地是如此使用的：

道可道，非常道。名可名，非常名。（第1章）

天下皆知美之為美，斯惡已；皆知善之為善，斯不善已。（第2章）

為無為，則無不治。（第3章）

天地所以能長且久者，以其不自生，故能長生。是以聖人後其身而身先，外其身而身存。非以其無私邪？故能成其私。（第7章）

曲則全，枉則直，窪則盈，敝則新，少則得，多則惑。（第22章）

企者不立，跨者不行；自見者不明，自是者不彰；自伐者無功，自矜者不長。（第24章）

將欲歙之，必固張之；將欲弱之，必固強之；將欲廢之，必固興之；將欲奪之，必固與之，是謂微明。（第36章）

上德不德，是以有德；下德不失德，是以無德。（第38章）

明道女（如）孛（費），遲（夷）道□□，□道若退。上悳（德）女（如）浴（谷），大白女（如）辱，坒（廣）悳（德）女（如）不足，建悳（德）如□，□貞（真）女（如）愉，大方亡禺（隅），大器曼成，大音祇聖（聲），天象亡坓（形）。（簡文〈乙本〉對應王弼本第41章）

大成若夬（缺），其甬（用）不幣（敝），大涅（盈）若中（盅），其甬（用）不寡（窮）。大攷（巧）若仳（拙），大成若詘，大植（直）若屈。（簡文〈乙本〉對應王弼本第45章）

不出戶，知天下；不闚牖，見天道。其出彌遠、其知彌少。是以聖人不行而知、不見而名，不為而成。（第47章）

見小曰明，守柔曰強。（第52章）

知者不言，言者不知。（第56章）

聖人之才（在）民前也，以身後之；其才（在）民上也，以言下之。（簡文〈甲本〉對應王弼本第66章）

弱之勝強，柔之勝剛，天下莫不知，莫能行。（第78章）

信言不美，美言不信。知者不博，博者不善。善者不多，多者不善。（帛書乙本第81章）

　　這種 "正言若反" 的形式都具有：以前者為 "正"，後者為 "反" 的結構。而介於二者之間者，不是用 "不" 或 "非" 的否定詞，就是以前後對立的性質隱含著否定的作用。

　　但是，我們仍要特別注意：若只是以“正言若反”的語句形式來瞭解它所表達的意含，而不是讓“若反”的作用發生，則“正言若反”很可能就已經成爲某種形式的“正言”，不再是“反”了。因此，所謂的“若反”，並不僅是“反言”之“言”，而是一種“反”的指向。在語句的表達中，如何不以“正言”或“反言”之“言”的方式來顯示“反”的指向？或許此處的“安”字的哲學作用，就表現著這種指向的可能。

　　簡文《老子》中“安”字假借爲“焉”者，除此處外另有三處：“民莫之命（令），天〈而〉自均安。”（簡文〈甲本〉對應王弼本第 32 章）“國中又（有）四大安，王凥（居）一安。”（簡文〈甲本〉對應王弼本第 25 章）“古（故）大（2 號簡／）道發（廢），安有息（仁）義？六新（親）不和，安有孝孥（慈）？邦豪（家）緍（昏）□囡又（有）正臣？”（簡文〈甲本〉對應王弼本第 18 章）前兩者均作爲語尾副詞用，而後者的作用與此處相同，均作爲疑問性的連接詞。（參閱下章分析）今通行本中，“焉”字由於大多被視爲一般的助詞，因此不同的文本，出現的次數，多寡有異。

　　“焉”字表達疑問的作用，先秦典籍中使用得很多，尤其像《論語》這種問答體的語錄，更經常在使用。如：“視其所以，觀其所由，察其所安，人焉廋哉？人焉廋哉？”（〈爲政〉篇）“管氏有三歸，官事不攝，焉得儉？”（〈八佾〉篇）“里仁爲美，擇不處仁，焉得知？”（〈里仁〉篇）“或曰：‘雍也仁而不佞。’子曰：‘焉用佞？’”“棖也慾，焉得剛？”“未知，焉得仁？”（〈公冶長〉篇）“後生可畏，焉知來者之不如今也？”（〈子罕〉篇）“子曰：‘未能事人，焉能事鬼？……未知生，焉知死？’”（〈先進〉篇）“子爲政，焉用殺？”（〈顏淵〉篇）“焉知賢才而舉之？”“焉用稼？”（〈子路〉篇）“危而不持，顛而不扶，則將焉用彼相矣？”（〈季氏〉篇）“割雞焉用牛刀？”“焉能繫而不食？”（〈陽貨〉篇）“直道而事人，焉往而不三黜？”（〈微子〉篇）“執德不弘，信道不篤，焉能爲有？焉能爲亡？”“君子之道，焉可誣也？”“夫子焉不學”（〈子張〉篇）“欲仁而得仁，又焉貪？”（〈堯曰〉篇）。《論語》所記錄的資料與《老子》流傳的時代相近，這是否也可說《老子》書中也應有如此使用的“焉”字？《論語》與《老子》以不同的方式，奠立了古典哲學探索的根基，是否其中以此種疑問的語式，表現了問題思索無限指向的可能？

　　我們嘗試藉著“安”字疑問作用，說明那種“正言若反”哲學思辨的可能。

因爲，在"信不足，安有不信"之後，簡文作："猷虖，其貴言也。"通行本或作"悠"或作"由"。"猷"指一種猶疑、審慎而畏懼的態度。"言"是可畏的，因爲它已是遠離了始源的質樸而成爲人文建構的一種必然設施。猶疑而審慎地面對這種"言"的困境，似乎就是在前述"正言若反"的思辨中，強調著非人文設想的指向。面對如此艱巨之事，如何能表現爲"悠閒"。

單純的肯定形式，時常僅被瞭解爲一種宣示，因而就很容易被轉換成一種事理的陳述。疑問句不見得是表示懷疑，它有時比肯定的語式更具有肯定的作用。因爲它逼使我們去思索，而在思索之中領會了所肯定內容的真正意義。因此，我們不是執意地要將"安"字解釋爲"哪裡"，而是無法排除一種懷疑，要是把《老子》所用的"正言若反"當成了"正言"來看，那麼"反"的指向要如何可能？或許，《老子》正是本著這種"正言若反"的警誡，才更能說明了"百姓皆謂：我自然。"難道這不又是一種邊際性的告誡？

☆

17；18；／35；／31 中下；／64 下

古大（二）道發，安有慇義？

女太

六新不和，安有孝孳？

邦蒙緍□，[叿]又正臣？（三）

古（故）大道癹（廢），安有悳（仁）義①？六新（親）不和，安有孝㝗（慈）②？邦叕（家）緡（昏）□□安又（有）正臣③？

大道廢，有仁義；慧智出，有大偽；六親不和，有孝慈；國家昏亂，有忠臣。（王弼本）

故大道廢，案有仁義？知（智）快（慧）出，案有大偽？六親不和，案有畜（孝）茲（慈）？邦家閟（昏）亂，案有貞臣？（帛書甲本）

故大道廢，安有仁義？知（智）慧出，安有□□？六親不和，安又（有）孝茲（慈）？國家閟（昏）亂，安有貞臣？（帛書乙本）

大道廢焉，有仁義；智慧出焉，有大偽；六親不和，有孝慈；國家昏亂，有貞臣。（傅奕本）

【文字釋析】

① "古大道癹，安有悳義"：

"癹"字，假借爲"廢"。

"安"，帛書甲本作"案"，帛書乙本、王弼本，與簡文同。"安"字的作用，疑與上章出現者相同，當疑問詞用，作"哪裡"解。

原注曰："'悳'，從'心''身'聲，即《說文》'仁'字古文。《說文》以爲'古文仁從千心'，從'千'乃從'身'之誤。裘按：'千''身''人'古音相近，不必以'千'爲'身'之誤。"

《老子》第 38 章以不同的解說方向，也談到"道"與"義"的關係。"故失道而後德，失德而後仁，失仁而後義，失義而後禮。"

《文子》曾對此段思想加以闡發，曰："是故道散而爲德，德溢而爲仁義，仁義立而道德廢矣。"（〈精誠〉篇，另見於《淮南子・俶真訓》）"循性而行謂之道，得其天性謂之德，性失然後貴仁義。仁義立而道德廢，純樸散而禮樂飾，是非形而百姓眩，珠玉貴而天下爭。"（〈上禮〉篇，另見於《淮南子‧齊俗訓》）《文子》所領會簡文此處的意含，"安"字仍當"於是"解。

此段意謂：連大道都被廢置了，哪裡還會有仁義〔的作用〕？

②"六新不和，安有孝孳"：

"新"字，假借為"親"。

原注曰："'孳'從'絲（茲）'從'子'，讀作'慈'。"

《老子》此處的語法，類似《墨子‧兼愛上》所使用的表達方式。"若使天下兼相愛，愛人若愛其身，猶有不孝者乎？視父兄與君若其身，惡施不孝？猶有不慈者乎？視弟子與臣若其身，惡施不慈？故不孝不慈亡有，猶有盜賊乎？""六親不和"，即如"天下兼相愛，愛人若愛其身"的反面意思。見後文分析。

《莊子‧天地》有一段資料可與此章相參較，曰："有虞氏之藥瘍也，禿而施髢，病而求醫。孝子操藥以脩慈父，其色燋然，聖人羞之。至德之世，不尚賢，不使能；上如標枝，民如野鹿，端正而不知以為義，相愛而不知以為仁，實而不知以為忠，當而不知以為信，蠢動而相使，不以為賜。是故行而無迹，事而無傳。"

此段意謂：連六親都不和睦了，哪裡還會有孝慈？

③"邦豪緡□安又正臣"：

"緡"、"昏"二字，同音相假。

原注曰："簡文所缺之字，帛書本作'亂'。裘按：簡文此字尚殘存上端，與《老子》甲26號簡'亂'字之形相合。"

"正"，帛書甲乙本作"貞"，王弼本作"忠"。

此段意謂：連邦國都已昏亂了，哪裡還會有正臣〔的作為〕？

見於古典文獻者：

魏文侯觴諸大夫於曲陽。飲酒酣，文侯喟然歎曰："吾獨無豫讓以為臣乎！"蹇重舉白而進之，曰："請浮君！"君曰："何也？"對曰："臣聞之，有命之父母不知孝子，有道之君不知忠臣。夫豫讓之君，亦何如哉？"文侯受觴而飲，釂而不獻，曰："無管仲、鮑叔以為臣，故有豫讓之功。"故老子曰："國家昏亂，有忠臣。"（《淮南子‧道應訓》）

上引《淮南子‧道應訓》資料，所用"魏文侯"故事當有所本，或許是實有其事的傳言。魏文侯所言"無管仲、鮑叔以爲臣，故有豫讓之功。"足見其人的睿智。〈道應訓〉用以解喻《老子》經文，省略"焉"字，產生與《老子》原義不同的領會，或許其所據《老子》文本，即已如此。見後文分析。

【資料研究】

此章寫於竹簡編號第 2 簡下端至第 3 簡。全文對應王弼本第 18 章。簡文此章與上章間，並無分隔的符號，並且對應王弼本的章序也是相連的。就簡文的義理來看，二者原來應當屬同章資料。簡文與通行本最大的差異，是未出現"慧智出，有大僞"句。此句不但見於今通行各本，也見於帛書甲、乙本。這似乎顯示出《老子》思想不同傳承的記錄。

此章的另一關鍵問題爲"安"字。簡文"安"，帛書甲本作"案"，乙本作"安"。一般被解作"焉"。"安"王弼本無此字。其他各本或無"焉"字，或"焉"字的出現，有下面兩種情況，如：

河上公注本：

大道廢，焉有仁義；慧智出，焉有大僞；六親不和，焉有孝慈；國家昏亂，焉有忠臣。

范應元本：

大道廢，有仁義焉；慧智出，有大僞焉；六親不和，有孝慈焉；國家昏亂，有忠臣焉。

前一種情況，"焉"解爲"於是"，後一種情況，"焉"則爲語助詞。因此，此章的思想，大都瞭解爲：大道廢棄了，才有所謂的仁義；智慧出現了，才有所謂的詐僞；六親糾紛不和了，才有所謂的孝慈；國家昏亂了，才有所謂的忠臣。

但是，此處的“安”字，是否可以像上章“安”字的作用一樣，理解爲疑問詞的“哪裡”？我們試從簡文《老子》全書的思想來加以分析。

若將“安”，解釋爲“於是”，則所謂的“仁義”、“孝慈”、“忠臣”就成爲“道”的離散。失去了“道”，六親不能自然的和睦，國家昏亂擾動，於是才發生了“仁義”、“孝慈”與“忠臣”。但是，簡文《老子》甲本對應王弼本第 19 章的文字，卻說：“丝（絕）憍弃（棄）慮（詐），民复（復）季（孝）子（慈）。”“孝慈”並不具有消極的意義。尤其簡文作“絕僞棄詐”，而不是如帛書甲、乙本與今通行各本的“絕仁棄義”。“仁義”的觀念，並未被貶抑而排拒。我們在對該章的資料研究中，曾就《老子》全書中“仁”的觀念加以解析，認爲批駁“仁義”，可能並不是《老子》原始資料的思想。實際上，對於“仁義”採取負面態度的資料，也僅在帛書或今通行本的第 19 章，與簡文此處。若是簡文的“安”字解爲疑問副詞，則連此章也不具有上述對仁義批判的情況。這是否較合於簡文《老子》的思想？雖然這種的可能性極大，但是我們也不能排除另外的情況，即：〈丙本〉的“孝慈”意含與〈甲本〉的不同。〈甲本〉的“孝慈”指的是〈丙本〉“六親不和”的反面，也就是“六親自然和睦的關係”。而〈丙本〉的“孝慈”是“六親不和”之後的“人倫規劃”。

我們在〈文字釋析〉部份引《墨子‧兼愛》文句，“若使天下兼相愛，愛人若愛其身，猶有不孝者乎？”其中“天下兼相愛，愛人若愛其身”，僅從語意上來看，與“六親不合”的反面意思是相近的，雖然在哲學的觀念結構上，《墨子》與《老子》的差別極大。

疑問句的形式，時常發問的態度支配著回答的方向，這種態度表現在發問之前的論述中。《墨子》所要強調的是：“天下要兼愛，愛人要若愛其身”，所以，“猶有不孝者乎”，並不是問：“有不孝的人嗎？”，而是問：“仍有不孝的人嗎？”這就指引著“不會有不孝的人”。《老子》所要強調的是：“六親不合已經失去自然的狀態”，所以，“安有孝慈”，不是問：“有孝慈嗎？”，而是問：“哪裡還會有孝慈？”，這也指引著：“不會有孝慈的真實情狀”。

“大道不能廢”、“六親要相合”、“國主不能昏亂”，都是事情的本然。

失去了本然的狀態，一切彌補與校正的措施，是"有爲"之"爲"，是無濟於事的，只會治絲益棼。這種思想，實際上彰顯在《老子》全書中。更在戰國哲學得到進一步的發展，如：

> 枝於仁者，擢德塞性以收名聲，使天下簧鼓以奉不及之法非乎？而曾史是已。……故此皆多駢旁枝之道，非天下之至正也。彼至正者，不失其性命之情。……今世之仁人，蒿目而憂世之患；不仁之人，決性命之情而饕貴富。故曰，仁義其非人情乎！……屈折禮樂，呴俞仁義，以慰天下之心者，此失其常然也。天下有常然。……故天下誘然皆生而不知其所以生，同焉皆得而不知其所以得。故古今不二，不可虧也。則仁義又奚連連如膠漆纆索而遊乎道德之間為哉，使天下惑也！（《莊子・駢拇》）

〈駢拇〉篇的這種思想，一方面強烈批判"仁義"的人文建構價值，同時也強調"性命之常"，"古今不二"而"遊乎道德之間"。這種思想的發展，或許就如我們對《老子》此處所說的："當大道都廢置不顧了，還有仁義存在的意義與必要嗎？"

簡文此處還有一個特殊的地方。簡文資料並無"智慧出，焉有大僞"句？如果簡文有此句，則將"安"解作"哪裡"，就成爲"連智慧都表露出來了，哪裡還有詐僞？"這種說法是不通的。"智慧"的觀念與人文的教化有關連，這句話是否爲《老子》另外傳本所有，還是後人增添來反駁，以使得全章的義理起了全面的變化？

當然，在通行本《老子》第 38 章有"失道而後德，失德而後仁，失仁而後義，失義而後禮。"這與"大道廢"然後"有仁義"的意思也是可以說得通的。"大道廢"等情況的發生，也可以回應上章"太上"之後的變化。這樣，簡文此處，就不應視爲疑問的語式。但由於簡文《老子》資料的殘損，並未出現對應通行本第 38 章的資料。這涉及《老子》不同文本流傳與內容增添的問題。通行本第 38 章表現哲學綱領性的說明，它是否與竹簡《老子》抄寫文本的傳承不同，是一個需要進一步探索的重要問題。

我們仍要說：如果將簡文的"安"確實用作疑問副詞，全章的思想，並不因此就肯定了"仁義"、"孝慈"與"貞臣"等人文制度的價值。簡文是用疑問的方式，反過來強調"道"的始源，與其自然的運作。或許，它的意義可以這樣來解釋：

　　所以，當大道都被廢置的時候，哪裡還有仁義的作用？當六親都不能自然和睦的時候，哪裡還有質樸的孝慈？當國家的君主都已昏亂不堪的時候，哪裡還有貞臣的作為？

☆

17：18 ；／35 ；／31 中下；／64 下

執大象，天下往，往而不害，安坪大。

樂與餌，怤客止。

古道□□□，（四）淡可其無味也。

視之不足見，聖之不足𦖋，

而不可既也。（五）

執大象①，天下往。往而不害，安坪（平）大②。樂與餌，怤（過）客止③。古（故）道□□□④，淡可（呵）其無味也。視之不足見，聖（聽）之不足䎽（聞），而不可既也⑤。

執大象，天下往。往而不害，安平太。樂與餌，過客止。道之出口，淡乎其無味。視之不足見，聽之不足聞，用之不足既。（王弼本）

執大象，□□往；往而不害，安平太。樂與餌，過格（客）止。故道之出言也，曰談（淡）呵其无味也。□□不足見也，聽之不足聞也，用之不可既也。（帛書甲本）

執大象，天下往；往而不害，安平太。樂與□，過格（客）止。故道之出言也，曰淡呵其无味也。視之不足見也，聽之不足聞也，用之不可既也。（帛書乙本）

執大象者，天下往。往而不害，安平泰。樂與餌，過客止。道之出言，淡兮其無味。視之不足見，聽之不足聞，用之不可既。（傳奕本）

【文字釋析】

① "執大象，天下往。"：

裘先生曰："此句首字實爲'埶'，當讀爲'設'，各本作'執'恐誤。"

"埶"，通"臬"。《禮記・考工記・敘》："審曲面埶，以飭五材，以辨民器。"章炳麟《小學問答》："埶讀爲臬……臬以測景辨方。"因此"埶"的意義，疑爲"臬"，指古代測日影的杵或桿。又《周禮・考工記・匠人》："置槷以縣，眡以景。"鄭玄注："槷，古文臬假借字，於所平之地，中央樹八尺之臬，以縣正之，眡之以其景，將以正四方也。"

此兩句意謂：標顯出〔自然的〕徵象，天下歸往〔而悅服〕。

② "往而不害，安坪大"：

"安坪大"，帛書甲、乙本與王弼本均作"安平太"。"坪"字，假爲
"平"。奚侗曰："安寧、平和、通泰，皆申言不害誼。"（《老子集解》
上卷頁 28）

此兩句意謂：〔天下歸往而〕各得其得，無所妨礙，人民平和而通泰。

③ "樂與餌，佁客止"：

"佁"，帛書甲、乙本與王弼本均作"過"。

"餌"，食物。《玉篇・食部》："餌，《倉頡篇》云：'餌，食也。'
野王案，凡所食之物也。"

此兩句意謂：〔用人文的規劃，以求人民的歸服〕就像音樂與美食，只
能暫時留住過客。

④ "古道□□□，淡可其無味也"：

此句帛書甲、乙本均作"故道之出言也，曰"，王弼本作"道之出口"，
陶邵學云："王注曰：'而道之出言，淡然無畏。'則王本亦作'出言'。"

原釋文認爲簡文缺三字作"古道□□□"。但審視簡文殘缺部份與其他
完整竹簡所寫文字的長度，或許簡文缺四字，如此即與帛書同，有"曰"
字。簡文似可補'之出言曰'。

此段意謂："道"的表述，像似平淡無味的食物。

⑤ "視之不足見，聖之不足餌，而不可既也"：

"聖"，借作"聽"。

"餌"，《說文・耳部》："聞，知聞也。從耳，門聲。餌，古文從昏。"

"而不可既也"，帛書與王弼本均作"用之不足既也"。簡文句法的語
氣與其他各本不同。

此段意謂：〔“道”的運作〕，視之而不可見，聽之而不可聞，〔它的作用〕永遠不會窮盡。

見於古典文獻者：

文子問曰：王者得其歡心，為之奈何？老子曰：若江海即是也，“淡兮無味，用之不既”，先小而後大。……（《文子·道德》）

上引《文子·道德》資料，似《文子》古本殘文。

＊

清靜者，德之至也；柔弱者，道之用也；虛無恬愉者，萬物之祖也。
三者行，則淪於無形。無形者，一之謂也。一者，無心合於天下也。
布德不溉，用之不勤，視之不見，聽之不聞。（《文子·道原》）

上引《文子·道原》資料，也見於《淮南子·原道訓》。“布德”句後似取自《老子》此處，均說明“始源”的性徵。其中“一者”的用法，與帛書甲、乙本第 14 章相近，均將“無形”之“道”予以對象性的設定，是一種思辨探討的方式。“用之”等三句中的“之”，即指“一者”。

【資料研究】

此章屬簡文《老子》丙本第二組，寫於竹簡編號第 4、5 兩簡。全文對應王弼本第 35 章，文字除通假字外，差異不大。但對於其內容結構的說明，似乎與王弼本，有著較大的不同。

此章，王弼注解將“樂與餌，過客止”與“道之出言”連繫為一段。他說：“言道之深大，人聞道之言，乃更不如‘樂與餌’，應時感悅人心也。‘樂與餌’則能令過客止，而道之出言淡然無味。”但簡文“道”前有“故”字，其所殘缺部份，可能與帛書同，下句前有“曰”字。全章似乎以“古（故）”字區分為兩段。前段是用形象的語言來說明，而後段則說明“道”的性徵。

前段形象性的說明，使用了“大象”與“樂、餌”。“樂、餌”的作用何在？王弼注將“樂、餌”與“道”相對，認為“道之出言”不同於“樂、餌”，淡然無味。這與簡文與帛書兩本以“故”聯繫“道……”的結構不合。河上公注曰："餌,美也。過客一也。人能樂美於道,則一留止也。一者,去盈而處虛,忽忽如過客。"這種解釋相當牽強。范應元曰:"張樂設餌以留過客,過客非不爲之止也,然樂與餌終則可去矣。豈同夫執大象者,天下自然歸之而不離也哉?"這是比較合於簡文的思想結構。但我們認爲,"樂、餌"是相對"大象"而言,並補充說明前四句的。"樂"可聽聞,"餌"有美味,所以過客爲之留止。而"大象"無聲聞滋味,卻天下歸往而"安平太"。這樣,"大象"的象徵作用又是甚麼?

簡文《老子》甲本有:"是以《建言》又(有)之:……天(大)象亡坓(形)"(對應王弼本第41章)。因此,"象"字作爲哲學觀念的使用,應當早於古本《老子》的成書。《老子》第14章似延續此種用法,曰:"無狀之狀,無物之象"。"象"聯繫著"物"而言,但《老子》第21章卻說:"道之爲物,……惚兮恍兮,其中有象……其中有物……其中有精。""物"、"象"、"精"三者應當具有不同的哲學性指涉。

"象"字本身具有多向性的意含,如:

指"形象",《繫辭上》:"在天成象,在地成形。"

指"想像",《韓非子·解老》:"故諸人之所以意想者,皆謂之象也。"

指"象徵",《荀子·正論》:"治古無肉刑而有象刑。"揚倞注:"象刑,異章服恥辱其形象,故謂之象刑。"

指"效法",《左傳·襄公三十一年》:"有威而可畏,謂之威;有儀而可象,謂之儀。"

指"治法",《管子·君臣上》:"是故能象其道於國家,加之於百姓,而足以飾官化下者,明君也。"尹知章注:"象,法也,謂能本道而立法。"《書經·舜典》:"象以典刑,流宥五刑。"

指"法令",如《國語·齊語》:"合群叟,比校民之有道者,設象以爲民紀,式權以相應。"韋昭注:"設象,謂設象之法於象魏。《周禮》:'正月之吉,縣法於象魏,使萬民觀焉,挾日而斂之。'所以爲民紀綱也。"

我們將上述"象"字的意含有意地加以排列,由"形象"之義,逐漸指向於"立法",而確定爲"法令"。我們認爲《老子》思想中"象"字的哲學作用應統攝著這種發展的可能。所以,《老子》第 21 章中以"物"、"象"與"精"說明"道之爲物"的三個根基因素,是就它們作爲萬物不同方向運作的始源而言的。"象",與"物刑之"之"物"不同,後者說明萬物得以成立的條件在於"有刑(形)"。它也與後來發展爲"精氣"說的"精"不同,"精"指出萬物的本然質素。"象",指"徵象",它並非直接聯繫著"物"與"精",而是指向於"法效"。所以簡文曰:"執大象,天下往。""大象"雖可簡單解作"道",但它哲學的意含是指:那種發揮著使天下歸往而法效的徵象。

對於簡文此句的釋讀,裘先生認爲:"此句首字實爲'埶',當讀爲'設'。我們在前面文字分析中說:"埶"的意義,疑爲"臬",指古代測日影的杵或桿。此處作動詞用,指"設立",或"標示"。"埶大象",意謂:標顯出以自然爲徵象的法則。如此,天下歸往而各得其得,無所妨礙,所以萬物、萬民,安定,平和而通泰。這與用禮樂、祭儀等人文規劃,以求人民的歸服不同。就像音樂與美食,只能暫時留住過客,事終之後,即都散去。

"故"以後段,說明:"道"的表述像似平淡無味的食物,但卻視之不可及,聽之不可盡,而其作用則無窮無盡。

我們雖然就簡文的"古(故)"字,將此章分爲兩段,並提出一種可能的解釋。但這並不就與此章的句法完全貼切。實際上"樂與餌"的作用相當費解。或許就因爲如此,今通行各本均刪除了"故"字,而將此句與"道之出言,淡乎其無味"段連繫起來。"無味"與"樂、餌",在字義上也是可以相呼應的。

☆

17；18；／35；／31 中下；／64 下

君子居則貴左，甬兵則貴右。

古曰兵者□□□□□，□（六）得已而甬之。

銛襲為上，弗媄也。誃之，是樂殺人。

夫樂□□（七）以得志於天下，古吉事上左，喪事上右。是以卞牺（八）軍居左，上牺軍居右，言以喪豊居之也。

上愄飁也而弗□□□□（九）則以依悲位之；戰勅則以喪豊居之。（十）

362

君子居則貴左，甬（用）兵則貴右①。古（故）曰：兵者
□□□□□，□得已而甬（用）之，銛纏（恬淡）為上，
弗媺（美）也②。媺（美）之，是樂殺人③。夫樂□□□以
得志於天下④。古（故）吉事上左，喪事上右⑤。是以卞
（偏）牆（將）軍居左，上牆（將）軍居右。言以喪豊（禮）
居之也⑥。古（故）殺□□，則以怺（哀）悲位（泣）之；
戰勅（勝）則以喪豊（禮）居之⑦。

〔夫佳兵者不祥之器，物或惡之，故有道者不處。〕君子居則貴左，用兵則
貴右。兵者不祥之器，非君子之器，不得已而用之，恬淡為上。勝
而不美，而美之者，是樂殺人。夫樂殺人者，則不可得志於天下矣。
吉事尚左，凶事尚右。偏將軍居左，上將軍居右。言以喪禮處之。
殺人之眾，以哀悲泣之，戰勝以喪禮處之。（王弼本）

〔夫兵者，不祥之器□，物或惡之，故有欲（裕）者弗居。〕君子居則貴左，
用兵則貴右。故兵者非君子之器也，□□不祥之器也，不得已而用
之，銛襲（恬淡）為上。勿美也，若美之，是樂殺人也。夫樂殺人，不
可以得志於天下矣。是以吉事上左，喪事上右。是以便（偏）將軍居
左，上將軍居右。言以喪禮居之也。殺人眾，以悲依（哀）立（泣）之，
戰朕（勝），而以喪禮處之。（帛書甲本）

〔夫兵者，不祥之器也，物或亞（惡）□，□□□□□□。〕□□居則貴左，
用兵則貴右。故兵者非君子之器，兵者不祥□器也，不得已而用之，
銛懨（恬淡）為上。勿美也，若美之，是樂殺人也。夫樂殺人，不可以
得志於天下矣。是以吉事□□，□□□□。是以偏將軍居左，而上
將軍居右。言以喪禮居之也。殺□□，□□□立（泣）之，□朕（勝），
而以喪禮處之。（帛書乙本）

〔夫美兵者不祥之器，物或惡之，故有道者不處。〕是以君子居則貴左，用兵則貴右。兵者不祥之器，非君子之器，不得已而用之，以恬憺爲上，故不美也。若美，必樂之，樂之者，是樂殺人也。夫樂人殺人者，不可以得志於天下矣。故吉事尚左，凶事尚右。是以偏將軍處左，上將軍處右。言居上勢，則以喪禮處之。殺人眾多，則以悲哀泣之，戰勝者，則以喪禮處之。（傅奕本）

【文字釋析】

① "君子居則貴左，甬兵則貴右"：

此句之前，帛書甲本有："夫兵者，不祥之器□，物或惡之，故有欲（裕）者弗居。"帛書乙本殘缺較多，似近於帛書甲本，王弼本作"夫佳兵者不祥之器，物或惡之，故有道者不處。""佳"字當爲衍文。

高明先生曰："'左'爲陽位屬吉，'右'爲陰位屬喪。《禮記·檀弓上》'二三子皆尚左'，鄭玄《注》：'喪尚右，右，陰也。吉尚左，左陽也'。"（《帛書老子校注》頁391）

此句意謂：君子平時以左方的陽位爲貴，到用兵時則以右方的陰位爲貴。

② "古曰兵者□□□□□，□得已而甬之，銛繵爲上，弗媺也"：

原注曰："第六號簡下部缺失六字，末一字當是'不得已而用之'句的首字'不'，'故曰兵者'句約缺五字。帛書本於此有兩句：'故兵者非君子之器（甲本此下有'也'字），兵者不祥之器也。'簡文應爲何句，疑莫能定。"

"銛繵"，帛書甲本作"銛襲"，乙本作"銛憺"，王弼本作"恬淡"。原注曰："'銛'，簡文右上部是'舌'，下部是'肉'。'銛繵'疑讀爲'恬淡'。帛書甲本作'銛襲'，整理者云：'銛、恬古音同，襲、淡古音相近'。"

364

裘先生曰："第一字右上部似非'舌',第二字从畢,恐亦不能讀爲'淡'。此二字待考。"

李零先生曰："銛,原作'鐪',所从肙,見於君啓節,乃'舌'之古體。"

勞健則認爲此二字"諸本異同,自古紛歧,循其音義,皆不可通。今考二字乃'銛銳'之譌,謂兵器但取銛銳,無用華飾也。"(《老子古本考》上卷頁 40)

此二字的意含,似乎仍不能確定。若以"恬淡"來解釋,則與上下文並不契合。尤其,帛書與簡文下文"勿美之"之"之",應當指"兵器"。此處,暫解爲"美飾"。

"弗媄也",帛書甲乙本作"勿美也",王弼本作"勝而不美"。

此句可能意謂:所以說兵革之類的器物,不是君子所使用的。不得已非要使用它不可時,只求質樸銳利就可以了,不要妝點上華美的裝飾。

③ "敓之,是樂殺人":

"敓之",帛書甲、乙本均作"若美之",王弼本作"而美之者"。

原注曰:"'敓',係'媄(嫩)'字訛體。美色之'美',《說文》作'媄',典籍或作'嫩'。"

原注曰:"'殺',簡文字形與《說文》'殺'字古文形近,亦見於長沙子彈庫帛書。"

此句意謂:若是將它加以美飾,就顯出使用兵器殺人是種享樂。

④ "夫樂□□□以得志於天下":

原注曰:"簡文所缺之字,帛書甲本作'殺人不可',但簡文似只缺三字。"

按照此章文意,"以"前應爲"不可"。如此簡文僅餘一字的間距,或當爲"殺"字,或漏抄"人"字。但審視竹簡所殘損部份間距,也可能有四字間格。

此句可能意謂：若是以殺人爲享樂，就不能處置了天下的事務。

⑤ "古吉事上左，喪事上右"：

原注曰："喪"，簡文下部從"死"。

上兩句意謂：辦理吉慶事情時，以左方爲貴；處理凶喪事情時，以右方爲貴。

⑥ "是以卞牉軍居左，上牉軍居右，言以喪豊居之也"：

"卞"字，借爲"偏"。

《逸周書・武順》："天道尙左，日月西移；地道尙右，水道東流。"又云："吉禮左還，順天以爲本；武禮右還，順地以利兵。"

崔東壁《豐鎬考信錄卷三》云："余考之《春秋傳》，皆尙右者，惟楚人上左耳。"高明先生曰："與諸侯之國舉兵征伐，其軍制以右爲上，即所謂'是以偏將軍居左，而上將軍居右'。"（《帛書老子校注》頁394）

"居"，帛書甲、乙本同，王弼本作"處"。《玉篇・尸部》："居，處也。"

高明先生曰："兩軍相爭，殺人必眾，故'以喪禮居之也'。（《帛書老子校注》頁394）

此段意謂：所以，〔作戰時，〕側路攻擊的偏將軍在左邊，主路攻擊的上將軍在右邊，這是說以喪禮的安排來看待戰爭之事。

⑦ "古毀□□，則以忲悲位之，戰勅則以喪豊居之"：

"古"句，帛書甲本作"殺人眾"，王弼本作"殺人之眾"。簡文缺字，似可補"人眾"二字。

"忲"，帛書甲本作"依"，王弼本作"哀"。《改併四聲篇海・心部》引《龍龕手鑑》："忲，哀也。"

原注曰："哀，簡文從'心''衣'聲。'衣''哀'音近。"

"位"字，假爲"莅"。

366

"勅"、"豊"分別讀作"勝"、"禮"。此句與王弼本同。帛書兩本，"則辨理吉慶事情時，以左方爲貴；處理凶喪事情時，以右方爲貴。"字作"而"，"居"字作"處"。

此段意謂：所以殺人多的時候，要以哀悲的心情來對待；戰勝了，要以喪禮的儀式來處置。

見於古典文獻者：

夫名不可求而得也，在天下與之，與之者歸之，天下所歸者，德也。故云：上德者天下歸之，上仁者海內歸之，上義者一國歸之，上禮者一鄉歸之，無此四者，民不歸也。不歸即用兵，用兵即危道也。故曰："兵者，不祥之器也，不得已而用之。"用之殺傷人，勝而勿美。故曰："死地，荊棘生焉，以悲哀泣之，以喪禮居之。"是以君子務於道德，不重用兵也。（《文子·上仁》）

上引《文子·上仁》資料，不見於《淮南子》。〈上仁〉篇"君子務於道德，不重用兵也"來解釋所引《老子》經文，是直接發揮《老子》的義理。"道德"一詞連用，時代上較晚，恐爲文子學派的思想。其中出現，"上德"、"上仁"、"上義"與"上禮"四觀念，與《老子》第三十八章、定州《文子》中的"四經"觀念均有關連。

【資料研究】

此章屬於簡文〈丙本〉第三組，寫於竹簡編號第 6 簡至第 10 簡。全文對應王弼本第 31 章中、下兩段。簡文表達結構與王弼本有差異。

簡文此章之前，王弼本有："夫佳兵者不祥之器，物或惡之，故有道者不處。"帛書甲本，無"佳"字，"器"後有"也"字，"道"作"裕"，"不處"作"弗居"。乙本亦有此句，但"物或亞（惡）"後殘損。"君子居則貴左……"之後，"兵者不祥之器"重出，各本此段資料與下段文意不太連貫，可能爲《老子》談論"用兵"的資料，匯輯於此章。通行本第 30 章也是談論"用兵"之事，保留在簡文〈甲本〉中。

簡文："古曰兵者"之後約有六字的殘損。王弼本作"不祥之器，非君子之

器，不”有10字，帛書甲本作：“非君子之器也，□□不祥之器也，不”，有
14字，乙本作“非君子之器，兵者不祥□器也，不”，則爲13字。王弼本與帛
書本近似，僅語序倒置。而《文子‧上仁》引《老子》曰：“兵者不祥之器，
不得已而用之。”並無“非君子之器”句。《文子》所引不同於帛書甲、乙本
與王弼本，但若《文子》引文爲省略“器”後的“也”字，則似與簡文〈丙本〉
所缺的字數相合。此數種《老子》文本的抄寫，可能皆有不同的來源。

關於此章的資料，高明先生曰：

> 如前文所言，因本章王本失注，遂有學者疑其經文非《老子》之言，
> 或謂有注文羼入經內，曾頗多考辨。甚至有人認爲，全章每段都有冗
> 複。像易順鼎、朱謙之等人，雖反對全文否定，但亦疑有古注誤入正
> 文。（《帛書老子校注》頁395）

簡文此章的文字，基本與王弼本相同，因此，《老子》此章是屬於其原始資
料的，至少在紀元前300餘年之前，已寫於《老子》文本中。前人認爲此章“每
段都有冗複”，可能因爲王弼本刪除了一些如“故”或“是以”的連接詞，而
使全章被當作整體來看。簡文資料的情況顯示出，全文似乎引用了它書或他人
的部份文字。

簡文全章三處使用“（古）故”字，一處使用“是以”，王弼本全無。帛書
甲、乙本，均近於簡文。它們爲：

> 古（故曰）（帛書本無“曰”字）：兵者………。古（故）（帛書本作“是以”）
> 吉事………。是以下（偏）䢂（將）軍………。古（故）（帛書本無“故”
> 字）殺……。

就此種語法的結構，我們試將此章資料整理如下：（按照王弼本校正或補充闕文）

“夫兵者……有道者不處”：見於帛書兩本，未出現於簡文，當爲《老子》
其他文本所保留的相關資料，或後來所增添的部份。

“君子居則貴左，用兵則貴右。”：《老子》此章的正文，說明楚人對於
使用兵革之器的看法。君子平時的舉止是以左方的陽位爲貴的，但是到了使用
兵革之器的時候，則以右方的陰位爲貴。

　　"故曰：'兵者〔不祥之器也。〕'"：此段似引用前人文字，原先的資料可能有不同的形式，如"兵者不祥之器也，非君子之器也。"（王弼本）或"兵者非君子之器也，□□不祥之器也。"（帛書甲本）"兵者非君子之器也，兵者不祥□器也。"（帛書乙本）

　　"〔不〕得已而用之，銛纏爲上，弗美也。美之，是樂殺人。夫樂〔殺人不可〕以得志於天下。"：《老子》此章正文，說明對於使用兵革之器時的態度。

　　"故：吉事尙左，喪事上右。"：此段與"君子居則貴左"段，前後相對稱。或許是《老子》談論"用兵"問題的另一段資料，編輯於此。也可能是引用前人文字，來說明要以喪禮來處理戰爭的結果。

　　"是以偏將軍居左，上將軍居右，言以喪禮居之也。"：《老子》此章正文，說明楚人對於作戰的態度。

　　"故：殹□□，則以哀悲涖之；戰勝則以喪禮居之。"引它書資料以作爲結論。

　　簡文此章分別論述"使用兵器"與"戰爭之事"。其中引用了古時"兵書"的文句。"國之大事，在祀與戎。"（《左傳·成公十三年》）這種關於"用兵"問題的論述，是處置"天下"之事的重要組成因素。它應當屬於《老子》一書的原始組成部份。簡文《老子》的出土，證實了這種情況的可能。

☆

17：18：／35：／31 中下／：64 下

為之者敗之，執之者遊之。聖人無為，

古無敗也；無執，古□□□（十一）。訢終若詎，

則無敗事喜。人之敗也，互於其叡成也敗之。

是以□（十二）人欲不欲，不貴戁得之貨；學不學，復眾之所迡。

是以能桷塺勿（十三）之自肰，而弗敢為。（十四）

爲之者敗之，執之者遊（失）之①。聖人無爲，古（故）
無敗也；無執，古（故）□□□②。釿（慎）終若訂（始），
則無敗事喜（矣）③。人之敗也，互（恆）於其叡（且）成
也敗之④。是以□人欲不欲，不貴戁（難）得之貨⑤；學
不學，復眾人之所逃（過）⑥。是以能桶（輔）墦（萬）勿（物）
之自狀（然），而弗敢爲⑦。

〔其安易持，其未兆易謀，其脆易泮，其微易散。爲之於未有，治之於未亂。
合抱之木生於毫末。九層之臺，起於累土，千里之行，始於足下。〕爲者敗之，
執者失之。是以聖人無爲，故無敗，無執，故無失。民之從事，常
於幾成而敗之。慎終如始，則無敗事，是以聖人欲不欲，不貴難得
之貨。學不學，復眾人之所過，以輔萬物之自然，而不敢爲。（王弼本）

〔其安也，易持也。□□□□，□□□。□□□，□□□。□□□，□□□。
□□□□□□，□□□□□□□。□□□□，□□毫末。九成（層）之臺，作於
蠃（虆）土。百仁（仞）之高，台（始）於足□。〕□□□□□，□□□□
□。□□□□□□□也，□无敗□，无執也，故无失也。民之從事也，
恆於其（幾）成事而敗之，故慎終若始，則□□□□。□□□□欲不
欲，而不貴難得之臑（貨）；學不學，而復眾之所過，能輔萬物之自
□，□弗敢爲。（帛書甲本）

〔□□□，□□□。□□□□，□□□。□□□，□□□。□□□，□□□。
□□□□□□，□□□□□□□。□□□木，生於毫末。九成（層）之臺，作於虆
土。百千（仞）之高，始於足下。〕爲之者敗之，執之者失之。是以耵（聖）
人无爲□，□□□□；□□□，□□□□。民之從事也，恆於其（幾）
成而敗之，故曰：慎冬（終）若始，則无敗事矣。是以耵（聖）人欲不
欲，而不貴難得之貨；學不學，復眾人之所過；能輔萬物之自然，

而弗敢爲。（帛書乙本）

〔其安易持，其未兆易謀，其脆易泮，其微易散。爲之乎其未有，治之乎其未亂。合裹之木，生於豪末，九成之臺，起於累土，千里之行，始於足下。〕爲者敗之，執者失之。是以聖人無爲，故無敗；無執，故無失。民之從事，常於其幾成而敗之。慎終如始，則無敗事矣。是以聖人欲不欲，不貴難得之貨。學不學，以復眾人之所過。以輔萬物之自然而不敢爲也。（傅奕本）

【文字釋析】

① "爲之者敗之，執之者遊之"：

原注曰："本章文字亦見於《老子》甲。此句《老子》甲作'執之者遠之'。"

② "聖人無爲，古無敗也；無執，古□□□"：

原注曰："此句'故'下缺失三字，《老子》甲只有'無遊'二字，疑此句末有'也'字。"

③ "釿終若訂，則無敗事喜"：

帛書甲本作"慎終若始"。《老子》甲本於'慎終如始'句前有'臨事之紀'四字，此處無，與帛書兩本同。此兩句，帛書兩本與王弼均在下段之後。

原注曰："喜，簡文字形與金文字形'喜'字形近。讀作'矣'。裘按：簡文似以'壴'爲'喜'。"

④ "人之敗也，亙於其叡成也敗之"：

"叡"借爲"且"。以上兩句不見於簡文《老子》甲本，帛書甲本作"民之從事也，恆於其成事而敗之"，乙本無後"事"字，王弼本作"民之從事，常於幾成而敗之"。

⑤ "是以□人欲不欲，不貴難得之貨"：

原注曰："簡文所缺之字，《老子》甲作'聖'。"

⑥ "學不學，復眾之所迬"：

原注曰："'學不學'，《老子》甲作'教不教'。"

"迬"，借爲"過"。

⑦ "是以能捕墇勿之自胱，而弗敢爲"：

"捕"，簡文《老子》甲本作"尃"，"捕""尃"，同音相假。

【資料研究】

此章屬於丙本第四組竹簡，寫於竹簡編號第 11 簡至 14 簡。第 11 、 12 號簡，下端缺損，章末有一墨點，並留有數字的空白。全文對應王弼本第 64 章下段。此章資料也見於竹簡《老子》甲本。我們將此兩本對比排列如下：（前爲〈丙本〉，後爲〈甲本〉）

為之者敗之，執之者遊之。　　聖人無為，古無敗也；無執，古□□□。
爲之者敗之，執之者遠之。是以聖人亡爲，古亡敗；亡執，古亡遊。

　　　　　　新終若訂，則無敗事喜。人之敗也，互於其叙成也敗之。
臨事之紀，誓多女忹，此亡敗事矣。

是以□人欲不欲，不貴難得之貨；學不學，復眾人之所迬。
聖人谷不谷，不貴難得之貨，孝不孝，復眾人之所二 化，

是以能捕墇勿之自胱，而弗敢為。
是古聖人能尃萬勿之自胱，而弗能爲。

〈丙本〉與〈甲本〉的主要不同處爲：

1 "遊之"與"遠之"：帛書乙本與王弼本作"失之"。〈甲本〉後作"亡

遊" ，因此，"遠"與"遊" ，應當同義。

2 "聖人無爲"與"是以聖人亡爲" ：〈甲本〉有"是以"二字，表達的語法與丙本不同。

3 "臨事之紀" ，〈甲本〉有此句，〈丙本〉則無。此句爲簡文《老子》不見於今通行各本的唯一新出資料。

4 "誓多女忏，則無敗事喜"與"斳終若訂，此無敗事矣" ：帛書甲本作"故慎終如始" ，乙本作"故曰：慎冬若始" 。簡文甲、丙本所用通假字不同。兩本句前，均無"故"字。此句，簡文甲、丙本與王弼本，均在"而敗之"句後。簡文甲、丙本與帛書兩本，可能抄自不同傳本。

5 "喜" ，簡文〈甲本〉作"矣" 。

6 "人之敗也，互於其叡成也敗之" ，〈甲本〉無此句，帛書甲、乙本與王弼本均有此句。

7 "孴不孴" ，簡文〈甲本〉作"學不學" 。"學不學"似與"復眾人之所過" ，義理有違，當作"教不教" （參見〈甲本〉對應王弼本第64章分析）。"學"與"教" ，二字古字形易混。簡文〈丙本〉、帛書甲、乙本、今通行各本與《韓非子‧喻老》所引，均作"學不學" ，可能這種文本的流傳甚廣。

8 "弗敢爲" ，簡文〈甲本〉作"弗能爲" ，"敢"字，帛書甲、乙本，王弼本均與簡文同。簡文〈甲本〉對應王弼本第32章有"弗敢臣" ，"敢"字，帛書乙本與簡文同，而王弼本作"能" 。可能各文本所據，有所不同。

上表顯示出，兩種抄本除了其中個別文字或虛詞有異之外，甲本無"人之敗也"句，丙本無"臨事之紀"句。"臨事之紀"或許是兩種抄寫文本字句的不同，對於全章的思想影響不大。但"人之敗也"句不見於〈甲本〉而出現於〈丙本〉 ，卻可能涉及了相當複雜的問題。

我們在簡文〈甲本〉對應王弼本第64章前段的章節中，曾說明第64章前段極像是格言或諺語。因此，它們的意含應與前後文的使用相關連。我們認爲〈甲本〉該處是強調"虛"與"中" ，所以，第64章前面整段文字，都應該從"始源"的無爲來設想。這樣，"合抱之木生於毫末。九成（層）之臺，作於虆土。千（仁）仞之高，始於足下" （以帛書補足） ，就必然有著不同的理解。"合抱之木"、"九層之臺"與"千仞之高"是作爲"有爲"與"有亂"的發展,而反向地說明"始源"的重要。

但這幾句話,卻似乎與此章中"人之敗也,亙於其叡成也敗之"段,可以相聯繫。簡文此句是說:人們的失敗,時常都發生在將要成功的時候。這樣,我們可以把"合抱之木"段理解爲:高大的成就是從細小的地方建立起來的,所以遠大的事情就必須堅毅持續地來完成,不能中途而廢。

陳鼓應先生認爲此章錯簡重出,所以做了一些刪除。它刪去錯簡後所保留的文句,就是以"人之敗也"段,連結上文"合抱之木"段。但是簡文卻把此兩段完全區分開來,而抄寫在不同的段落,說明它們不屬於同章。那麼,〈丙本〉的"人之敗也"段說明了甚麼?

它應當上接"訢終若訂,則無敗事喜",而意謂:人們常在快要成功的時候失敗,所以在事情完成時,要能像開始時一樣謹慎,就不會失敗了。可是,不但簡文的句序是"人之敗也"在"無敗事"之後,而且"訢終若訂"與"聖人無爲""無執"的說法,也難以契合。

我們承認《老子》此章的資料,確實相當雜亂。竹簡《老子》將它分爲兩個部份,說明它原先不應連屬在一起。但是簡文〈丙本〉出現"人之敗也"句,似乎又說明它所抄寫的文本類似帛書的文本,而省略了前段的文字。

透過上述的解說,我們必須設想《老子》原始資料,是以多種形式在當時流傳著。不但簡文的三種抄本襲自不同的文本,就是資料的詳略,也因文本的有異,而各有不同。

附錄一

王弼本與簡文對照

1

道可道，非常道。名可名，非常名。無名天地之始，有名萬物之母。故常無欲，以觀其妙；常有欲，以觀其徼。此兩者同出而異名，同謂之玄。玄之又玄，眾妙之門。

2

天下皆知美之為美，斯惡已；皆知善之為善，斯不善已。故有無相生，難易相成，長短相較，高下相傾，音聲相和，前後相隨。是以聖人處無為之事，行不言之教。萬物作焉而不辭。生而不有，為而不恃，功成而弗居。夫唯弗居，是以不去。

天下皆智（知）散（美）之爲散（美）也，亞（惡）已；皆智（知）善，此其不善已。又（有）亡之相生也，難（難）惕（易）之相成也，長耑（短）之相型（形）也，高下之相涅（盈）也，音聖（聲）之相和（合）也，先後之相墮（隨）也。是以聖人居亡爲之事，行不言之孝（教）。萬勿（物）俊（作）而弗忖（始）也，爲而弗志（恃）也，成而弗居。天〈夫〉唯弗居也，是以弗去也。■（甲本，見本書釋析第105頁）

3

不尚賢，使民不爭。不貴難得之貨，使民不爲盜。不見可欲，使民心不亂。是以聖人之治，虛其心，實其腹，弱其志，強其骨；常使民無知、無欲，使夫智者不敢爲也。爲無爲，則無不治。

4

道沖而用之，或不盈。淵兮似萬物之宗。挫其銳，解其紛，和其光，同其塵，湛兮似或存。吾不知誰之子，象帝之先。

5

天地不仁，以萬物為芻狗。聖人不仁，以百姓為芻狗。天地之間，其猶橐籥乎？虛而不屈，動而愈出。多言數窮，不如守中。

天陞（地）之勿（間），其猷（猶）囟（橐）簹（籥）與？虛而不屈，逜（動）而愈出。（甲本，見本書釋析第155頁）

6

谷神不死，是謂玄牝。玄牝之門，是謂天地根。綿綿若存，用之不勤。

7

天長地久。天地所以能長且久者，以其不自生，故能長生。是以聖人後其身而身先，外其身而身存。非以其無私邪？故能成其私。

8

上善若水。水善利萬物而不爭，處眾人之所惡，故幾於道。居善地，心善淵，與善仁，言善信，正善治，事善能，動善時。夫唯不爭，故無尤。

9

持而盈之不如其已；揣而梲之不可長保；金玉滿堂莫之能守；富貴而驕，自遺其咎。功遂身退，天之道。

枲而浧（盈）之，不不若已；湍而羣之，不可長保也；金玉浧（盈）室，莫能獸（守）也；貴福（富）喬（驕），自遺咎也。攻（功）迹（遂）身退，天之道也。（甲本，見本書釋析第 239 頁）

10

載營魄抱一，能無離乎？專氣致柔，能嬰兒乎？滌除玄覽，能無疵乎？愛民治國，能無知乎？天門開闔，能無雌乎？明白四達，能無為乎。生之、畜之，生而不有，為而不恃，長而不宰，是謂玄德。

11

三十輻共一轂，當其無，有車之用。埏埴以為器，當其無，有器之用。鑿戶牖以為室，當其無，有室之用。故有之以為利，無之以為用。

12

五色令人目盲，五音令人耳聾，五味令人口爽，馳騁畋獵令人心發狂，難得之貨令人行妨。是以聖人為腹不為目，故去彼取此。

13

寵辱若驚，貴大患若身。何謂寵辱若驚？寵為下。得之若驚，失之若驚，是謂寵辱若驚。何謂貴大患若身？吾所以有大患者，為吾有身，及吾無身，吾有何患？故貴以身為天下，若可寄天下。愛以身為天下，若可託天下。

人龍（寵）辱若纓（驚），貴大患若身。可（何）謂龍（寵）辱？龍（寵）爲下也。得之若纓（驚），遊（失）之若纓（驚），是胃（謂）龍（寵）辱纓（驚）。□□□□□若身？虘（吾）所以又（有）大患者，爲虘（吾）又（有）身。迟（及）虘（吾）亡身，或回（何）□，□□□□□爲天下，若可以庀（託）天下矣。悉（愛）以身爲天下，若可（何）以迲天下矣。（乙本，見本書釋析第 277 頁）

14

視之不見名曰夷。聽之不聞名曰希。搏之不得名曰微。此三者不可致詰，故混而爲一。其上不皦，其下不昧，繩繩不可名，復歸於無物。是謂無狀之狀，無物之象，是謂惚恍。迎之不見其首，隨之不見其後。執古之道，以御今之有。能知古始，是謂道紀。

15

古之善為士者，微妙玄通，深不可識。夫唯不可識，故強為之容。豫兮若冬涉川；猶兮若畏四鄰；儼兮其若容；渙兮若冰之將釋；敦兮其若樸；曠兮其若谷；混兮其若濁。孰能濁以靜之徐清。孰能安以動之徐生。保此道者不欲盈。夫唯不盈，故能蔽不新成。

長古之善爲士者，必非（微）溺玄達，深不可志（識），是以爲之頌（容）：夜（豫）虘（乎）奴（若）冬涉川；猷（猶）虘（乎）其奴（若）愄（畏）四戛（鄰）；敢（嚴）虘（乎）其奴（若）客；觀（渙）虘（乎）其奴（若）懌（釋）；屯虘（乎）其奴（若）樸，地虘（乎）其奴（若）濁。竺（孰）能濁以束（靜）者，牲（將）舍（徐）清。竺（孰）能庀以迕者，牲（將）舍（徐）生。保此行（道）者不谷（欲）蜻（尚）呈（盈）。（甲本，見本書釋析第 55 頁）

16

致虛極、守靜篤。萬物並作，吾以觀復。夫物芸芸，各復歸其根。歸根曰靜，是謂復命；復命曰常，知常曰明。不知常，妄作凶。知常容，容乃公，公乃王，王乃天，天乃道，道乃久，沒身不殆。

至虛，互（恆）也；獸（守）中，篤（篤）也。萬勿（物）方（旁）复（作），居以須復也。天道員員，各復其菫（根）。（甲本，見本書釋析第 161 頁）

17

太上，下知有之；其次，親而譽之；其次，畏之；其次，侮之。信不足，焉有不信焉。悠兮其貴言，功成事遂，百姓皆謂：我自然。

太上，下智（知）又（有）之；其即（次），新（親）譽之；其既〈次〉，悁（畏）之；其即（次），炎（侮）之。信不足，安又（有）不信。猷（猶）虖（乎），其貴言也。成事述（遂）江（功），而百眚（姓）曰我自肰（然）也。
（丙本，見本書釋析第 333 頁）

18

大道廢，有仁義；慧智出，有大偽；六親不和有孝慈；國家昏亂有忠臣。

古（故）大道癹（廢），安有惠（仁）義？六新（親）不和，安有孝孯（慈）？邦蒙（家）緍（昏）□安又（有）正臣？（丙本，見本書釋析第 349 頁）

19

絕聖棄智，民利百倍；絕仁棄義，民復孝慈；絕巧棄利，盜賊無有。此三者，以為文不足，故令有所屬：見素抱樸少私寡欲。

𢼜（絕）智弃卞（辯），民利百伓（倍）；𢼜（絕）攷（巧）弃利，䜌（盜）惻（賊）亡又（有）。𢼜（絕）惎（偽）弃慮，民复（復）季〈孝〉子（慈）。三言以為貞（辨）不足，或命（令）之或虖（呼）豆（屬）。視索（素）保僕（樸），少厶（私）須〈寡〉欲。（甲本，見本書釋析第 5 頁）

20

絕學無憂，唯之與阿，相去幾何？善之與惡，相去若何？人之所畏，不可不畏。荒兮其未央哉！眾人熙熙，如享太牢，如春登臺。我獨泊兮其未兆，如嬰兒之未孩。儽儽兮，若無所歸。眾人皆有餘，而我獨若遺。我愚人之心也哉！沌沌兮，俗人昭昭，我獨昏昏；俗人察察，我獨悶悶。澹兮其若海，飂兮若無止。眾人皆有以，而我獨頑似鄙。我獨異於人，而貴食母。

𢼜（絕）學亡慐（憂）。唯與可（呵），相去幾可（何）？岂（美）與亞（惡），相去可（何）若？人之所禔（畏），亦不可以不禔（畏）。（乙本，見本書釋析第 267 頁）

21

孔德之容，惟道是從。道之爲物，惟恍惟惚。惚兮恍兮，其中有象。恍兮惚兮，其中有物。窈兮冥兮，其中有精。其精甚真，其中有信。自古及今，其名不去以閱眾甫。吾何以知眾甫之狀哉！以此。

22

曲則全，枉則直，窪則盈，敝則新，少則得，多則惑。是以聖人抱一爲天下式。不自見，故明；不自是，故彰；不自伐，故有功；不自矜，故長。夫唯不爭，故天下莫能與之爭。古之所謂：曲則全者，豈虛言哉！誠全而歸之。

23

希言，自然。故飄風不終朝，驟雨不終日。孰爲此者？天地。天地尙不能久，而況於人乎？故從事於道者，同於道；德者同於德；失者同於失。道者，同於道者，道亦樂得之；同於德者，德亦樂得之；同於失者，失亦樂得之。信不足，焉有不信焉。

24

企者不立，跨者不行；自見者不明，自是者不彰；自伐者無功，自矜者不長。其在道也，曰：餘食贅行。物或惡之，故有道者不處。

25

有物混成，先天地生。寂兮寥兮，獨立不改，周行而不殆，可以爲天下母。吾不知其名，字之曰道。強爲之名，曰大。大曰逝，逝曰遠，遠曰反。故道大、天大、地大、王亦大。域中有四大，而王居其一焉。人法地，地法天，天法道，道法自然。

又（有）牆蟲〈蚰〉成，先天陘（地）生。敓繆（穆），蜀（獨）立不亥（改），可以爲天下母。未智（知）其名，牽（字）之曰道，虗（吾）弼（強）爲之名曰大。大曰潽，潽曰連〈遠〉，連〈遠〉曰反（返）。天大、陘（地）大、道大，王亦大。國中又（有）四大安，王尻（居）一安。人法陘（地），陘（地）法天，天法道，道法自肰（然）。（甲本，見本書釋析第137頁）

26

重爲輕根，靜爲躁君。是以聖人：終日行，不離輜重；雖有榮觀，燕處超然。奈何萬乘之主，而以身輕天下。輕則失本，躁則失君。

27

善行無轍迹，善言無瑕謫，善數不用籌策，善閉無關楗而不可開，善結無繩約而不可解。是以聖人：常善救人，故無棄人；常善救物，故無棄物，是謂襲明。故善人者，不善人之師；不善人者，善人之資。不貴其師、不愛其資，雖智，大迷，是謂要妙。

28

知其雄，守其雌，爲天下谿。爲天下谿，常德不離，復歸於嬰兒。知其白，守其黑，爲天下式。爲天下式，常德不忒，復歸於無極。知其榮，守其辱，爲天下谷。爲天下谷，常德乃足，復歸於樸。樸散則爲器，聖人用之，則爲官長。故大制不割。

29

將欲取天下而爲之，吾見其不得已。天下神器，不可爲也，爲者敗之，執者失之。夫物，或行或隨，或歔或吹，或強或羸，或挫或隳。是以聖人去甚，去奢，去泰。

30

以道佐人主者，不以兵強天下。其事好還：師之所處，荊棘生焉；大軍之後，必有凶年。善有果而已，不敢以取強。果而勿矜，果而勿伐，果而勿驕，果而不得已。果而勿強。物壯則老，是謂不道，不道早已。

以衍（道）差（佐）人宝（主）者，不谷（欲）以兵強於天下。善者果而已，不以取強。果而弗登（伐），果而弗喬（驕），果而弗矜（矜）。是胃（謂）果而不強。其事好。（甲本，見本書釋析第47頁）

31

夫佳兵者不祥之器，物或惡之，故有道者不處。君子居則貴左，用兵則貴右。兵者不祥之器，非君子之器，不得已而用之，恬淡爲上。勝而不美；而美之者，是樂殺人。夫樂殺人者，則不可得志於天下矣。吉事尚左，凶事尚右。偏將軍居左，上將軍居右，言以喪禮處之。殺人之眾，以哀悲泣之；戰勝，以喪禮處之。

君子居則貴左，甬（用）兵則貴右。古（故）曰：兵者□□□□，□得已而甬（用）之，銛繃（恬淡）爲上，弗媺（美）也。敔〈美〉之，是樂殺人。夫樂□□□以得志於天下。古（故）吉事上左，喪事上右。是以卞（偏）牆（將）軍居左，上牆（將）軍居右。言以喪豊（禮）居之也。古（故）殺□□，則以悕（哀）悲位（泣）之；戰勆（勝）則以喪豊（禮）居之。（丙本，見本書釋析第363

頁）

32

道常無名。樸雖小，天下莫能臣也。侯王若能守之，萬物將自賓。天地相合，以降甘露；民莫之令而自均。始制有名，名亦既有，夫亦將知止；知止可以不殆。譬道之在天下，猶川谷之於江海。

道互（恆）亡名，僕（樸）唯（雖）妻（微），天陞（地）弗敢臣。侯王女（如）能獸（守）之，萬勿（物）牰（將）自宭（賓）。▇天陞（地）相合也，以逾甘零（露）。民莫之命（令）天〈而〉自均安。訂（始）折（制）又（有）名，名亦既又（有），夫亦牰（將）智（知）止，智（知）止所以不訂（殆）。卑（譬）道之才（在）天下也，猷（猶）少（小）浴（谷）之與江泃（海）。（甲本，見本書釋析第 123 頁）

33

知人者智，自知者明；勝人者有力，自勝者強；知足者富，強行者有志；不失其所者久，死而不亡者壽。

34

大道氾兮，其可左右。萬物恃之而生而不辭，功成不名有。衣養萬物而不爲主，常無欲可名於小。萬物歸焉而不爲主，可名爲大。以其終不自爲大，故能成其大。

35

執大象，天下往。往而不害，安平太。樂與餌，過客止。道之出口，淡乎其無味。視之不足見，聽之不足聞，用之不足既。

執大象，天下往。往而不害，安坪（平）大。樂與餌，怣（過）客止。古（故）道□□□，淡可（呵）其無味也。視之不足見，聖（聽）之不足䎶（聞），而不可既也。（丙本，見本書釋析第 355 頁）

36

將欲歙之，必固張之；將欲弱之，必固強之；將欲廢之，必固興之；將欲奪之，必固與之，是謂微明。柔弱勝剛強。魚不可脫於淵，國之利器不可以示人。

37

道常無為，而無不為。侯王若能守之，萬物將自化。化而欲作，吾將鎮之以無名之樸。無名之樸，夫亦將無欲。不欲以靜，天下將自定。

衍（道）互（恆）亡爲也，侯王能守之，而萬勿（物）牆（將）自憍（化）。憍（化）而雄（欲）复（作），牆（將）貞（鎮）之以亡名之歝（樸）。夫亦牆（將）智（知）足，智（知）以束（靜），萬勿（物）牆（將）自定。（甲本，見本書釋析第85頁）

38

上德不德，是以有德；下德不失德，是以無德；上德無為而無以為；下德爲之而有以爲；上仁爲之而無以爲；上義爲之而有以爲；上禮爲之而莫之應，則攘臂而扔之。故失道而後德，失德而後仁，失仁而後義，失義而後禮。夫禮者，忠信之薄，而亂之首。前識者，道之華，而愚之始。是以大丈夫處其厚，不居其薄；處其實，不居其華。故去彼取此。

39

昔之得一者，天得一以清，地得一以寧，神得一以靈，谷得一以盈，萬物得一以生。侯王得一以爲天下貞。其致之，天無以清，將恐裂；地無以寧，將恐發；神無以靈，將恐歇；谷無以盈，將恐竭；萬物無以生，將恐滅；侯王無以貴高，將恐蹶。故貴以賤爲本，高以下爲基。是以侯王自謂孤寡不穀。此非以賤爲本邪？非乎？故致數輿無輿。不欲琭琭如玉，珞珞如石。

40

反者道之動。弱者道之用。天下萬物生於有，有生於無。

返也者，道僮（動）也。溺（弱）也者，道之甬（用）也。天下之勿（物）生於又（有），生於亡。■（甲本，見本書釋析第223頁）

41

上士聞道勤而行之，中士聞道若存若亡，下士聞道大笑之，不笑不足以為道。故建言有之：明道若昧、進道若退、夷道若纇、上德若谷、大白若辱、廣德若不足，建德若偷。質真若渝，大方無隅，大器晚成，大音希聲，大象無形，道隱無名。夫唯道善貸且成。

上士昏（聞）道，堇（勤）能行於其中。中士昏（聞）道，若昏（聞）若亡。下士昏（聞）道，大芙（笑）之。弗大芙（笑），不足以爲道矣。是以建言又

（有）之：明道女（如）孛（費），遲（夷）道□□，□道若退。上惪（德）女（如）浴（谷），大白女（如）辱，坓（廣）惪（德）女（如）不足，建惪（德）如□，□貞（真）女（如）愉，大方亡禺（隅），大器曼成，大音祇聖（聲），天象亡坓（形），道……（乙本，見本書釋析第289頁）

42

道生一，一生二，二生三，三生萬物。萬物負陰而抱陽，沖氣以爲和。人之所惡，唯孤寡不穀，而王公以爲稱。故物，或損之而益，或益之而損。人之所教，我亦教之。強梁者，不得其死，吾將以爲教父。

43

天下之至柔，馳騁天下之至堅。無有入無閒。吾是以知無爲之有益。不言之教，無爲之益，天下希及之。

44

名與身孰親？身與貨孰多？得與亡孰病？是故甚愛必大費，多藏必厚亡。知足不辱，知止不殆，可以長久。

名與身箸（孰）新（親）？身與貨箸（孰）多？賏（得）與貞（亡）箸（孰）疠（病）？甚惡（愛）必大贄（費），向（厚）贇（藏）必多賏（亡）。古（故）智（知）足不辱，智（知）止不怠（殆），可以長舊（久）。■（甲本，見本書釋析第215頁）

45

大成若缺，其用不弊。大盈若沖，其用不窮。大直若屈、大巧若拙、大辯若訥；躁勝寒，靜勝熱，清靜為天下正。

大成若夬（缺），其甬（用）不幣（敝），大浧（盈）若中（盅），其甬（用）不寽（窮）。大攷（巧）若仳（拙），大成若詘，大植（直）若屈。■枭（燥）勅（勝）蒼（滄），青（清）勅（勝）然（熱），清清（靜）爲天下定（正）。

（乙本，見本書釋析第309頁）

46

天下有道，卻走馬以糞；天下無道，戎馬生於郊。禍莫大於不知足、咎莫大於欲得。故知足之足常足矣。

辠（罪）莫厚唬（乎）甚欲，咎莫僉（憯）唬（乎）谷（欲）得，化（禍）莫大唬（乎）不智（知）足。智（知）足之爲足，此互（恆）足矣。（甲本，見本書釋析第 23 頁）

47

不出戶，知天下；不闚牖，見天道。其出彌遠、其知彌少。是以聖人不行而知、不見而名，不爲而成。

48

爲學日益，爲道日損。損之又損，以至於無爲。無爲而無不爲。取天下常以無事，及其有事，不足以取天下。

學者日益，爲道者日員（損）。員（損）之或員（損），以至亡爲也，亡爲而亡不爲。（乙本，見本書釋析第 259 頁）

49

聖人無常心，以百姓心爲心。善者吾善之，不善者吾亦善之，德善。信者吾信之，不信者吾亦信之，德信。聖人在天下，歙歙焉爲爲天下渾其心。百姓皆注其耳目，聖人皆孩之。

50

出生入死，生之徒，十有三；死之徒，十有三；人之生，動之於死地亦十有三。夫何故？以其生生之厚。蓋聞善攝生者，陸行不遇兕虎，入軍不被甲兵。兕無所投其角，虎無所措其爪，兵無所容其刃。夫何故？以其無死地。

51

道生之，德畜之，物形之，勢成之。是以萬物莫不尊道而貴德。道之尊，德之貴，夫莫之命而常自然。故道生之，德畜之，長之，育之，亭之，毒之，養之，覆之。生而不有，爲而不恃，長而不宰，是謂玄德。

52

天下有始，以爲天下母。既得其母，以知其子；既知其子，復守其母，沒身不殆。**塞其兌，閉其門，終身不勤；開其兌，濟其事，終身不救。**見小曰明，守柔曰強。用其光，復歸其明，無遺身殃，是爲習常。

閟（閉）其門，賽（塞）其逸（兌），終身不柔，啓其逸（兌），賽（塞）其

事，終身不逑。■（乙本，見本書釋析第 301 頁）

53

使我介然有知，行於大道，唯施是畏。大道甚夷，而民好徑。朝甚除，田甚蕪，倉甚虛，服文綵，帶利劍，厭飲食，財貨有餘，是謂盜夸。非道也哉。

54

善建者不拔，善抱者不脫，子孫以祭祀不輟。修之於身其德乃真；修之於家其德乃餘；修之於鄉其德乃長；修之於國其德乃豐；修之於天下其德乃普。故以身觀身，以家觀家，以鄉觀鄉，以國觀國，以天下觀天下。吾何以知天下然哉？以此。

善建者不拔，善仲〔保〕者不兌（脫），子孫以其祭祀不屯。攸（修）之身，其惪（德）乃貞（真），攸（修）之豪（家），其惪（德）又（有）舍（餘），攸（修）之向（鄉），其惪（德）乃長，攸（修）之邦，其惪（德）乃奉（豐），攸（修）之天下□□□□□□□□豪（家）。以向（鄉）觀向（鄉），以邦觀邦，以天下觀天下。虗（吾）可（何）以智（知）天□□□□□。（乙本，見本書釋析第 319 頁）

55

含德之厚，比於赤子。蜂蠆虺蛇不螫，猛獸不據、攫鳥不搏。骨弱筋柔而握固，未知牝牡之合而全作，精之至也。終日號而不嗄，和之至也。知和曰常，知常曰明，益生曰祥，心使氣曰強，物壯則老，謂之不道，不道早已。

畬（含）惪（德）之厚者，比於赤子。蟲（蜂）蠆蟲它（蛇）弗蓎（螫），攫鳥猷（猛）獸弗扣，骨溺（弱）董（筋）秫（柔）而捉固。未智（知）牝戊（牡）之合然蕬（怒），精之至也。終日虖（乎）而不惡（憂），和之至也。和曰禀〈棠=常〉。智（知）和曰明；賹（益）生曰羕（祥）；心叟（使）燹（氣）曰弻（強）。勿（物）壐（壯）則老，是胃（謂）不道。■（甲本，見本書釋析第 203 頁）

56

知者不言，言者不知。塞其兌，閉其門，挫其銳，解其分，和其光，同其塵；是謂玄同。故不可得而親，不可得而疏；不可得而利，不可得而害；不可得而貴，不可得而賤；故為天下貴。

智（知）之者弗言，言之者弗智（知）。閔〈閉〉其逸（兌），賽（塞）其門，和其光，迵（同）其𡥈（塵）＿，剖其𥄂，解其紛，是胃（謂）玄同。古（故）不可得天〈而〉新（親），亦不可得而疋（疏）；不可得而利，亦不可得而害；不可得而貴，亦可不可得而戔（賤）；古（故）為天下貴。■（甲本，見本書釋析第181頁）

57

以正治國，以奇用兵，以無事取天下。吾何以知其然哉？以此。天下多忌諱，而民彌貧。民多利器，國家滋昏；人多伎巧，奇物滋起；法令滋彰，盜賊多有。故聖人云：我無為而民自化，我好靜而民自正，我無事而民自富，我無欲而民自樸。

以正之（治）邦，以戟（奇）甬（用）兵，以亡事取天下。虐（吾）可（何）以智（知）其狀（然）也。夫天多期（忌）章（諱），而民爾（彌）畔（叛）。民多利器，而邦慈（滋）昏，人多智（知）天〈而〉戟（奇）勿（物）慈（滋）记（起）。法勿（物）慈（滋）章（彰），𥑹（盜）惻（賊）多又（有）。是以聖人之言曰：我無為而民自福（富）。我亡為而民自蟲（化）。我好青（靜）而民自正。我谷（欲）不谷（欲）而民自樸。（甲本，見本書釋析第189頁）

58

其政悶悶，其民淳淳；其政察察，其民缺缺。禍兮福之所倚，福兮禍之所伏，孰知其極。其無正！正復為奇，善復為妖。人之迷其日固久，是以聖人方而不割，廉而不劌，直而不肆、光而不燿。

59

治人事天，莫若嗇。夫唯嗇，是謂早服。早服，謂之重積德。重積德，則無不克，無不克，則莫知其極。莫知其極，可以有國。有國之母，可以長久。是謂深根固柢，長生久視之道。

紿（治）人事天，莫若嗇。夫唯嗇，是以㬥（早），是以㬥（早）備（服）是胃（謂）……不＿克＿則莫智（知）其亙〈亟〉（極），莫智（知）其亙〈亟〉（極）可以又（有）郱（國）。又（有）郱（國）之母，可以長……，長生舊（舊＝久）視之道也。■（乙本，見本書釋析第249頁）

60

治大國若烹小鮮，以道蒞天下，其鬼不神。非其鬼不神，其神不傷人。非其神不傷人，聖人亦不傷人。夫兩不相傷，故德交歸焉。

61

大國者下流，天下之交，天下之牝。牝常以靜勝牡，以靜爲下。故大國以下小國，則取小國；小國以下大國，則取大國。故或下以取，或下而取。大國不過欲兼畜人，小國不過欲入事人。夫兩者各得其所欲，大者宜爲下。

62

道者，萬物之奧，善人之寶，不善人之所保。美言可以市，尊行可以加人。人之不善，何棄之有？故立天子、置三公，雖有拱璧以先駟馬，不如坐進此道。古之所以貴此道者何？不曰以求得，有罪以免邪？故爲天下貴。

63

為無為，事無事，味無味。大小多少，報怨以德。圖難於其易，爲大於其細。天下難事必作於易，天下大事必作於細。是以聖人終不爲大，故能成其大。夫輕諾必寡信，**多易必多難。是以聖人猶難之，故終無難矣。**

爲亡爲，事亡事，未（味）亡未（味）。大少（小）之多惕（易）必多璧（難）。是以聖人猷（猶）璧（難）之，古（故）終亡璧（難）。■（甲本，見本書釋析第 97頁）

64

其安易持，其未兆易謀，其脆易泮，其微易散。為之於未有，治之於未亂。合抱之木生於毫末；九層之臺起於累土；千里之行始於足下。為者敗之，執者失之。是以聖人，無為故無敗，無執故無失。民之從事，常於幾成而敗之。慎終如始，則無敗事，是以聖人，欲不欲，不貴難得之貨；學不學，復眾人之所過；以輔萬物之自然，而不敢為。

爲之者敗之，執之者遠之。是以聖人亡爲古（故）亡敗；亡執古（故）亡遊（失）。臨事之紀，誓（慎）冬（終）女（如）忖（始），此亡敗事矣。聖人谷（欲）不谷（欲），不貴難得之貨，孝（教）不孝（教），復眾之所＿化（過），是古（故）聖人能專（輔）萬勿（物）之自肰（然），而弗能爲。（甲本，見本書釋析

第71頁）

其安也，易耒（持）也。其未菉（兆）也，易悔（謀）也。其霝（脆）也易畔（判）。其幾也，易後（散）也。為之於其亡又（有）也。絧（治）之於其未亂。合□□□□□困，九成之臺，甲□□□，□□□□，□□足下。（甲本，見本書釋析第171頁）

為之者敗之，執之者遊（失）之。聖人無為，古（故）無敗也；無執，古（故）□□□。訢（慎）終若訂（始），則無敗事喜（矣）。人之敗也，互（恆）於其戲（且）成也敗之。是以□人欲不欲，不貴戁（難）得之貨；學不學，復眾人之泚（過）。是以能桷（輔）璓（萬）勿（物）之自肰（然），而弗敢為。

（丙本，見本書釋析第373頁）

65

古之善為道者，非以明民，將以愚之。民之難治，以其智多。故以智治國，國之賊；不以智治國，國之福。知此兩者，亦稽式。常知稽式，是謂玄德。玄德深矣，遠矣，與物反矣，然後乃至大順。

66

江海之所以能為百谷王者，以其善下之，故能為百谷王。是以欲上民，必以言下之；欲先民，必以身後之。是以聖人，處上而民不重，處前而民不害。是以天下樂推而不厭。以其不爭，故天下莫能與之爭。

江洒（海）所以為百浴（谷）王，以其能為百浴（谷）下，是以能為百浴（谷）王。聖人之才（在）民前也，以身後之；其才（在）民上也，以言下之。其才（在）民上也，民弗厚也；其才（在）民前也，民弗害也。天下樂進而弗詁（厭），以其不靜（爭）也，古（故）天下莫能與之靜（爭）。（甲本，見本書釋析第23頁）

67

天下皆謂我道大，似不肖。夫唯大，故似不肖；若肖，久矣其細也夫。我有三寶持而保之。一曰慈，二曰儉，三曰不敢為天下先。慈，故能勇；儉，故能廣；不敢為天下先，故能成器長。今舍慈且勇，舍儉且廣，舍後且先，死矣。夫慈，以戰則勝，以守則固。天將救之，以慈衛之。

68

善爲士者不武，善戰者不怒，善勝敵者不與，善用人者爲之下。是謂不爭之德，是謂用人之力，是謂配天，古之極。

69

用兵有言：吾不敢爲主而爲客，不敢進寸而退尺。是謂行無行，攘無臂，扔無敵，執無兵。禍莫大於輕敵，輕敵幾喪吾寶。故抗兵相加，哀者勝矣。

70

吾言甚易知，甚易行；天下莫能知，莫能行。言有宗，事有君。夫唯無知，是以不我知。知我者希，則我者貴。是以聖人被褐懷玉。

71

知不知，上；不知知，病。夫唯病病，是以不病。聖人不病，以其病病，是以不病。

72

民不畏威，則大威至。無狎其所居，無厭其所生。夫唯不厭，是以不厭。是以聖人自知不自見，自愛不自貴。故去彼取此。

73

勇於敢則殺，勇於不敢則活。此兩者或利或害，天之所惡，孰知其故？是以聖人猶難之。天之道，不爭而善勝，不言而善應，不召而自來，繟然而善謀。天網恢恢，疏而不失。

74

民不畏死，奈何以死懼之？若使民常畏死，而爲奇者吾得執而殺之，孰敢？常有司殺者殺，夫代司殺者殺，是謂代大匠斲。夫代大匠斲者，希有不傷其手矣。

75

民之饑，以其上食稅之多，是以饑。民之難治，以其上之有爲，是以難治。民之輕死，以其求生之厚，是以輕死。夫唯無以生爲者，是賢於貴生。

76

人之生也柔弱，其死也堅強。草木之生也柔脆，其死也枯槁。故堅強者死之徒，柔弱者生之徒。是以兵強則不勝，木強則兵。強大處下，柔弱處上。

77

天之道，其猶張弓與？高者抑之，下者舉之；有餘者損之，不足者補之。天之道，損有餘而補不足。人之道則不然，損不足以奉有餘。孰能有餘以奉天下？唯有道者。是以聖人爲而不恃，功成而不處，其不欲見賢。

78

天下莫柔弱於水，而攻堅強者莫之能勝，以其無以易之。弱之勝強，柔之勝剛，天下莫不知、莫能行。是以聖人云：受國之垢是謂社稷主，受國不祥是爲天下王。正言若反。

79

和大怨，必有餘怨，安可以爲善？是以聖人，執左契，而不責於人。有德司契，無德司徹。天道無親，常與善人。

80

小國寡民：使有什伯之器而不用，使民重死而不遠徙，雖有舟輿，無所乘之；雖有甲兵，無所陳之；使民復結繩而用之。甘其食，美其服，安其居，樂其俗。鄰國相望，雞犬之聲相聞，民至老死不相往來。

81

信言不美，美言不信。善者辯者不善。知者不博，博者不知。聖人不積：既以爲人，己愈有；既以與人，己愈多。天之道，利而不害；聖人之道，爲而不爭。

附錄二

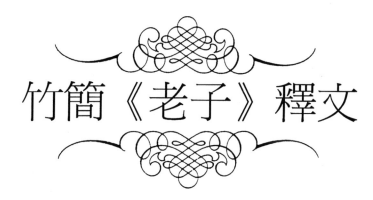

竹簡《老子》釋文

甲本

（第 19 章）厽（絕）智弃卞（辯），民利百伓（倍）；厽（絕）攷（巧）弃利，覜（盜）惻（賊）亡又（有）。厽（絕）僞（偽）弃慮，民复（復）季〈孝〉子（慈）。三言以（以上第 1 號簡／）爲夏（辨）不足，或命（令）之或唇（呼）豆（屬）。視索（素）保僕（樸），少厶（私）須〈寡〉欲。／（第 66 章）江海（海）所以爲百浴（谷）王，以其（以上第 2 號簡／）能爲百浴（谷）下，是以能爲百浴（谷）王。聖人之才（在）民前也，以身後之；其才（在）民上也，以（以上第 3 號簡／）言下之。其才（在）民上也，民弗厚也；其才（在）民前也，民弗害也。天下樂進而弗詀（厭）（以上第 4 號簡／），以其不靜（爭）也，古（故）天下莫能與之靜（爭）。／（第 46 章中下）辠（罪）莫厚虗（乎）甚欲，咎莫僉（憯）虗（乎）谷（欲）得，（以上第 5 號簡／）化（禍）莫大虗（乎）不智（知）足。智（知）足之爲足，此互（恆）足矣。／（第 30 章上中）以衍（道）差（佐）人宔（主）者，不谷（欲）以兵強（以上第 6 號簡／）於天下。善者果而已，不以取強。果而弗癹（伐），果而弗喬（驕），果而弗矜（矜）。是胃（謂）果而不強。其（以上第 7 號簡／）事好。／（第 15 章）長古之善爲士者，必非（微）溺玄達，深不可志（識），是以爲之頌（容）：夜（豫）虗（乎）奴（若）冬涉川；猷（猶）虗（乎）其（以上第 8 號簡／）奴（若）恨（畏）四奱（鄰）；敢（嚴）虗（乎）其奴（若）客；觀（渙）虗（乎）其奴（若）懌（釋）；屯虗（乎）其奴（若）樸，坉虗（乎）其奴（若）濁。竺（孰）能濁以束（靜）（以上第 9 號簡／）者，牗（將）舍（徐）清。竺（孰）能庀以迬者，牗（將）舍（徐）生。保此衍（道）者不谷（欲）竘（尚）呈（盈）。／（第 64 章下）爲之者敗之，執之者遠（以上第 10 號簡／）之。是以聖人亡爲古（故）亡敗；亡執古（故）亡遊（失）。臨事之紀，誓（慎）多（終）女（如）忖（始），此亡敗事矣。聖人谷（欲）（以上第 11 號簡／）不谷（欲），不貴難得之貨，孝（教）不孝（教），復眾之所〓佐（過），是古（故）聖人能尃（輔）萬勿（物）之自肰（然），而弗（以上第 12 號簡／）能爲。／（第 37 章）衍（道）互（恆）亡爲也，侯王能守之，而萬勿（物）牗（將）自僞（化）。僞（化）而雒（欲）复（作），牗（將）貞（鎮）之以亡名之戠（樸）。夫（以上第 13 號簡／）亦牗（將）智（知）足，智（知）以束（靜），萬勿（物）牗（將）自定。／（第 63 章）爲亡爲，事亡事，未（味）亡未（味）。大少（小）之多惕（易）必多嬳（難）。是以聖人（以上第 14 號簡／）猷（猶）嬳（難）之，古（故）終亡嬳（難）。■／（第 2 章）天下皆智（知）敳（美）之爲敳（美）也，亞（惡）已；皆智（知）善，此其不善已。又（有）亡之相生也（以上第 15 號簡／），雙（難）惕（易）之相成也，長耑（短）之相型（形）也，高下之相涅（盈）也，音聖（聲）之相和（合）也，先後之相隋（隨）也。是（以上第 16 號簡／）以聖人居亡爲之事，行不言之孝（教）。萬勿（物）俊（作）而弗忖（始）也，爲而弗志（恃）也，成而弗居。天〈夫〉唯（以上第 17 號簡／）弗居也，是以弗去也。■　　　／

（第 32 章）道亙（恆）亡名，僕（樸）唯（雖）妻（微），天陞（地）弗敢臣。侯王女（如）能（以上第 18 號簡／）獸（守）之，萬勿（物）牀（將）自賓（賓）。■天陞（地）相合也，以逾甘零（露）。民莫之命（令）天〈而〉自均安。訂（始）折（制）又（有）名，名（以上第 19 號簡／）亦既又（有），夫亦牀（將）智（知）止，智（知）止所以不訂（殆）。卑（譬）道之才（在）天下也，猷（猶）少（小）浴（谷）之與江泀（海）（以上第 20 號簡／）。

（第 25 章）又（有）脂蟲〈蚰〉成，先天陞（地）生。敓繆（穆），蜀（獨）立不亥（改），可以爲天下母。未智（知）其名，孚（字）之曰道，虐（吾）（以上第 21 號簡／）勥（強）爲之名曰大。大曰潛，潛曰連〈遠〉，連〈遠〉曰反（返）。天大、陞（地）大、道大、王亦大。國中又（有）四大安，王凥（居）一安。人（以上第 22 號簡／）法陞（地），陞（地）法天，天法道，道法自肰（然）。／（第 5 章中）天陞（地）之勿（間），其猷（猶）囝（橐）籥（籥）與？虛而不屈，遉（動）而愈出（以上第 23 號簡／）。／

（第 16 章上）至虛，亙（恆）也；獸（守）中，篤（篤）也。萬勿（物）方（旁）复（作），居以須復也。天道員員，各復其堇（根）（以上第 24 號簡／）。／

（第 64 章上）其安也，易枈（持）也。其未菲（兆）也，易悔（謀）也。其霻（脆）也，易畔（判）也。其幾也，易後（散）也。爲之於其（以上第 25 號簡／）亡又（有）也。絧（治）之於其未亂。合□□□□□囷，九成之臺甲□□□，□□□□，□□（以上第 26 號簡／）足下。／（第 56 章）智（知）之者弗言，言之者弗智（知）。閔（閉）其逸（兌），賽（塞）其門，和其光，迵（同）其斲（塵）﹦，剮其頷，解其紛（以上第 27 號簡／），是胃（謂）玄同。古（故）不可得天〈而〉新（親），亦不可得而疋（疏）；不可得而利，亦不可得而害（以上第 28 號簡／）；不可得而貴，亦可不可得而戔（賤）；古（故）爲天下貴。■／（第 57 章）以正之（治）邦，以戟（奇）甬（用）兵，以亡事（以上第 29 號簡／）取天下。虐（吾）可（何）以智（知）其肰（然）也。夫天多期（忌）韋（諱），而民爾（彌）畔（叛）。民多利器，而邦慈（滋）昏，人多（以上第 30 號簡／）智（知）天〈而〉戟（奇）勿（物）慈（滋）记（起）。法勿（物）慈（滋）章（彰），頪（盜）惻（賊）多又（有）。是以聖人之言曰：我無事而民自福（富）（以上第 31 號簡／）。我

亡爲而民自蠱（化）。我好青（靜）而民自正。我谷（欲）不谷（欲）而民自樸（以上第32號簡／）。／

（第55章）酓（含）惪（德）之厚者，比於赤子。蟲（蜂）蠆蟲它（蛇）弗蓋（螫），攫鳥獸（猛）獸弗扣，骨溺（弱）董（筋）秣（柔）而捉（以上第33號簡／）固。未智（知）牝戊（牡）之合然蕬（怒），精之至也。終日虖（乎）而不悥（憂），和之至也，和曰黒〈黒=常〉。智（知）和曰明（以上第34號簡／）。賹（益）生曰羕（祥）；心叓（使）燩（氣）曰孭（強）。勿（物）壯（壯）則老，是胃（謂）不道。■／（第44章）名與身篙（孰）新（親）？身與貨（以上第35號簡／）篙（孰）多？貪（得）與貫（亡）篙（孰）疠（病）？甚悉（愛）必大賷（費），囘（厚）賮（藏）必多貫（亡）。古（故）智（知）足不辱，智（知）止不怠（殆），可（以上第36號簡／）以長舊（久）。■／（第40章）返也者，道僮（動）也。溺（弱）也者，道之甬（用）也。天下之勿（物）生於又（有），生於亡。■／（第9章）米而涅（盈）（以上第37號簡／）之，不不若已；湍而羣之，不可長保也；金玉涅（盈）室，莫能獸（守）也；貴福（富）喬（驕），自遺咎（以上第38號簡／）也。攻（功）述（遂）身退，天之道也（以上第39號簡／）。～

乙本

（第59章）紿（治）人事天，莫若嗇。夫唯嗇，是以暴（早），是以暴（早）備（服）是胃（謂）……（以上第1號簡／）不＝克＝則莫智（知）其亙〈亙〉（極），莫智（知）其亙〈亙〉（極）可以又（有）郍（國）。又（有）郍（國）之母，可以長……（以上第2號簡／），長生售（舊＝久）視之道也。■／（第48章上）學者日益，爲道者日員（損）。員（損）之或員（損），以至亡爲（以上第3號簡／）也，亡爲而亡不爲。／（第20章上）迻（絶）學亡悥（憂）。唯與可（呵），相去幾可（何）？岂（美）與亞（惡），相去可（何）若（以上第4號簡／）？人之所禔（畏），亦不可以不禔（畏）。／（第13章）人龍（寵）辱若纓（驚），貴大患若身。可（何）謂龍（寵）（以上第5號簡／）辱？龍（寵）爲下也。得之若纓（驚），遊（失）之若纓（驚），是胃（謂）龍（寵）辱纓（驚）。□□□□□（以上第6號簡／）若身？虗（吾）所以又（有）大患者，爲虗（吾）又（有）身。迈（及）虗（吾）亡身，或冋（何）□，□□□□□（以上第7號簡／）爲天下，若可庀（託）天下矣。悉（愛）以身爲天下，若可（何）以达天下矣。（以上第8號簡／）／

（第41章）上士昏（聞）道，堇（勤）能行於其中。中士昏（聞）道，若昏（聞）若亡。下士昏（聞）道，大芺（笑）之。弗大（以上第9號簡／）芺（笑），不足以爲道矣。
是以建言又（有）之：明道女（如）孛（費），遲（夷）道□□，□（以上第10號簡／）道
若退。上悳（德）女（如）浴（谷），大白女（如）辱，坓（廣）悳（德）女（如）不足，
建悳（德）如□，□貞（真）女（如）愉（以上第11號簡／），大方亡禺（隅），大器曼成，
大音祇聖（聲），天象亡坓（形），道……（以上第12號簡／）／

（第52章中）閟（閉）其門，賽（塞）其逸（兌），終身不孞，啓其逸（兌），賽（塞）
其事，終身不迷。■／（第45章）大成若（以上第13號簡／）夬（缺），其甬（用）不幣
（敝），大涅（盈）若中（盅），其甬（用）不寪（窮）。大攷（巧）若仳（拙），大成若
詘，大植（直）（以上第14號簡／）若屈。■喿（燥）勅（勝）蒼（滄），青（清）勅（勝）然
（熱），清清（靜）爲天下定（正）。／（第54章）善建者不拔，善仲〔保〕者（以上
第15號簡／）不兌（脫），子孫以其祭祀不屯。攸（修）之身，其悳（德）乃貞（真），
攸（修）之豪（家），其悳（德）又（有）舍（餘），攸（修）（以上第16號簡／）之向（鄉），
其悳（德）乃長，攸（修）之邦，其悳（德）乃奉（豐），攸（修）之天下□□□□□
□□□（以上第17號簡／）豪（家）。以向（鄉）觀向（鄉），以邦觀邦，以天下觀天下。
虐（吾）可（何）以智（知）天□□□□□（以上第18號簡／）。

丙 本

（第17章）太上，下智（知）又（有）之。其即（次），新（親）譽之。其既〈即（次）〉，
悈（畏）之。其即（次），犮（侮）之。信不足，安（以上第1號簡／）又（有）不信。猷（猶）
唐（乎），其貴言也。成事述（遂）玒（功），而百眚（姓）曰我自肰（然）也。／（第
18章）古（故）大（以上第2號簡／）道發（廢），安有悬（仁）義？六新（親）不和，安
有孝孳（慈）？邦豪（家）緍（昏）□宨又（有）正臣？（以上第3號簡／）

（第35章）執大象，天下往。往而不害，安坪（平）大。樂與餌，佁（過）客止。
古（故）道□□□（以上第4號簡／），淡可（呵）其無味也。視之不足見，聖（聽）之不
足餌（聞），而不可既也（以上第5號簡／）。／

（第31章中下）君子居則貴左，甬（用）兵則貴右。古（故）曰：兵者□□□□
□，□（以上第6號簡／）得已而甬（用）之，銛縄（恬淡）爲上，弗媺（美）也。敌〈美〉

之，是樂殺人。夫樂□□□（以上第7號簡／）以得志於天下。古（故）吉事上左，喪事上右。是以卞（偏）牁（將）（以上第8號簡／）軍居左，上牁（將）軍居右。言以喪豐（禮）居之也。古（故）殺□□（以上第9號簡／），則以怷（哀）悲位（泣）之；戰勶（勝）則以喪豐（禮）居之（以上第10號簡／）。／

（第 64 章下）為之者敗之，執之者遊（失）之。聖人無為，古（故）無敗也；無執，古（故）□□□（以上第11號簡／）。訢（慎）終若訂（始），則無敗事喜（矣）。人之敗也，互（恆）於其虭（且）成也敗之。是以□（以上第12號簡／）人欲不欲，不貴戁（難）得之貨；學不學，復眾人之所迡（過）。是以能桖（輔）璴（萬）勿（物）（以上第13號簡／）之自狀（然），而弗敢為（以上第14號簡／）。

403

參考書籍目錄

（僅載錄本書中引用者）

郭店楚墓竹簡老子		文物出版社 1998 年 5 月
老子道德經河上公章句		中華書局 1993 年 8 月
老子周易王弼注校釋	樓宇烈校釋	華正書局 民國 70 年 9 月台版
道德經古本篇	傅奕校定	藝文印書館 老子集成續編
讀老札記	易順鼎	藝文印書館 老子集成續編
老子校詁	馬敘倫	藝文印書館 老子集成續編
老子集解	奚侗	藝文印書館 老子集成續編
老子古本考	勞健	藝文印書館 老子集成續編
老子古義	楊樹達	上海古籍 1991 年 3 月
老子校詁	蔣錫昌	成都古籍 1988 年 9 月
老子正詁	高亨著	新文豐出版公司 民國 70 年 2 月
老子校釋	朱謙之	中華書局 1991 年 9 月第三刷
帛書老子校注	高明	中華書局 1996 年 5 月
老子通（上、下）	古棣·周英	吉林人民出版社 1991 年 8 月
老子註譯及評介	陳鼓應	中華書局 1990 年 12 月重印
老子說解	張松如	齊魯書社 1989 年 8 月第二刷
論語集釋	程樹德	中華書局 1990 年 8 月
莊子集釋	郭慶藩	中華書局 1995 年 4 月第 7 刷
莊子校詮	王叔岷	中央研究院史語所 1988 年三月
通玄真經注	徐靈府注	世界書局 民國 69 年台景版
韓非子集釋	陳奇猷校注	上海人民出版社 1974 年 7 月
呂氏春秋校釋	陳奇猷校釋	學林出版社 1984 年 4 月
淮南鴻烈集解	劉文典	中華書局 1989 年 5 月
諸子新證	于省吾	樂天書局 民國 59 年 9 月台版
周秦道論發微	張舜徽	中華書局 1990 年 3 月第二刷
韓非子考證	容肇祖	台聯國風出版社民國 61 年
中國哲學思想探源	蒙文通	台灣古籍出版社 1997 年 10 月
荊門郭店竹簡老子解詁	劉信芳	藝文印書館 1998 年 1 月
郭店楚簡《老子》柬釋	魏啟鵬	台灣萬卷樓出版公司 1999 年（出版中）

郭店楚簡研究（中國哲學第二十輯）　　遼寧教育出版社 1999 年 1 月
古文獻叢論　　　　　　李學勤　　　上海遠東出版社 1996 年 11 月
文史叢稿　　　　　　　裘錫圭　　　上海遠東出版社 1996 年 10 月

論文部份：

〈讀郭店楚簡《老子》〉／李零／郭店老子國際研討會

〈郭店竹簡《老子》校釋〉／趙建偉／〈本世紀出土思想文獻與中國古典哲學
　　　　　　　　　　　　　　　　　　　兩岸學術研討會論文〉 1999 年 1 月

〈文子學術探微〉／魏啓鵬／《哲學與文化》 1996 年第 10 期

〈竹簡文子釋文〉／ 文物月刊 1995 年 12 月

〈荊門楚墓出土的竹簡《老子》初探〉崔仁義／《荊門社會科學》 1997 年
　　　　　　　　　　　　　　　　　　　　　第 5 期

〈古典時代 "道原" 問題探析〉／丁原植／輔仁大學《哲學論集》第 30 期

〈從出土《老子》文本看中國古典哲學的發展〉／丁原植／〈本世紀出土思想
　　　　　　　　　　　　　　　　　　　文獻與中國古典哲學兩岸學術研
　　　　　　　　　　　　　　　　　　　討會論文〉 1999 年 1 月

國家圖書館出版品預行編目資料

郭店竹簡老子釋析研究／丁原植著. --初
版. --臺北市：萬卷樓，民 87
面；　公分
ISBN 957-739-180-X〔平裝〕

1. 老子-研究，考察等　2. 簡報

121.317　　　　　　　　87010710

郭店竹簡老子釋析與研究
（增修版）

著　　　作：丁原植
發　行　人：許錟輝
出　版　者：萬卷樓圖書有限公司
　　　　　　台北市和平東路一段 67 號 14 樓之 1
　　　　　　電話(02)23216565・23952992
　　　　　　FAX(02)23944113
　　　　　　劃撥帳號 15624015
出版登記證：新聞局局版臺業字第 5655 號
網 站 網 址：http://www.books.com.tw/
E 　-mail：wanjuan@tpts5.seed.net.tw
經 銷 代 理：紅螞蟻圖書有限公司
　　　　　　台北市內湖區文德路 210 巷 30 弄 25 號
　　　　　　電話(02)27999490
　　　　　　FAX(02)27995284
承 印 廠 商：晟齊實業有限公司
定　　　價：600 元
出 版 日 期：民國 88 年 4 月再版